番俗六考

〔居處〕〔飲食〕〔衣飾〕〔婚嫁〕〔喪葬〕〔器用〕

十八世紀清帝國的臺灣原住民調查紀錄

文白對照註解版

黃叔璥──原著

宋澤萊──白話翻譯

詹素娟──導讀註解

一篇最重要的臺灣古典文學作品
——全面描述臺灣平埔族分佈與生活概況的宏大篇章

宋澤萊（本書譯者、國家文藝獎得主）

　　2006年左右，我開始準備要寫作《臺灣文學三百年》那一套書。我的目的是要介紹這三百年來，幾十位描寫臺灣的古今作家，想要讓人瞭解他們所寫的內容以及修辭法，最好能理解他們創作背後的無意識。

　　因為這套文學史涉及了清治時期貫串200年左右的龐大古典詩文，我就先搜找了許多相關的碩博士論文與個別作家的選集來閱讀，想要先建立清治時期古典文學的基本概念，再進行主流作家的個別介紹。可惜由於那些論文都是引述片段詩文，不做註解或翻譯；選集則是任憑己意選取詩文再加以註釋，大半並沒有附帶翻譯。他們都假定他們已經瞭解了所選、所註的那些詩文，但是我明顯地看到那些論文或選集裡有某些地方錯解了原文，他們卻一點都沒有發現。結果這些斷簡殘篇使我變得迷糊籠統，閱讀越害怕，使我始終都不敢下筆。

　　後來，在不得已的狀況下，我就下定決心，自己動手大量翻譯

想要介紹的個別古典作家的全集。我把翻譯密密麻麻地寫在每個書頁上,唯恐漏掉任何一句詩或一段文字,等到我翻譯完了全書的詩文或者翻譯多了,比較有信心時,才開始介紹這些古典詩文作家給讀者。

為甚麼全書翻譯這麼重要呢?一方面當然是經過翻譯才能真正懂得詩文。我們每個人對古文的素養都是有限的,有些古文字非得要查考康熙字典才能查到,有些則是一字多義,我們非得花一兩個鐘頭,百般思量,上下文對照,才能勉強猜到作者的真意,因此瞭解古文可能變成了冒險的行為,我們可能落入陷阱,但是我們永遠不會知道。另一個方面就是我們略掉了任何一本書的若干詩句或文句,都可能會成為我們的愧憾,覺得我們對於該位作者不是全知的,既然不是全知,怎敢介紹給讀者?

不知道翻譯了多少的詩文,總之我只能拚命地翻譯下去,等到有自信了再作介紹。這些翻譯後來有一部分被我謄錄下來,發表在網路的《台文戰線部落格》上面,包括《臺海使槎錄》全書;《郁永河全集》(不只是《裨海紀遊》而已);《赤嵌集》接近全書;《小琉球漫志》接近全書;部分藍鼎元的詩文;部分《臺灣府志》,本來我以為沒有人會看這些翻譯,不過,慢慢的,點閱率越來越多,有些篇章的點閱率竟然超過八千。這個現象使我感到吃驚,才知道想要瞭解臺灣古典詩文翻譯的讀者不在少數,只是他們無法在市面上找到更多的全文翻譯書籍來閱讀罷了!

前衛出版社的編輯在部落格看到了《臺海使槎錄》裡涉及臺灣平埔族生活概況的〈番俗六考〉,覺得這部分的文字非常重要,也隱藏大量的樂趣,決定要單獨出版它,這是非常具有眼光的認識。

　　提到〈番俗六考〉的來源，我們就必須先知道黃叔璥這個人。他是清朝第一任的巡臺御史，1722年來臺，算是康熙皇帝的直接耳目。此時是朱一貴事件剛結束不久，他來臺的目的當然是爲了收拾善後，另外就是幫助皇帝瞭解眞實的臺灣。所以來到臺灣後，下令給各地區的地方官，展開各個地區的平埔族居處、飲食、衣飾、婚嫁、喪葬、器用的實況調查。範圍從最北的基隆到最南的恆春，都被包括在內。由於黃叔璥位高權重，這種調查必定沒有任何的地方官敢於馬虎應付。我們可以看到，這些調查是分區的，即可能是就地方官本人的徵稅範圍做主要調查，甚至超出了可徵稅的範圍之外也做調查；也不只是平埔族的調查，也有若干高山族的調查。在有清一代，臺灣從來沒有這麼大規模的詳細原住民調查，荷蘭時代就更不必說。所以〈番俗六考〉可以說是清朝與清朝以前對於平埔族最廣最深的理解，任何人都不能無視。它也是清治時期臺灣歷史書籍最重要的史料，比如說《臺灣府志》有好幾本，並非每一本都納入了〈番俗六考〉，但凡是沒有〈番俗六考〉做資料的就顯得十分貧瘠、乏味，可見〈番俗六考〉在歷史紀錄上的地位極爲重大。所以單獨出版它是一種慧見。

　　不過，我並不是臺灣平埔族的研究者。字面上的翻譯對我來說並不困難，但是對平埔族的研究尚未入門；在字面翻譯之外，我就無法對內容多做學術上的解釋，更不要說是對地名做專門的註解。在這種情況下，前衛出版社就協調平埔族專門的學者詹素娟博士來做解說和註解。

　　詹老師是平埔族非常有名的研究者，已經出版許多有關平埔族方面的研究著作。我在翻譯《臺海使槎錄》之前，曾購買她出版的

《臺灣原住民史・平埔族史篇（北）》與《舊文獻新發現》這些書籍來閱讀，受益良多。由她來做《番俗六考》的解說與註解，就會使這本譯作變成一本深具學術性的普及書籍，還有甚麼比這件更令人覺得高興的事呢？

最後我要提到個人一個最深的感慨：想要請本書的讀者特別注意一件事。也就是說，大凡清治時期的作家對臺灣平埔族或高山族的書寫，都難逃兩個意識型態的控制。一個是中原文化至上主義；另一個是大清帝國主義。在字裡行間難免會出現不少貶抑原住民的文字。他們不恰當的修辭法有二：一個是比喻法，就是先行將原住民貶低成為次等人類、動物、甚至是礦物，再進行他們的書寫，結果他們筆下的原住民形象就變得很不堪。另一個是使用提喻法，也就是以偏概全，只要看到某地區的原住民有他們眼中的某個「缺點」，就擴大來指稱全部的原住民，日深一日後，就變成一種刻板印象，讓讀者誤認這是全部原住民的真實樣貌，終於造成原住民無法承受的負擔。不論是〈番俗六考〉的本文或附錄的〈番俗雜記〉，多有歧視性的不實文字出現，這些文字佔比頗大，是應該加以譴責的！比如說郁永河就是中原文化至上主義者，常常在敘述原住民不同中原人士的外觀時，就給予譏諷；而藍鼎元則是一個標準的大清帝國主義者，常常主張用武力來對付原住民。這些作家可能認為自己是對的；可是如今的我們看來，這些都是胡說八道，自滿自誇！因此，我要鼓勵讀者用批判的眼光來閱讀這本書，不吝隨時加以批判，如此才算是真正在閱讀這本書！

——2020、11、08寫於鹿港

導讀

〈番俗六考〉的眞實與虛擬

詹素娟（中央研究院臺灣史研究所副研究員）

　　黃叔璥的《臺海使槎錄》，因撰述時間早、內容豐富，成爲歷史研究者最常引用的清代史料，已經是眾所皆知的事。而從原住民史的角度來看，《臺海使槎錄》最受注目的〈番俗六考〉（卷五到卷七），以及壓軸的卷八〈番俗雜記〉，則是任何想要認識原住民社會文化與歷史變遷的朋友，一定會找來閱讀參考，希望從字裡行間一窺17世紀末臺灣原住民文化形貌的憑藉了。

　　正因如此，宋澤萊老師傾力將〈番俗六考〉、〈番俗雜記〉盡數譯成白話文，並以公共財的理念，開放在網路上，供讀者自由取用；筆者早在許多研究者的著述或社會大眾討論原住民文化時，看到宋老師譯文的廣泛使用，對史料的推廣理解，確實功莫大焉。如今，宋老師願意授權給前衛出版社，以原文與譯文對照出版，並藉機修訂譯文，實在是讓人期待。筆者有幸受邀註解原文，補充今人對史料的研究理解；經過這番整理，相信讀者對〈番俗六考〉這份重要文獻的認識與使用，應能更爲精準與清楚。

　　然而，儘管宋老師的譯文早就到位，筆者卻因日常忙碌而將工作拖遲了！飛逝的時間眨眼即過，在宋老師的耐心等候、清鴻的循循善「催」，以及林社長的大力協助下，我們終於來到「原譯合體」的終點。希望這份整合〈番俗六考〉全文直譯與學界研究成果

的版本，對認識原住民史的史料需求，能有所助益。

　　當然，對〈番俗六考〉這種引述或研究已多、重要性也得到完全肯定的文獻，我們仍需指出：〈番俗六考〉值得投入許多時間與精力再做解讀的理由。因此，精簡的導讀還是必要的，請讀者參酌以下說明。

一、黃叔璥的人與事

　　黃叔璥，字玉圃，晚號篤齋，順天府大興縣人（今河北省大興縣）；生於康熙19年（1680），逝於乾隆22年（1757），享年77。黃叔璥的長兄叔琳（1672-1756）是著名學者，其他兄長（叔琬、叔琪）也讀書有成，在家風的影響與傳承下，黃叔璥20歲通過順天府鄉試，30歲考取進士。

　　黃叔璥取得功名後，先擔任繕寫文書、考察禮節等工作的太常博士，再任戶部雲南司主事，掌管錢糧、戶口稅課，然後到吏部文選司，主管文官升遷、獎懲與考績；又經推薦，擢任湖廣道御史，負責稽核刑名事務，並在康熙61年（1722），成為康熙皇帝選派的首任巡視臺灣監察御史。叔璥在學術上的志趣，則以歷史地理、金石目錄與理學的義理探究為主，著有《南征紀程》、《國朝御史題名錄》、《近思錄集朱》，《南臺舊聞》、《廣字義》、《中州金石考》，以及臺灣讀者最熟悉的名作《臺海使槎錄》。

　　巡臺御史一職的設置，肇因於康熙60年（1721）爆發的朱一貴事件。時任閩浙總督的覺羅滿保，急調福建水師提督施世驃、南澳鎮總兵藍廷珍率兵渡臺，並在短期內平定了民變。雖然如此，臺灣的政治狀況、社會治安、民心向背，還是引起清廷的高度重視，並

研擬在臺灣設立御史的必要；因爲，這個職務是皇帝掌握對臺資訊最直接的管道。所以，自康熙61年（1722）起，清廷開始派遣滿、漢各一的御史來臺巡察，駐在臺灣府城，一年期滿後更替。黃叔璥與吳達禮（正紅旗人）獲選爲首任巡臺御史，並在同年六月初二抵臺履新，這時黃叔璥是42歲。任期屆滿後，清廷又要他與吳達禮留任一年，至雍正2年（1724）才離臺返京。

黃叔璥在臺期間，自然要外出巡察，以真正了解臺灣各地的形勢。雖然在留下的文獻中，黃叔璥並未直接記錄行程的安排，但研究者根據〈番俗六考〉各篇「附載」的蛛絲馬跡，推測以府城爲出發點，北上路徑大約是途經笨港（今雲林北港）、斗六門（今雲林斗六）、貓兒干社（今雲林崙背）、東螺社（彰化埤頭）、半線（今彰化）等，最北到達沙轆社（今臺中沙鹿），才迴馬南返。南下，則曾到羅漢內門（高雄旗山）、搭樓（屏東九如）、武洛（屏東高樹）、上淡水（屏東萬丹）、下淡水（屏東萬丹），最遠去到放縤（屏東林邊）。（參見附錄一）

任滿離開臺灣的黃叔璥，遭人彈劾而罷官；經過長久的調查，最後確認無事，始在乾隆元年（1736）復職，任官河南。當時，河南發生大水災，黃叔璥安撫災民、救濟百姓、開濬河道溝渠、修築堤防，得到不錯的名聲。60歲時，因母親去世，返鄉守孝三年，再復出擔任一些職務。70歲後，黃叔璥退休在家讀書，直到去世。

黃叔璥原本只是清代眾多來臺官員中的一位，卻因期間寫下《臺海使槎錄》，成爲臺灣史的重要人物。不過，這個因緣並非偶然；黃叔璥的學術根底，就是講求親身見聞，廣收資料，並兼顧歷史、地理、文學等面向。他在接受新職的同時，立即開始搜集

關於臺灣的典籍、方志、地圖等資料，向曾在臺灣任官的友好拜訪請益。這些事前的準備，使他在抵臺前就已經建立對臺灣的初步認識。他曾批評高拱乾寫的〈臺灣賦〉，都是「藉中土景物渲染」，而肯定季麒光「不作泛設語，頗極臺地山川物產之勝」；可見黃叔璥講求實學，對現實世界有所感知，《臺海使槎錄》正反映他對臺灣事務的掌握與見解。

二、〈番俗六考〉的内容與特色

黃叔璥雖在雍正2年（1724）已完成《臺海使槎錄》初稿，但雍正2-3年間的「生番歸化」事宜，仍在〈番俗六考〉的「鳳山番二」與「鳳山番三」有所增補。正式刊行，則要到黃叔璥復職的乾隆元年（1736）了。

全書的資料來源，使用了各種早前與臺灣直接或間接有關的著作，方志類如王璽《臺灣志》、蔣毓英《臺灣府志》、季麒光《臺灣郡志》與施鴻修的《臺灣郡志》，當然更有康熙末期出版的陳文達《鳳山縣志》、周鍾瑄《諸羅縣志》等。此外，如《蓉州文稿》、《裨海紀遊》、《諸羅雜識》、《閩書》、《東寧政事集》、《平臺紀略》、《赤嵌集》、《名山藏》、《海上事略》等，合計多達四十多種。我們如將《臺海使槎錄》視為清領前期中國文人官員關於臺灣知識的集大成之作，應該若合符節。

《臺海使槎錄》的內容，共有：〈赤嵌筆談〉四卷、〈番俗六考〉三卷、〈番俗雜記〉一卷。〈赤嵌筆談〉歷述臺灣的自然形勢、地理，還有洋潮風信、氣候物產、城廓鄉里、武備佈防、賦稅商賈、風俗信仰，與東寧王朝、朱一貴事件等重要事項。不過，

〈赤嵌筆談〉絕大部分文字在引述、編集前人文字；我們若拿引文與原文核對，也會發現若干引文憑作者之意，做了更改與刪減。因此，學者許雪姬即認爲〈赤嵌筆談〉的史料價值，不如〈番俗六考〉與〈番俗雜記〉。[1]

　　清初官員都有「臺盡番地」的認知，無論是資料類型上的方志、札記或詩文，書寫心態上的獵奇或自視文明的教化理想，「番俗」都是清初文獻最重要的主題之一。雖然如此，「番俗」的書寫，多以訊息集錦或拼貼的方式，統整納入「土番風俗」的大分類中，較少系統性題材的處理，或番社區域性差異的呈現。直到《諸羅縣志》的編纂，才首度提出一套分類體系：「狀貌」、「服飾」、「飲食」、「盧舍」、「器物」、「雜俗」與「方言」，藉以系統化處理原住民社會文化的知識；由於項目具體，一旦有難以分類的訊息，就會猶如百川入海的丟入「雜俗」，導致它臃腫龐大，塞滿各種爆量的訊息。

　　以《諸羅縣志》卷首刊出的10幅「番俗圖」[2]爲例，其主題若與縣志〈土番風俗〉的文本對照，除了「乘屋」可與「盧舍」、「舂米」可與「器物」的文字呼應外，其餘可以和「插秧」、「穫稻」、「登場」、「賽戲」、「會飲」、「捕鹿」、「捕魚」、「採檳榔」等圖幅呼應的文字，大概都在「雜俗」項了。

　　晚於《諸羅縣志》撰述的〈番俗六考〉，雖然延續了縣志的分

1. 許雪姬，〈首任巡臺御史黃叔璥研究〉，《臺北文獻》直字44（1978），頁123-132。
2. 主題分別為：乘屋、插秧、穫稻、登場、賽戲、會飲、舂米、捕鹿、捕魚、採檳榔。

類概念，卻又做了局部的調整，而以「衣飾」、「飲食」、「居處」、「器用」、「婚嫁」、「喪葬」六項，分門別類，記錄諸羅縣、鳳山縣轄下各地原住民的生活與風俗習慣。此外，補充了「番歌」、「附載」兩個項目，前者收錄多數屬於平埔族群的歌謠，後者則歸納整理相關記載與詩作。至於〈番俗雜記〉，羅列了「生番」、「熟番」、「社商」、「社餉」、「捕鹿」、「番役」、「土官饋獻」、「番界」、「吞霄淡水之亂」、「馭番」等項目盤點相關資料，算是當時原住民事務的關鍵字。〈番俗雜記〉最後附載的「題詠」，除收錄孫元衡、郁永河、藍鼎元等人關於原住民的詩作，最值注意的是黃叔璥本人的「番社雜詠」24首，以及呂謙恒、陸榮柜的「題同年黃玉圃番社圖」、「題黃侍御番社圖」。學者杜正勝由此指出：黃叔璥當時應持有或主持繪製過一種題名「番社圖」、主題約有24種的圖像。[3] 因黃叔璥曾分享給呂謙恒、陸榮柜觀覽過，兩人才特別創作詩文酬贈。可惜的是，我們如今已不能知道黃叔璥手上圖像的來龍去脈了。

不過，學者盧燕雪根據故宮「沿海岸長圖」卷前、卷末的兩則跋文——此係黃叔璥長兄叔琳女婿勵宗萬（1705-1759）親筆——推斷，今臺北故宮典藏的「臺灣圖附澎湖群島圖」（簡稱「雍正輿圖」），應該是黃叔璥主持繪製，並在離臺時攜返大興，私藏家中。後來因故外流，乾隆年間再被姪兒黃登賢買回，交給叔璥的兒

---

3. 「番社雜詠」24首的主題，即可說明：文身、作室、種園、禾間、晝織、夜舂、捉牛、射魚、捕鹿、猱採、社餉、互市、樹宿、哨望、鬥捷、嘴琴、鼻簫、迎婦、浴兒、讓路、渡溪、會飲、賽戲、漢塾。參見：杜正勝，〈平埔族群風俗圖像資料考〉，《中研院史語所集刊》70.2（1999），頁309-361。

子黃守謙收藏。這幅彩繪長卷地圖，日後輾轉流離，最終爲故宮所藏。[4] 輿圖內容恰可與〈番俗六考〉參照。

〈番俗六考〉的文獻價值高，是因爲黃叔璥特別在意「番社不一，俗尚各殊」、故不能「比而同之」的概念。在他之前的官員或文人，也有人意識到番社的空間分佈與風俗習慣差異似有關聯，但未曾系統性整理或突顯這個重要現象。換言之，〈番俗六考〉在原住民知識體系中集大成的地位，即在黃叔璥不但承繼了《諸羅縣志》的分類概念——只是略有差異且調整了排序，還考慮到空間的不同，以番社群做爲區別，反映各地「番俗」的差異性，而進一步突顯了社會變遷的多樣性。

至於「番俗六考」關於原住民形貌、生活與風俗的文字，是本書譯寫的重點，研究者也常引用相關描述，作爲建構各地原住民族群傳統文化的文本根據。這些來自他者的書寫，究竟可以反映眞實到何種程度，或其中參雜多少外來者的想像，甚至外部觀覽的客觀與內在猜想的主觀交混、因偏見或誤解的扭曲等，都是使用〈番俗〉文字時可能衍生的疑慮，就要由讀者自行判準了。

三、社的性質與社餉徵收

從結構來看，黃叔璥的〈番俗六考〉分成「北路諸羅番」、「南路鳳山番」兩大部分，亦即「府城以北諸羅縣境轄屬或繳納社餉的番社」、「府城以南鳳山縣境轄屬或繳納社餉的番社」；再將

---

4. 盧雪燕、劉欣欣、許智瑋、黃景彤，〈《臺澎圖》、《沿海岸長圖》爲黃叔璥所繪考：附故宮現藏北平圖書館新購輿圖比較一覽表〉，《故宮學術季刊》31.3（2014.3），頁155-198。

「北路諸羅番」分為「諸羅番一」到「諸羅番十」，共十個單元；「南路鳳山番」分成「鳳山番」、「鳳山傀儡番」和「鳳山瑯嶠十八社」，共三個單元。其空間排序，大致以府城為中心，依循由南往北（諸羅番）或由北而南（鳳山番），逐一分類。

每個單元，再分成四部分：一是地理位置鄰近或作為「社餉單位」的番社名稱；二是對這些番社的居處、飲食、衣飾、婚嫁、喪葬、器用等社會風俗的描述；三是相關歌謠；最後是附錄資料。前三項是〈番俗六考〉的主要內容，最後的「附載」則記錄了不少與「後山」（今宜蘭、花蓮、臺東三縣）相關的資訊，如首次在文獻中出現的蛤仔難各社名稱，說明當時已有通事或商人頻繁進入東部臺灣探險貿易，山後的人群與村落才可能報導出來，可說相當珍貴。

每個單元的第一部分，只簡要記錄了社名，未作任何解釋，頂多言簡意賅的附帶提及，如「諸羅番七」的「阿里山五社（踏枋、鹿堵、唣囉婆、盧麻產、干仔務）」，或「諸羅番九」的「後壠、新港仔、貓裏、加至閣、中港仔（以上四社俱附後壠納餉）」。對讀者來說，「社」是什麼意思？「納餉」指什麼？為什麼某些社與特定的社有關係？我們進一步幫讀者簡單說明。

17世紀的荷蘭文獻，是用dorp（村落）稱呼當時的原住民聚落，英譯文獻則稱village，大意是指自然村。但來臺官員與閩粵移民卻將原住民聚落稱為「社」，從陳第的〈東番記〉開始──「東番夷人……種類甚蕃，別為社；社或千人或五、六百」，歷東寧王朝的相關描述，至臺灣最早方志──蔣毓英的《臺灣府志》（康熙24年〔1685〕），長期以來，毫無例外。

　　到底什麼是「社」？最基本的成立條件就是「聚族而居」，指同一家族或幾個家族聚居的村子。不過，基於通婚、環境因素或文化差異，有些部族的社由複數的小村落構成，有的則為上千人的大集村。

　　典型的散村，如北部的大雞籠社（今基隆市）、金包裏社（今新北市金山、萬里）、三貂社（今新北市貢寮區雙溪河域）等，其實包含了數個小聚落，一個社等於幾個自然村的集合。

　　標準的集村，不但在聚落周邊環植竹木與外界明顯區隔，聚落中還有住宅、穀倉、望樓、公共會所等建築，具備各種生活機能。臺灣西南平原的新港、蕭壠、麻豆、目加溜灣等社，就是歷史上著名的集村。

　　不過，對官府而言，「社」更有政治、經濟意義。在黃叔璥撰寫〈番俗六考〉的時期，國家對「土番」的稅收稱為「番餉」；其繳納，概以「社」為徵收單位，且每個社有固定額度。同時，「社餉」不是由官府直接向原住民徵收，而是透過一套稱為「贌社制」的委託代理辦法。

　　「贌社制」的發端，最早可以追溯到1644年。贌社，荷蘭文是Pacht der Formosaense dorpen，中文譯作「村落承包」；「贌（Pak）」的發音，是pacht的福建語音譯，「社」就是村落（dorp）了。東印度公司為了節省行政開銷，又想從原住民村落獲得最大利益，大員商館就以原住民村落群為基本單位，公開標售「獨占式包稅」權，由有意者競標；得標商人，可以包辦特定區域內村落群的買賣交易。

　　承包商得標後，往往以廉價衣料、鹽、鐵鍋和各種玉石雜物，

向得標區域的村落換取市價高昂的鹿皮、鹿肉、鹿鞭；鹿皮必須換算稅額繳交給荷蘭人，鹿肉或其他鹿製品則自行出口販售。荷蘭人又規定，原住民只能和特定承包商交易，承包商也被嚴格限制在得標區域從事貿易，不能跨區越界。長久下來，承包商與得標區域的原住民村落自然形成緊密的供需關係，承包商也在統治者和原住民之間扮演媒介的角色。

此一源起於1640年代的制度，沒有因荷蘭人的離去而消失，反而歷東寧王朝到清初，轉化為國家取得原住民稅收的方式。官府為了方便，繼續委託代理人前往各地徵收稅餉，並因循舊稱「贌社制」。[5] 不過，原本隨標金浮動的金額，因為首任諸羅縣令季麒光的建議，在清代轉變為固定額度的「社餉」。

包辦的社商（即承包商），攜帶各種日用雜貨，前往負責區域與番社群交易，也代替番社向官府納餉；交易、納稅之間的利潤，就歸社商所有。社商為了求取更高的利潤，往往以低價收購番社所產的雞、犬、牛、豕、布縷、麻椒等物資，再以市價轉賣出售，賺取價差。有識之士早已發現，廉價甚或半強迫賣出大部分物產的番社，生活日益貧困，承受巨大的傷害與壓力，故康熙末年社商終於遭到國家廢止。但，贌社既是獲取社餉最便利的方式，另一種媒介

---

5. 讀者若對「社餉額度如何訂立」、「社餉多寡與番社規模是否有關」、「折算社餉的鹿皮如何區分」、「社商是個人還是群體」，以及「生番真的納餉與歸化」等問題感到好奇，可以參閱邵式柏、吳聰敏等學者的研究。如：邵式柏（John R. Shepherd）著、林偉盛等譯，〈第三章·荷治時期（1624-1661）〉、〈第五章·清初平埔族群的稅收與管理〉，刊於氏著，《臺灣邊疆的治理與政治經濟》（臺北：臺大出版中心，2016），頁96-117、149-188；吳聰敏，〈荷蘭統治時期之贌社制度〉，《臺灣史研究》15.1（2008），頁1-29；吳聰敏，〈贌社制度之演變及其影響，1644-1737〉，《臺灣史研究》16.3（2009），頁1-38。

——通事，又在舊的框架下起而代之，繼續遊走在原住民與官府之間，獲取各種利益。

「贌社制」雖具有跨政權的連續性，其實在過程中還是有所變化。康熙23年（1684）到任的諸羅縣令季麒光，曾在〈覆議二十四年餉稅文〉中指出：「自盪平以來，商散業廢，卑縣等多方勸招，咸稱僞額重大，莫肯承認」；意即東寧王朝餉額過重，政權交替之際，沒有社商願意應承。季麒光因此建議：社餉額度必須「酌量減輕」，也獲長官同意。所以，相較於前朝，清初「各社贌餉請減十分之三，竹塹一社請減十分之四」，餉額確實整體調降了。不僅如此，南路的「鳳山八社」也有特殊的改變：東寧王朝時，他們已因擅於農耕，不徵社餉，改徵丁口米（男婦老幼共4,345口、徵米5933.8石）；而季麒光優恤孤貧，也請豁免753口老弱婦幼，甚或降低壯年婦女的額度，故康熙末期的丁口數爲3,592、徵米4645.3石。此一從17世紀到康熙末期的贌社村落與餉額變動，請參看附錄二。

由以上說明，我們要進一步強調：黃叔璥在編纂〈番俗六考〉時，並無「平埔」、「高山」的地形考慮，所謂「熟番」、「生番」的分別，其實與是否納餉有關；因此，每個單元第一部分的社名，都是（或預期是）社商「代番輸餉」的「社餉單位」。所以，〈番俗六考〉的番社記錄，絕不是當時原住民村落的眞實數量，只是名列官府賦稅名冊的番社而已。

進而言之，「諸羅番」一、二、三、六、八、九、十的番社群，以及「鳳山番」一的八社，都是歷史悠久、跨政權的社餉單位；「諸羅番」四、五、七，與「鳳山番」二、三的番社群，則是康雍年間陸續成爲社餉單位的番社群，尤其是「傀儡番」、「瑯嶠

番」的眾多番社，更是康雍之際通事爲了合法交易、官員爲了順應地方需求，一方面鼓動「生番歸化」，同時向皇帝邀功的結果。由於時間分散、數量眾多，請讀者參考附錄三的整理，有助理解。

四、地域、社群與族群

當黃叔璥以臺灣府治爲中心，以「社餉串聯的番社群」爲準，依循由南往北（諸羅番）或由北而南（鳳山番）的空間分布逐一呈現時，除宣示官府對番社的領有，也反映番社群之間的地理鄰近性，或社群之間的社會網絡，而成爲贌社運作的空間基礎。從這個角度來看，清代前期，由於地廣人稀，基層行政人力對番社無力掌握，只好仰賴社商、通事；而這些中間人，也以自己在番社建立的人際網絡，發展交易事業，爲地方官收取稅餉。不僅如此，官商相互依賴的賦稅結構，如果長期發展，也可能發揮反饋效果，影響、甚至規範了番社群之間的關係。只是，這已經是另外的問題了，於此不再多論。

〈番俗六考〉的成書年代，清朝已經統治臺灣大約四十年，因此可視爲18世紀上半官府對全臺原住民村社認識的總報告。此後，分巡臺灣道劉良璧、巡臺御史范咸主纂的方志（乾隆6年《重修福建臺灣府志》、乾隆10年《重修臺灣府志》），無論是番社名稱、分布或風俗習慣，都是全盤抄錄黃叔璥的〈番俗六考〉，而僅根據行政區域的調整，略做更動而已。

以范咸的《重修臺灣府志》爲例，該志不但在〈風俗〉（二）的「番社風俗」中全盤抄錄〈番俗六考〉，還將黃叔璥時期全臺的列冊番社依行政區劃進一步分割。以下就是范志的分類：

　　臺灣縣：三社熟番

　　鳳山縣：八社熟番

　　　　　　歸化生番——山豬毛四社、傀儡山二十七社、瑯嶠

　　　　　　十八社、卑南覓六十五社

　　諸羅縣：平地熟番八社、倚山熟番五社

　　　　　　歸化生番——崇爻八社、內優六社、阿里山八社

　　彰化縣：平埔熟番十一社

　　　　　　歸化生番——水沙連二十四社

　　　　　　岸裏九社

　　　　　　邊海熟番六社

　　淡水廳：蓬山八社、後壠五社、南嵌四社、淡水十九社、山朝

　　　　　　四社

　　　　　　山後生番——蛤仔難三十社

　　這些「＊＊幾社」的集稱——如後壠五社，意謂以後壠為首的五個社，是對官府繳納社餉的賦稅單位。以此類推，我們就能看出這種集稱，既是官府徵稅的對象，彼此也有地緣鄰近關係，並進一步對應了各縣廳的行政區域劃分，說不定也反映了各社群內部的社會經濟關係。而無論事實上是否真的如此運作，至少自〈番俗六考〉統整了這種空間分類雛型後，日後編纂的地方志，幾乎都只在這個架構下延續而已。

　　在學術研究上引進族群觀念的日籍學者，在研讀了黃叔璥的〈番俗六考〉後，認為「諸羅番」的十路分群，或「鳳山番」的三大分類，與他們判別的族群分類似有密切的相關性。戰後，也有人

抱持類似主張，學者李亦園就認為〈番俗六考〉的番社群，幾乎可以等同於族群。[6]

　　這個提問，已經成為原住民史研究的重要課題。不過，目前的看法是：社群與族群之間，固然有切割不開的密切關係，但要直接畫上等號，恐怕還有爭議。以下，我們試以范咸《重修臺灣府志》的社群集稱——南崁四社為例。

　　〈番俗六考〉首度指出：「南崁、坑仔、霄裏、龜崙（以上三社附南崁納餉）」，《重修臺灣府志》則直接稱為「南崁四社」。學者土田滋在研究人群分類時，即視17世紀荷蘭戶口表中的龜崙人（Coullonders，有13個村落）為一支獨立族群，並嘗試將「龜崙人」與「南崁四社」劃上等同的關係。

　　但，土田滋卻發現南崁社的語言較近似八里坌社（今新北八里），龜崙、坑仔、霄裏三社的語言則接近賽夏語。土田滋只好引用黃叔璥在「諸羅番十‧附載」的描述：「龜崙、霄裏、坑仔諸番，體盡矲短，趨走促數；又多斑癬，狀如生番」，強化龜崙、坑仔、霄裏三社的關連，以突顯南崁社的異質性。[7] 換句話說，要從社群推到族群，其中還有許多複雜關係需要釐清；即使逐一討論了，也未必有可以遽下定論的直接證據。儘管如此，社群與族群的關係，已開啟了一片研究天空，足以讓歷史學、考古學、語言學共襄盛舉，以新的史料觀點，展開學科的對話。

　　總體而言，〈番俗六考〉作為描述18世紀原住民風俗文化的體

---

6. 李亦園，〈從文獻資料看臺灣平埔族〉，《大陸雜誌》10.9（1955），頁19-29。

7. Tsuchida, Shigeru（土田滋）， "Kulon, yet another Austronesian Language in Taiwan？"《中研院民族所集刊》60（1985），頁1-60。

系性文本，已經成爲建構原住民傳統社會文化的重要史料根據了。近來的研究，則更重視黃叔璥以空間性對番社群所做的分類；當代人類學家甚至認爲〈番俗六考〉的分類，足以和近代學科概念下的族群分類互相呼應。本書是〈番俗六考〉「原譯合體」與「原文註解」的新版本，除了再度肯定歷史文獻的老而彌堅，也希望開創新世界，讓〈番俗六考〉吸引更多讀者、發揮更大的效用。

凡例

一、本書爲歷史文獻〈番俗六考〉的翻譯與考訂，由於史料係以「番」爲主要用語，故本書遵行文獻原文，行文則兼用「原住民」或「原住民族」，特此說明。

二、本書原文，係採用臺灣銀行經濟研究室1957年編印出版的《臺海史槎錄》標點本，簡稱「臺銀版」。此因臺銀版印製至今，不但流通最廣，是中央研究院臺灣史研究所製作「臺灣文獻叢刊資料庫」時使用的版本，也是本書譯文的根據。惟臺銀版錯別字與標點符號錯誤甚多，故亦與清乾隆元年的刊刻本全文對校，以查核並更正臺銀版若干錯誤。

二、本書以原文、譯文對照呈現，故僅針對人名、地名、番社名、專有名詞與事件註解說明，而不特別註釋難字或文學典故等。

三、歷史文獻的地名、社名或人名，常因音譯轉寫或同音異體字而頗有差異，如澹水或淡水，金包里、金包裡或金包裹等，故本書對同音異體字採最通行者，統一使用。

四、本書記錄的番社，其存在時間爲18世紀初尚未大幅異動前；18世紀中葉以後，多數番社多已遷移。故本書對番社今址的註釋，主要爲原居地的推估，無法兼顧遷移後新址；而即使是原居地，也無法精準判斷眞實位置。如「鳳山傀儡番」的北葉安社，本書雖註爲「今屏東縣瑪家鄉之北葉部落」，但今北葉部落已非18世紀初的北葉安社舊址，期間曾經數次遷徙，舊社難以標定，故只能以「今屏東縣瑪家鄉北葉部落舊址」表述。以此類推，請讀者諒解。

目次

番俗六考

原　序

　　臺盡番地也，雕題鐫髮，蟻雜蜂屯；海外于役，實以綏輯為難。恭聆聖訓，以臺地士庶，盡閩之漳泉、粵之惠潮，無長子孫以世居者；諸番迺土著之民，其令有司撫恤之。余始來此，見其盱睢渾噩，質勝而野。迨歷其境、止其舍、目擊其飲食動息，與中土人民無二。長跪送迎，悚然知惕：既以廉從兵弁，秋毫不犯，則又驩然交欣；瀕行，耄孺攀依不忍舍；此固天性未漓，豈降才爾殊耶？近者，社中間有讀四子書、習一經者，鼓舞化導，不可變狂榛而文物耶？番社不一，俗尚各殊，比而同之，不可也。余撮其大要凡六：檄行南北兩令，[1] 於各社風俗、謳謠，分類詳註為番俗六考，於以識我朝重熙累洽，光天之下，至於海隅蒼生。守土者懍遵謨訓，殫心拊循，毋謂異類而莫之恤。修教齊政，以昭中外同風之盛，實有厚望焉！

---

1. 南北兩令，分別指府治所在臺灣縣以南的鳳山知縣，以北的諸羅知縣。

原　序

　　臺灣都是番人的土地，番人刺青斷髮，像螞蟻、蜜蜂雜居在這裡；即使有人出兵來海外征討，也難以平定。我曾恭聽皇上的聖訓，他認為臺灣這裡的士人和平民，都來自福建省漳州、泉州以及廣東省惠州、潮州，還沒有子孫在這裡世代居住；這裡的番民，本來就原住在這裡，因此命令官方要好好安撫他們。我剛來這裡的時候，看到番人外貌，以為他們渾渾噩噩、質勝於文、本性粗野；等到我經過他們的部落，停留在他們的房屋，親自看見他們的飲食、作息狀況，才知道和中土的人民並無不同。當他們長跪向我們拜別的時候，我忽然間有所警覺反省：早先他們對來到這裡的兵差表示服從，一點都不加以冒犯，然後又非常高興與兵差交往；等到我們要離開時，老幼都來拉住，捨不得我們離開。從這種表現，可以看出他們天然的本性敦厚，而不是上天給他們什麼特殊的才性。最近，番社裡已有誦讀四書和學習經書的人，如果加以鼓舞教導，難道不能化野蠻而變成文明嗎？不過，眾番社的風俗、生活不可能通通一樣，風俗習慣各個不同；即使鄰近的兩個社，也不一定相同。我擬了主要的六大項目，發出檄文給南北兩路的縣令，要他們將各社的風俗、歌謠，分成六類詳細地記錄說明，以備集成〈番俗六考〉一書，顯示我大清皇朝重視各地的溫煦和平氣氛，不只是中土各地，乃至於海角蒼生，都一視同仁。凡是守衛國土的人都要謹遵皇上訓示，盡心盡力安撫番人，千萬不可認為他們是異類，而不體恤他們。我們在這裡努力推行教化、辦好政治，顯明中土、邊疆一體同化的盛況，實在是很值得期望呀！

北路諸羅番一 [2]

新港、[3] 目加溜灣（一名灣裏）、[4]
蕭壠、[5] 麻豆、[6] 卓猴[7]

---

2. 黃叔璥將諸羅縣境原住民，依地理分布與稅餉徵收，由南往北，分成十群。諸羅番一，指最接近府治所在臺灣縣的臺南平原番社群。

3. 新港，社名，今臺南市新市區番仔厝、社內一帶，社餉徵銀458兩6錢4分，卓猴社餉銀附入合徵。17世紀時的新港社，以最早改宗信仰基督教著稱，日後曾數次遷移，陸續移居今臺南市左鎮區、高雄市內門區等地，分散頗廣。

4. 目加溜灣，又名灣裏，社名，今臺南市善化區溪美里，社餉徵銀113兩2錢4分8釐8毫。依周鍾瑄的《諸羅縣志》〈卷六・賦役志・餉稅〉紀錄（文叢141，臺北：臺灣銀行經濟研究室〔以下簡稱臺銀經研室〕，1962，頁97），另有「新社仔」餉銀附入目加溜灣社合徵；所謂「新社仔」，可能為目加溜灣社分出來的小社。

5. 蕭壠，又名歐王，社名，有「河川曲流處」之意，今臺南市佳里區番仔寮、北頭洋一帶，社餉徵銀452兩2錢8分9釐6毫。

6. 麻豆，社名，今臺南市麻豆區。社餉徵銀172兩8錢7分2釐。「麻豆」一詞，舊說為「眼睛」之意，翁佳音則認為是福建語「碼頭」的音轉，參見：翁佳音、曹銘宗，《大灣大員福爾摩沙：從葡萄牙航海日誌、荷西地圖、清日文獻尋找臺灣地名真相》（臺北：貓頭鷹出版社，2016），頁134-137。

7. 卓猴，社名，亦為山名，文獻記載首見於《諸羅縣志》（頁11、16、30、97）。卓猴社舊址有各種說法，綜而言之，約在今臺南市山上區、左鎮區，餉銀附入新港社合徵。

居處

作室名囷。先以竹木結成椽桷，編竹爲牆，蓋以茅草，爲兩大扇；中豎大梁，備酒豕邀請番眾，舉上兩扇，合爲屋；狀如覆舟，寬二丈餘，長數丈；前後門户疏通。夫妻子女，同聚一室。門兩旁上下，丹艧采色，燦然可觀。舍内地淨無塵。前廊竹木鋪設如橋，俯欄頗亦有致。鑿木板爲階梯，木極堅韌，或以相思木爲之；又一種木，文理樛結如檀梨狀，從内山採出，番亦不名何木，高可五、六尺。入室者，拾級而入。

飲食

飯凡二種：一占米煮食，一篾筒貯糯米，置釜上蒸熟；手團食，日三飧，出則裹腰間。酒凡二種：一春秫米[8]使碎，嚼米爲麴，置地上，隔夜發氣，拌和藏甕中，數日發變，其味甘酸，曰姑待。婚娶、築舍、捕鹿，出此酒，沃以水，群坐地上，用木瓢或椰椀汲飲之；酒酣歌舞，夜深乃散。一將糯米蒸熟，拌麴，入篾籃，置甕口，津液下滴，藏久，色味香美；遇貴客，始出以待。敬客，必先嘗而後進。凡捕魚，於水清處見魚發發，用三叉鏢射之，或手網取之。小魚熟食；大則醃食，不剖魚腹，就魚口納鹽，藏甕中；

---

8. 秫米，糯米的一種。

居處

蓋的房屋叫做「囷」。先用竹木做成屋頂以及斜枋，再編織竹子成為牆壁，然後屋頂蓋了茅草，成為兩片屋頂。之後，在地基上樹立了大木頭，準備了酒、豬肉，邀請所有的番人來幫忙，大家再一起把兩片屋頂舉起，組合成一個房屋。房屋的形狀，就像是一個翻過來的船，寬度大概有兩丈多，長度好幾丈。前後都有門可以進出。丈夫、妻子、子女都住在房屋裡。門的兩個邊邊和上下，都用紅色的顏料塗上，燦爛好看。屋裡的地面乾淨，不見灰塵。前面的廊道用竹子鋪設，就像是一座橋，欄杆也做得頗為有趣。鑿木板做成階梯，木頭的質地堅硬，有用相思木做成的。又有一種木頭，紋路糾結成檀梨的形狀，是從山裡開採出來的，番人也說不出是何種木頭，高大概有5、6尺。想進入室內的人，就必須拾級而入了。

飲食

飯有兩種：一種是用占米煮食，又有一種是用竹篾做成的桶子裝著糯米，放在鍋子上蒸熟；然後用手捏成飯糰，三餐都吃，外出的時候就裹放在腰間。酒也有兩種：一種是先把秫米舂碎，再放到口中嚼，做為發酵的麴，然後放在地上，隔夜透氣，攪拌均勻後收藏在甕中，幾天以後發酵起變化，酒味甜酸，就叫做「姑待酒」。當有人婚娶、建屋、捕鹿，就把這種酒端出來，淋一些水，大家坐在地上，用木瓢或椰椀舀起來飲用；酒既喝足，舞也跳得很熱烈，要深夜時才散會。另一種是把糯米蒸熟，把麴放入其中，裝入竹片編成的籃子裡，放在甕口上，津液就往下滴，放久了，色味香美，遇到有貴客來訪時才端出來款待。敬客人喝酒時，自己必定先要試

俟年餘，生食之。捕鹿名曰出草，[9] 或鏢、或箭，帶犬追尋。獲鹿即剝割，群聚而飲。臟腑醃藏甕中，名曰膏蚌鮭；餘肉，交通事[10]貿易納餉。[11]

衣飾

　　衣黑白不等，俱短至臍，名籠仔。用布二幅，縫其半於背，左右及腋而止；餘尺許垂肩及臂，無袖。披其襟，衣長至足者，名襢。暑則圍二幅半烏布，寒則披襢。近亦有傚漢人衣褲者。番婦衣短至腰，或織茜毛於領，或緣以他色。腰下圍幅布，旁無襞積為桶裙。

---

9. 出草一詞，首見於《諸羅縣志》〈卷八・風俗志〉，如「贌社亦起自荷蘭，就官承餉曰社商，亦曰頭家。八、九月起，集夥督番捕鹿曰『出草』」（頁168）、「出草先開火路，以防燎原」（頁171）等，用以描述原住民的捕鹿行動；黃叔璥沿用，並成為文獻用詞。由「出草」（chhut-chháu）的語言特性，可知原為漢人社商督促原住民發動捕鹿的用語，而非原住民族語；惟日後不但從他稱演變為族人對捕鹿的自稱，甚至與獵首習俗連結，逕以「出草」指稱「獵首」。相關討論，參見：席名彥，〈臺灣歷史詞彙的形塑與轉變──以「出草」為例（1717-1994）〉（臺北：臺灣師範大學臺灣史研究所碩士論文，2019）。

10. 通事，原為熟悉族語、通曉番社事務，能代表番社與官府溝通、翻譯、代辦公務的中間人。自荷蘭時代起，通事即與社商合作，以順利交涉貿易。東寧王朝時，官府將通事納入管理，清代沿用，發給牌照，付予職權與任務。康熙末年，官府廢止弊病百出的社商，由通事協助番社土官辦理公務。通事因專長通譯，能對外溝通協調，影響力日漸超過只管社內事務的土官，而成為真正的權力者。早期通事，多由漢人擔任；乾隆以後，則漸由通漢語的族人擔任。黃叔璥時期的著名通事，有賴科、鄭宇等。

喝。凡是捕魚，在水清的地方看到魚兒成群，就用三叉鏢槍射魚，或用手網捕捉。小魚拿來煮食；大魚就醃漬起來，不剖開魚肚，從魚嘴塞入食鹽，藏在甕中，等一年多以後，再生吃。捕鹿叫做「出草」，或用鏢槍，或用弓箭，帶著獵犬去搜捕獵物。獵到鹿後，立刻剝皮割肉，集體聚在一起喝酒。鹿的內臟醃漬在甕中，名叫「膏蚌鮭」；剩下的肉，交給通事賣出或繳稅。

衣飾

衣服或者黑色或者白色不一，都短到肚臍的位置，名叫「籠仔」。用兩塊布，縫一半在背部，左邊右邊都縫到腋下，剩下尺餘的布就垂在肩膀和手臂，沒有袖子。披著的襟衣如果長度到腳，叫做褺。天氣熱就圍二幅半黑布，寒冷就披著褺。最近也有模仿漢人穿褲子的。番婦的衣服短到腰際，或織入茜毛在衣領的位置，或裝飾其他顏色。腰以下圍著一幅布，如果沒有褶繡的，就叫做「桶裙」。膝蓋以下用黑布纏繞幾十圈，堅固地束縛在腿肚到腳脛

---

11. 納餉，清初官府對原住民的稅收，係以「社」為單位，徵取固定額度的「陸餉」，又稱「社餉」；它的徵收方式，承襲自東寧王朝的贌社制，源頭則是荷蘭時代的村落包稅制；社商承包特定區域番社群的「社餉」稅額，以日用雜貨與承包區域的番社交易鹿皮山產，利差歸社商所有。至於餉額，相較於東寧王朝，清初額度已經「酌量減輕」；季麒光〈覆議二十四年餉稅文〉一文（刊於季麒光撰、李祖基點校，《蓉洲詩文稿選輯‧東寧政事集》〔香港：香港人民出版社，2006〕，頁161-162）即指出：「紅毛始設贌商，稅額尚輕，偽鄭因而增之。（中略）自盪平以來，商散業廢，卑縣等多方勸招，咸稱偽額重大，莫肯承認。相應酌量減輕，今議各社贌餉請減十分之三，竹塹一社請減十分之四。」相關討論，參見：鄭喜夫，〈明鄭晚期臺灣之租稅〉，收於《臺灣史管窺初輯》（臺北：浩瀚出版社，1975），頁104-108。

膝以下用烏布十餘重，堅束其腓至踝。頭上珠飾，名曰沙其落；瑪瑙珠，名曰卑那苓。頸掛銀錢、約指、螺貝及紅毛錢。瓔珞纍纍，盤繞數币，名曰夏落。臂釧，東洋鐲銅起花鐲，或穿瑪瑙爲之。手圈名曰龜老。若遇種粟[12] 之期，群聚會飲，挽手歌唱，跳躑旋轉以爲樂；名曰遇描堵。

麻達[13] 走遞公文，插雉尾於首，手背繫薩豉宜，以鐵爲之，狀如捲荷，長三寸許。展足鬬捷，腳掌去地尺餘，撲及其臀；沙起風飛，手鐲與薩豉宜相擊，丁當遠聞，瞬息數十里。[14] 習紅毛字[15] 者曰教冊，用鵝毛管削尖，注墨汁於筒，湛而橫書，自左而右，登記符檄、錢穀數目。暇則將鵝管插於頭上，或貯腰間。

---

12. 粟，小米。
13. 麻達，指未婚男性。
14. 原住民善奔跑，有些族群在部落的年節儀式中，會安排賽跑比試，稱為「走鏢」。跑得快的未婚男性，除了受年輕女性歡迎，往往也成為官府遞送公文書、驅使公務的勞動力。據傳，乾隆年間蕭壠社的程天與，即以快如飛鳥的奔速而有「飛番」外號；曾奉召入京，在皇帝面前與健馬競賽。今臺南市佳里區留存「飛番墓」一塊，碑上刻記「皇清乾隆丙申年」（乾隆41年〔1776〕）、「父子面君三次」，供世人懷想。參見：大道兆行，〈飛番墓〉，《臺灣文學》2.2（1942），頁11-13；〈續飛蕃墓〉，《民俗臺灣》2.7（1942），頁26-27。

的地方。頭上的珠寶裝飾，叫做「沙其落」；瑪瑙珠子名叫「卑那苓」。頸子上掛著銀錢、戒指、螺貝和紅毛錢。瓔珞垂掛纍纍，盤繞好幾圈，名叫「夏落」。上臂帶著臂釧；或手腕戴著東洋鐲子、銅起花鐲子，或戴瑪瑙串；手圈名叫「龜老」。如果遇到種小米的日期，他們就聚在一起飲酒，然後手挽著手歌唱，一起奔跳旋轉作樂，叫做「遇描堵」。

年少的麻達傳遞公文時，頭上插著雉尾，手背上繫著薩豉宜。薩豉宜是用鐵片做成的，形狀好像含苞待放的荷花，長度大概三寸左右。他展開腳步快速奔跑時，腳掌離地尺餘，後腳跟碰到臀部，在塵沙飛揚中，手鐲和薩豉宜相擊，發出叮叮噹噹的聲音，很遠的地方都可以聽到，轉眼已經奔跑幾十里。教寫紅毛字的叫做「教冊」，把鵝毛管削尖，將墨汁注入小筒中，沾了墨汁後，從左往右書寫，可以登錄官家的文件命令、錢穀數目。不使用的時候，就把鵝毛管插在頭上，或放在腰際。

15. 紅毛字，指新港語文。17世紀中葉，荷蘭東印度公司（以下簡稱「公司」）的基督教宣教師，為便於傳教，教導新港社人以羅馬字母拼寫族語，也就是所謂的「新港語」。荷蘭人離開後，新港社後代仍繼續使用，當族人之間或與漢人訂立契約時，即以新港語或新港語、漢字並列，書寫契文；這類文獻，稱為單語、雙語「新港文書」。參見：李壬癸編著，《新港文書研究》（臺北：中研院語言所，2010）。

婚嫁

婚姻名曰牽手。[16] 訂盟時，男家父母遺以布。麻達（番未娶者）成婚，父母送至女家，不需媒妁；至日，執豕酌酒，請通事、土官、[17] 親戚聚飲。賀新婚名曰描罩佳哩。夫婦反目即離異。男離婦，罰酒一甕、番銀三餅。女離男或私通被獲，均如前例。其未嫁娶者，不禁。若配合已久，造高架，坐婦於上，舁迎諸社中；番眾贈遺色布，歸宴同社之眾，則永無離異。

喪葬

番死曰馬歹。不論貧富，俱用棺埋厝內；以平日衣服器皿之半殉之。喪家衣俱著皂色，以示不變。父母兄弟之喪俱一年。夫死一年後改適，必自爲擇定，告前夫父母及所生父母而後嫁。

---

16. 牽手，清代官員如黃叔璥等基於「婚姻名曰牽手」的說法，而認為「牽手」是原住民語；但學者如方豪、翁佳音等，卻發現17世紀的漳語系漢人，不但在海外地區以「牽手」（khan-chhiú）稱呼妻子，甚至以動詞語意的「牽手嫁娶」，寫入1605年馬尼拉印行的《基督教教義》。「牽手」一語與臺灣原住民社會的連結，可能是漢人社商以自己的慣用語描述原住民的婚姻締結，而被誤認為原住民用語。相關研究，參見：翁佳音，〈「牽手khan-chhiú」來看臺灣世界史——從臺灣歷史慣用語論大福佬文化圈概念〉，《臺灣史研究》13.2（2006），頁1-31。

婚嫁

　　婚姻就叫做「牽手」。送聘禮訂婚，男家父母就贈送布匹給女家。麻達（未婚的男子）結婚時，由父母送他到女家，不需要媒人；到了結婚那天，殺豬備酒，宴請通事、土官、親戚一起喝酒。祝賀新婚就叫做「描罩佳哩」。夫婦兩人如果反目不合，就離婚。男方離棄女方，須罰酒一甕，番銀三塊。女方離棄男方或私通被逮到，罰則和上例一樣。但尚未嫁娶的男女，分合沒有禁忌。如果結婚很久了，就造一個高高的扛架，婦人坐在上面，由眾人扛著在各社之間遊行；番民們就贈送有色的布匹給他們，回來宴請同社的大眾，那麼就永遠沒有離婚的可能了。

喪葬

　　番人死了，就叫做「馬歹」。不論貧窮或富有，都用棺材裝殮，埋在房屋裡；以平日衣服、用具的一半陪葬。喪家衣服都穿黑色，表示情誼不變。父母、兄弟之死需服喪一年。丈夫死後一年，女人才可以改婚他人，必須自己尋找和決定對象，再告訴前夫父母和生身父母後婚嫁。

---

17. 土官，依《諸羅縣志》〈卷八・風俗志〉的說明：「土官之設，始自荷蘭，鄭氏因之」（頁168），可知「土官」作為部落社會領導人，係始於荷蘭時代。當時，公司在部落中指定具有影響力的人，處理與公司相關的事務，並賜予絨袍、親王旗和代表公司權威的權杖，研究者稱為「首長」。這樣的人物與角色，在東寧王朝時改稱土官，清代沿用，後又改稱「土目」、「頭目」，並發給牌照，納入管理。參見：康培德，〈第九章・村落首長制〉，《臺灣原住民史・政策篇・荷西明鄭時期》（南投：國史館臺灣文獻館，2005），頁157-166。

器用

耕種如牛車、犁耙，與漢人同。厝內器皿各殊：汲水用匏，飯具用椰椀、螺壳。捕鹿用鏢箭。炊飯用鐵鐺，亦用木扣，[18] 陶土為之，圓底縮口，微有唇起以承甑；[19] 以石三塊為竈，置木扣於上以炊。近亦築竈，間置桌椅及五綵瓷器；非以資用，為觀美耳。螺錢皆漢人磨礱而成，圓約三寸，中一孔，以潔白者為上；每圓值銀四、五分，如古貝式；各社皆然。

附番歌

| 新港社別婦歌 |

馬無艾幾唎（我愛汝美貌），
唷無晃米哞（不能忘），
加麻無知各交（實實想念）。
麻各巴圭里文蘭彌勞（我今去捕鹿），
查美狡呵阿孛沈沈唷無晃米哞（心中輾轉愈不能忘）；
奚如直落圭哩其文蘭（待捕得鹿），
查下力柔下麻勾（回來便相贈）。

---

18. 鐵鐺，指鐵鍋；木扣，即一般陶罐。

器用

　　耕種的用具有牛車、犁耙等，和漢人一樣。至於房屋裡的用具就各家不同。舀水的器具用瓢；盛飯都用椰碗、螺殼。捕鹿的用具是鏢槍和弓箭。煮飯用鐵鍋，也有用「木扣」。「木扣」是用陶土塑成的，圓形底，口部縮小，微微有唇，好用來承住甑�。通常用石頭三塊做成竈，再把「木扣」放在竈上，用來煮飯。近來也有用漢人樣式的竈來煮飯，還有人在室內放置漢人樣式的桌椅和五彩瓷器，不過並非拿來用的，只是為了美觀好看而已。螺錢都是漢人磨製而成的，圓形，大約有三寸，中央有一個孔，以潔白的顏色為上品，每個價抵四分銀或五分銀，就像是古貝那種式樣，各社都是如此。

附番歌

| 新港社別婦歌 |

馬無艾幾唎（我愛妳美貌），
唷無晃米哞（不能忘），
加麻無知各交（實實想念）。
麻各巴圭里文蘭彌勞（我現在去捕鹿），
查美狡呵阿孛沈沈唷無晃米哞（心中輾轉更加不能忘）；
奚如直落圭哩其文蘭（等捕到鹿），
查下力柔下麻勾（回來就相贈）。

---

19. 甑，蒸食物的器具，由兩個陶罐上下組合而成，上面陶罐底部有若干小孔，下面陶罐盛水，使用如蒸籠。

蕭壠社種稻歌

阿搭踊其礁（同伴在此），
加朱馬池唎唭麻如（及時播種）。
包烏投烏達（要求降雨），
符加量其斗逸（保佑好年冬）。
知葉搭著礁斗逸（到冬熟後），
投滿生唭咖僉藍（都須備祭品），
被離離帶明音冤單（到田間謝田神）。

麻豆社思春歌

唉加安呂燕（夜間難寐），
晉那馬無力圭吱腰（從前遇著美女子），
礁嗎圭礁勞晉毛晤（我昨夜夢見伊）；
沒生交耶晉毛夫（今尋至伊門前），
孩如未生吱連（心中歡喜難說）！

灣裏社誠婦歌

朱連麼吱匏裏乞（娶汝眾人皆知），
加直老巴棉煙（原為傳代）；
加年呀嘎加犁蠻（須要好名聲），
拙年巴恩勞勞呀（切勿做出壞事），
車加犁末礁嘮描（彼此便覺好看）！

蕭壠社種稻歌

呵搭踊其礁（同伴在這裡），
加朱馬池喇淇麻如（及時播種）。
包烏投烏達（要求降雨），
符加量其斗逸（保佑好年冬）。
知葉搭著礁斗逸（到冬天成熟後），
投滿生淇呵僉藍（都須準備祭品），
被離離帶明音冤單（到田間謝田神）。

麻豆社思春歌

唉加安呂燕（夜間難寐），
音那馬無力圭吱腰（從前遇著美麗的女子），
礁嗎圭礁勞音毛嘟（我昨夜夢見她）；
沒生交耶音毛夫（現在尋到她的門前），
孩如未生吱連（心中歡喜難以言說）！

灣裏社誡婦歌

朱連麼吱鮑裏乞（娶你眾人都知道），
加直老巴綿煙（原是為了傳宗接代）；
加年呀嘎加犁蠻（須要好名聲），
拙年巴恩勞勞呀（切勿做出壞事），
車加犁末礁嘮描（彼此便覺好看）！

附載

「土番初以鹿皮爲衣，夏月結麻枲[20] 縷縷，挂於下體；後乃漸易幅布，或以達戈紋（番自織布名）爲之。數年來，新港、蕭壠、麻豆、目加溜灣諸番，衣裙半如漢人，冬裝縣；哆囉嘓、[21] 諸羅山[22] 亦有倣傚者。」（雜記）[23]

「余與黃巖顧敷公過大洲溪，歷新港社、加溜灣社、麻豆社；雖皆番居，然嘉木陰森，屋宇完潔，不減內地村落。顧君曰：新港、加溜灣、歐王（即蕭壠）、麻豆於僞鄭時爲四大社，令其子弟能就鄉塾讀書者，蠲其徭，欲以漸化之。四社番亦知勤稼穡、務蓄積，比戶殷富。又近郡治，習見城市，居處禮讓，故其俗於諸社爲優。歐王近海，不當孔道，尤富庶，惜不得見；過此恐日遠日陋矣。然觀四社男婦被髮不褌，猶沿舊習。」[24]

---

20. 枲，音同「喜」，麻的一種。
21. 哆囉嘓，社名，今臺南市東山區，詳「諸羅番二」。
22. 諸羅山，社名，今嘉義市，詳「諸羅番二」。
23. 此處的〈雜記〉，爲沈光文所撰，轉引自周鍾瑄，《諸羅縣志》〈卷八‧風俗志〉，頁156。沈光文（1612-1688），字文開，號斯菴（或庵），生於浙江鄞縣（今浙江省寧波市海曙區），1662年流寓臺灣，留下若干臺灣風土民情的文字，被季麒光、全祖望推譽爲「海東文獻始祖」。惟其文稿大多佚失。參見：龔顯宗編，《沈光文全集及其研究資料彙編》（臺南：臺南縣立文化中心，1998）。

附載

「土番最初以鹿皮做衣服，夏季就束著麻帶，一縷縷地掛在下體；後來漸漸放寬布幅，或者用達戈紋（番人所織的布的名稱）做衣服來穿。幾年來，新港、蕭壠、麻豆、目加溜灣番社的人所穿的衣褲已經半如漢人，冬天有人也穿了綿衣。哆囉嘓、諸羅山也有仿效的人。」（節錄自《雜記》）

「我和來自浙江黃巖的顧敷先生一起過了大洲溪，經過新港社、加溜灣、麻豆社，雖然眼見都是番人的住屋，但是良好的樹木茂密陰森，屋宇完好而整潔，並不比內地村落要差。顧先生就說：新港、加溜灣、歐王（即蕭壠）、麻豆社在偽鄭的時期是臺灣的四大社，現在他們的子弟如果能在鄉里的書塾讀書的話，就能免去服勞役，目的是想要使他們漢化。四大番社的人也都知道勤於種植，努力積蓄，以致於富有的人很多。又因為四大社靠近府城，已經習慣了城市居民禮讓的風氣，所以他們的習俗也要比所有其他的番社為佳。歐王社靠近海邊，不在交通要道上，特別富庶，可惜我沒有能去親自看看。離開了這四大社後，恐怕我所看的番社就要越遠越簡陋了。但是我依然看到這四大社的男人女人披著頭髮，不穿衣物，和舊日的習俗一樣。」

24. 郁永河，《裨海紀遊》，頁17-18。

　　「各社終身依婦以處，皆以門楣紹瓜瓞，父母不得有其子，故
一再世而孫且不識其祖矣。番人皆無姓氏，有以也。」（裨海紀
遊）[25]

　　「新港、加溜灣二社，為一邑孔道。凡奉差至者，將照身一
出，練保人等不知何事，並不知何名，畫則支給酒食，夜則安頓館
舍，燃燈進饌，折勒[26] 規例，臨行供應夫車，一人必坐一乘。日
撥數起或二、三十起，欲概行應付，則民力可憐；抗阻，則獲罪非
小。」（東寧政事集）[27]

　　「四社地邊海空濶，諸番饒裕者，中為室，四旁列種果木；廩
囷圂圍，次第井井，環植莿竹至數十畝。」（諸羅志）[28]

---

25. 郁永河，《裨海紀遊》，頁34。
26. 折勒，語出「斷轡折勒」，即將拴繫的繩索折斷，可衍伸為「不顧」、「暫停」。

「各社的男人都住在女人家，世代都以女人繼承家業，父母不能擁有兒子，所以兩代後的孫子就無法知道他的祖先了。番人都沒有姓氏，這是有原因的。」（節錄自《裨海紀遊》）

「新港、加溜灣二社，是地方的交通要道。凡是出差到這裡來的人，只要把證照拿出來，練保人等雖然不知道來的人要辦什麼事，甚至不知道他們的姓名，白天就得給他們免費的酒食，夜裡就把他們安頓在旅館住，點燈讓他們進食，暫停一切規定，在臨行時提供馬伕馬車，每個人都坐一輛車子。假如一天差遣幾人或20、30人去那裡，兩社的人想要應付，那就可憐了那裡的人要費錢費力了。假如那裡的人抗拒這麼做，獲罪可不小。」（節錄自《東寧政事集》）

「四社的位置靠近海邊，洋面空闊。許多富有的番家，在家園中間建築居室，四周圍再分排種植果樹；穀倉和豬圈，次序整整齊齊，最外圍種了刺竹好幾十畝。」（節錄自《諸羅志》）

---

27. 〈請禁夫車文〉，刊於季麒光撰、李祖基點校，《蓉洲詩文稿選輯‧東寧政事集》，頁196。
28. 周鍾瑄，《諸羅縣志》〈卷八‧風俗志〉，頁159-160。

郡中造船，出水最艱；所司檄四社番眾牽挽，歲以爲常。聞金一鳴，鼓力並進。事畢，官酬以煙、布、糖、丸。新港、蕭壠、麻豆各番，昔住小琉球，後遷於此。[29]

孫元衡〈加溜社〉詩：

「自有蠻兒能漢語，誰言冠冕不相宜！叱牛帶雨晚來急，解得沙田種芋時。」[30]

---

29. 小琉球，今屏東縣琉球鄉。1622年，荷蘭人因金獅子號船隻在此失事、船員被殺，而命名金獅子島；當地原住民，則稱該島為Lamey。荷蘭人為報復該島住民，兩次派軍征伐，失敗而回；1636年7月，荷蘭人再度征討，殺死三百多人，捕獲男女、小孩五百餘人，存活的男人發配到巴達維亞城充當苦力，婦女兒童則多配置在新港社；此後命運多舛，小琉球原住民亦就此滅絕。黃叔璥所謂：「新港、蕭壠、麻豆各番，昔住小琉球，後遷於此」，或許是小琉球原住民被迫遷住新港等社的歷史記憶，竟與四社來源混為一談後的傳言。參見：曹永和，〈小琉

　　府城造船，造好了，要放進入水裡最艱難。官方會去公文給四番社的番人們來拖牽，每年都已經習以爲常了。當金屬器鳴響後，大家就鼓起所有力量往前拖。事情做完了，官方就贈送煙、布、糖、丸給他們。新港、蕭壠、麻豆各社番民，以前住在小琉球，後來遷到社裡住。

　　孫元衡曾寫了一首〈加溜社〉詩如下：「這裡有一些番民竟能說漢人的語言，那麼誰還能說這裡的番民不適合穿戴漢人的衣冠呢？當他們趕著牛卻遇到傍晚下得越來越急的雨時，就知道現在正是在沙田上種植芋頭的時候了！」

　　　　球原住民的消失〉，收於潘英海、詹素娟編，《平埔研究論文集》（臺北：中研院臺史所籌備處，1995），頁413-444。
30. 孫元衡（1661-？），字湘南，安徽桐城人，貢生。康熙44年（1705），任臺灣府海防捕盜同知；康熙45年（1706），接任諸羅知縣；康熙46年（1707），改任臺灣知縣。此處所引〈加溜社〉一詩，在《赤嵌集》中寫爲〈茄留社〉，參見：孫元衡，《赤嵌集》，文叢10（臺北：臺銀經研室，1958），頁15。

北路諸羅番二 [1]

諸羅山、[2]
哆囉嘓（一作倒咯嘓）、[3]
打貓 [4]

---

1. 諸羅番二，指今臺南、嘉義一帶的番社群。
2. 諸羅山，社名，今嘉義市，社餉徵銀65兩2錢6分8釐。
3. 哆囉嘓，社名，今臺南市東山區，社餉徵銀313兩9錢9分2釐。
4. 打貓，社名，今嘉義縣民雄鄉，社餉徵銀136兩1錢8分8毫。

居處

結室日必堵混。每興工，糾合眾番，互相爲力。通門於兩脊頭，不事繪畫。舉家同室而居，僅分衽席而已。

飲食

酒二種：一用未嫁番女口嚼糯米，藏三日後，略有酸味爲麴；舂碎糯米，和麴置甕中，數日發氣，取出攪水而飲，亦名姑待酒。一種與新港等社同。[5] 飯亦如之。每年以二月二日爲年，一社會飲，雖有差役，不遑顧也。

衣飾

番婦頭帶小珠，曰賓耶產。盤髮以青布，大如笠。頸項圍繞白螺錢，曰描打臘。男婦衣服黑白，俱短至臍；掩蔽下體及束腓，專用皁布。每換年，男女豔服，簪野花，或纏以金絲藤，相聚會飲。手帶鐵鐲環，名曰沙璽卑將散。麻達手腕縛草垂地，鬭走而歸，曰勞羅束；隨插此草戶上三日，以爲大吉。社中，亦間有傚漢人戴帽著鞋者。

---

5. 即「諸羅番一」提到的「將糯米蒸熟，拌麴，入篾籃，置甕口，津液下滴，藏久，色味香美」。

居處

造屋叫做「必堵混」。一旦開工，就糾合了眾番人前來幫助，互相効力。在兩頭屋脊之下各開了一個門，不在門上繪圖。整家的人都共同居住在室內，只用寢臥之具彼此分開而已。

飲食

酒有兩種：一種是先叫尚未出嫁的番女用嘴把米嚼碎，收藏了三天後，等到略微有酸味時就當成麴。然後再把糯米舂碎，和麴一起放在甕中，幾天以後就會發酵，取出來後用水攪拌，就可以拿出來喝了，也叫做「姑待酒」。另一種酒的製法和新港等社相同。煮飯的方式也和新港社相同。每年二月二日過年，整社的人都聚在一起喝酒；即使地方官有差遣勞役的事要做，也顧不了。

衣飾

番人婦女頭上戴著小珠子，叫做「賓耶產」。把頭髮盤起來後，用青色布纏住，大到像一個斗笠。頸子圍繞白色螺錢，叫做「描打臘」。男人、婦女所穿的衣服或黑或白，都短到肚臍。至於遮蓋下體、腿肚的東西，就用黑布。每當過年時，男女都穿鮮豔的衣服，頭上插著野花，或者纏著金絲藤，聚在一起飲酒。手上帶著鐵製的鐲環，就叫做「沙璽卑將散」。麻達手腕上綁著垂到地面的草，賽跑後返回，叫做「勞羅束」；回家後立即把草插在屋上，認為這是大吉利。社裡頭，也有人模仿漢人戴帽或穿鞋的人。

婚嫁

婚姻曰帶引那。幼番名搭覓璽。初訂姻，男家贈頭箍，以草爲之，名搭搭干；或以車螯⁶一盂爲定。將成婚，男婦兩家各煩親屬引男至女家婚配，通社飲酒相慶，名曰馬女無夏。男家更以銅鐵手釧及牲醪⁷送女家。或夫婦離異，男離婦者罰粟十石，婦離男者亦如之。男未再娶，婦不得先嫁；反是，罰番錢二圓。私通被獲，投送土官罰酒豕，鳴於眾，再罰番錢二圓。未嫁娶之男女，不計也。哆囉嘓社，成婚後，男女俱折去上齒各二；彼此謹藏，以矢終身不易。

喪葬

家有喪曰描描產。置死者於地，男女環繞，一進一退，抵掌而哭；用木板四片殯葬，竹圍之，內蓋一小茅屋，上插雞毛并小布旗，以平生什物之半，懸死者屋內。喪服，披烏布於背，或絆烏帶於肩，服三月滿。夫死，婦守喪亦三月。即改適，先告父母，後自擇配；與新港等社期年除服，先後擇配不同。

---

6. 車螯（音同「敖」），蛤類。
7. 牲醪，指牲禮與濁酒。

婚嫁

　　婚姻叫做「帶引那」。幼年的番童叫做「搭筧璽」。剛訂婚時，男方贈送頭箍給女方，用草做的，叫做「搭搭干」；或者以海邊的車螯一盆當作聘禮。婚禮時，男方女方各請親屬把新郎帶到新娘的家結爲夫妻，此時全社的人都來喝酒互相慶賀，名叫「馬女無夏」。男方更用銅鐵手釧以及牲醪來送女方。假如夫妻離婚，男方離棄女方要罰小米十石；女方離棄男方，也是如此。男方沒有再娶的話，女方不可以先嫁，違反這個規定要罰番錢兩圓。私通被逮到，必須送到土官那裡罰豬和酒，並且廣傳給大家知道，再罰番錢兩圓。尚未嫁娶的男女當然不算在內。哆囉嘓社的人，在成婚後，男女都拔掉上齒的兩顆門牙，彼此珍藏，用來表示終身不渝。

喪葬

　　家裏有喪事，叫做「描描產」。先把死者放在地上，男男女女圍繞周邊，前進後退，然後兩兩相互抵掌而哭。之後，再用四片木板收殮埋葬，埋葬處先用竹子圍起來，裡面蓋一個小茅屋，上面插著雞毛和小布旗，把平生所用物品的一半懸掛在屋內。喪服用黑色布，披在背部，或者在肩部結上黑色的帶子，服喪三個月才算完滿。丈夫死了，妻子服喪也是三個月；如果要改嫁，先告訴自己的父母，然後自己選擇婚配對象；這種情況和新港社等社「丈夫死後一年，女人才可以改婚他人，必須自己尋找和決定對象；再告訴對方父母和生身父母後婚嫁」有所不同。

器用

　　捕鹿弓箭及鏢，俱以竹爲之。弓無弰，背密纏以籐；苧繩爲弦，漬以鹿血，堅韌過絲革。射，搭箭於左。箭舌長二寸至四寸不等，傅翎略如漢製，而翦其梢。鏢桿長五尺許，鐵鏃鋒鉐長二寸許，有雙鈎，長繩繫之，用時始置箭端。遇鹿麂，一發即及；雖奔逸，而繩掛於樹，終就獲焉。亦用以防夜，於竹寮高望[8]巡哨；持挨牌以蔽身，木皆斜紋，箭不能入。諸番與漢人貿易。家中什物，亦有窰器釜鐺之屬。近亦間置桌椅。又製葫蘆爲行具，大者容數斗；出則隨身，旨蓄毯衣，悉納其中；遇雨不濡，遇水則浮。寢以竹片鋪地，藉以鹿皮。富者列木牀於舍，以爲觀美，夜仍寢於地。枕木如小凳。

---

8. 竹寮高望，在村落外以竹材搭建的高塔望樓，供族人遠眺守望，以保衛村落。

器用

捕鹿用的弓箭和鏢槍，都是用竹子做的。弓沒有末梢，弓背密密麻麻地纏繞著籐子，以苧麻繩子為弦。弦用鹿血浸過，其堅韌度超過了絲、皮做的弦。射箭時，搭箭在左邊。箭舌長大概在二寸到四寸不等，綁繫羽毛的方法和漢人略為相同，只是把羽毛末梢剪掉。鏢槍的桿子長度大概五尺左右，鐵做的箭鋒大概兩寸左右；有兩個鉤子，用很長的細繩綁住，要射箭前，才把它繫在箭端。遇到鹿，一射就中；雖然鹿仍能奔跑，但是繩子的一端掛在樹上，到最後還是被逮到。也有夜間的防禦工事，就是搭了高高的寮子來瞭望巡視，他們手持木盾遮蔽身子，都是斜紋木做成的盾牌，對方的弓箭無法射穿。番人和漢民做生意。家裡的雜物也有窯灶、鍋盆之類的東西，最近聽說也有購置桌椅。又製造葫蘆做為行走的用具，有好幾斗的容量，出門的時候，隨身攜帶，美食、毛毯衣物都可以放在裡面；遇到下雨，就不會沾濕；遇到過河，也不致沉沒。睡覺時，用竹片物舖在地上，或舖上鹿皮就寢；富人家放木床在房子裡，當成美觀裝飾品，夜晚仍然睡在地上。至於木枕頭，就像是一個小板凳。

附番歌

哆囉嘓社麻達遞送公文歌

喝逞唭蘇力（我遞公文），
麻什速唭什速（須當緊到）；
沙迷唭阿奄（走如飛鳥），
因忍其描林（不敢失落）；
因那唭嚅包通事唭洪喝兜（若有遲誤，便爲通事所罰！）

打貓社番童夜遊歌

麻阿那乃留喇化呢（我想汝愛汝）！
麻什緊吁唪化（我實心待汝）！
化散務那乃唪麻（汝如何愛我）？
麻廈劉唪因那思呂流麻（我今回家，可將何物贈我）！

諸羅山社豐年歌

麻然玲麻什勞林（今逢豐年大收），
蠻南無假思毛者（約會社眾）；
宇烈然噢沙無嘎（都須釀美酒），
宇烈嘮來奴毛沙喝嘻（齊來賽戲）；
麻什描然麻什什（願明年還似今年）！

附番歌

| 哆囉嘓社麻達遞送公文歌 |

喝逞唭蘇力（我傳遞公文），
麻什速唭什速（必須趕緊送達）；
沙迷唭阿奄（走如飛鳥），
因忍其描林（不敢失落）；
因那唭嚂包通事唭洪喝兜（若有遲誤，就會被通事責罰）！

| 打貓社番童夜遊歌 |

麻阿那乃留唎化呢（我想你愛你）！
麻什緊吁哞化（我誠心對待你）！
化散務那乃哞麻（你如何愛我）？
麻廈劉哞因那思呂流麻（我如今回家，將拿何物贈我）

| 諸羅山社豐年歌 |

麻然玲麻什勞林（今年逢到豐年大收穫），
蠻南無假思毛者（約了社裡的眾人）；
宇烈然噢沙無嗄（都必須釀造美酒），
宇烈嘮來奴毛沙喝嘻（一齊來比賽遊戲）；
麻什描然麻什什（但願明年還能像今年一樣）！

北路諸羅番三[1]

大武郡、[2] 貓兒干（一作麻芝干）、[3]
西螺、[4] 東螺、[5] 他里霧、[6] 猴悶、[7]
斗六（一名柴裏）、[8] 二林、[9] 南社、[10]
阿束、[11] 大突、[12] 眉裏、[13] 馬芝遴[14]

---

1. 諸羅番三，指今雲林、彰化一帶的番社群。

2. 大武郡，社名，今彰化縣社頭鄉。因東鄰八卦臺地，早於〈番俗六考〉的文獻如高拱乾《臺灣府志》、周元文《重修臺灣府志》與周鍾瑄《諸羅縣志》，均寫成「大武郡牛相觸二重坡社」，社餉徵銀165兩4錢6分3釐2毫。參見：謝英從，〈大武郡社的社址、社域及地權的喪失〉，《彰化文獻》1（2000.8），頁101-148。

3. 貓兒干，又名麻芝干，社名，今雲林縣崙背鄉豐榮村，社餉徵銀246兩9錢6分。

4. 西螺，社名，今雲林縣西螺鎮番社，社餉徵銀204兩6錢2分4釐。

5. 東螺，社名，今彰化縣北斗鎮與溪州鄉交界處，社餉徵銀370兩4錢4分，眉裏社餉銀附入合徵。參見：張素玢，〈平埔社群空間地圖的重構與解釋：以東螺社與眉裡社為中心〉，《臺灣文獻》57.2（2006.6），頁45-87。

6. 他里霧，社名，今雲林縣斗南鎮，社餉徵銀50兩8錢3釐2毫。

7. 猴悶，社名，今雲林縣斗南鎮，社餉徵銀49兩3錢9分2釐。

8. 斗六，又名柴裏，社名，今雲林縣斗六市，社餉徵銀352兩8錢。早於〈番俗六
考〉的文獻，如高拱乾《臺灣府志》、周元文《重修臺灣府志》與周鍾瑄《諸
羅縣志》，皆寫成「柴裏斗六社」；據〈諸羅番三・附載〉所言「斗六門舊社去
柴裏十餘里，在大山之麓，數被野番侵殺，後乃移出；今舊社竹圍甚茂，因以為
利」可知，「柴裏斗六社」係斗六社遷來與柴裏社合併的結果，舊社址茂密的竹
林，則成為可供利用的資源。

9. 二林，社名，今彰化縣二林鎮，社餉徵銀425兩1錢2分4釐。參見：洪麗完，
〈二林地區漢人拓墾過程與平埔族群移居活動之探討〉，《臺灣史研究》4.1
（1999.3），頁49-95。

10. 南社，社名，今雲林縣崙背鄉豐榮村，社餉徵銀806兩5錢8毫。南社即荷蘭時代
著名的鹿產區：虎尾壠社（Favorlangh），學者吳聰敏在〈贌社制度之演變及其
影響，1644-1737〉文中，對虎尾壠可以對應為南社有詳盡的討論（刊於《臺灣
史研究》16.3〔2009〕，頁1-38）。

11. 阿束，社名，〈諸羅番三・附載〉提到：「舊阿束社，於康熙五十七年大肚溪
漲，幾遭淹沒，因移居山岡」，故黃叔璥巡視當地時，阿束舊址已經「社寮就
傾」，只剩竹圍；移居後的新址，約在今彰化縣和美鎮還社里，社餉徵銀70兩
9錢1分2釐8毫。參見：林文龍，〈八卦山畔平埔社址考辨：以阿束社、柴仔坑
社、半線社糾纏問題為中心〉，《彰化藝文季刊》2（1999），頁19-25。

12. 大突，社名，今彰化縣溪湖鎮，社餉徵銀105兩8錢4分。參見：洪麗完，〈從契
約文書看中部臺灣平埔村社生活領域之變遷〉，《彰化文獻》2（2001.3），頁
5-48。

13. 眉裏，社名，今彰化縣北斗鎮、溪州鄉交界，餉銀附入東螺社合徵。參見：張
素玢，〈平埔社群空間地圖的重構與解釋：以東螺社與眉裡社為中心〉，頁45-
87。

14. 馬芝遴，社名，今彰化縣福興鄉番社，社餉徵銀215兩9錢1分3釐6毫。參
見：陳一仁，〈鹿港地區平埔族馬芝遴社社域及人口變遷〉，《彰化文獻》1
（2000.8），頁149-180。

居處

　　自新港、蕭壠、麻豆、大武郡、南社、灣裏，以至東螺、西螺、馬芝遴，填土爲基，高可五、六尺；[15] 編竹爲壁，上覆以茅。茆簷深邃垂地，過土基方丈，雨暘不得侵；其下可舂，可炊，可坐，可臥，以貯笨車、網罟，雞塒、豕欄。架梯入室，極高聳宏敞，門繪紅毛人像。他里霧、斗六門，亦填基爲屋，較此則卑狹矣。麻達夜宿社寮，不家居；恐去社遠，致妨公務[16]也。

飲食

　　飯：一白占米，清晨煮熟，置小籐籃內名霞籃，或午或晚，臨食時沃以水；一糯米，炊蒸爲飯。製酒，與哆囉嘓諸社同。每年以黍熟時爲節，先期定日，令麻達於高處傳呼，約期會飲；男女著新衣，連手蹋地，歌呼嗚嗚。捕鹿、採魚，自新港以至淡水俱相等。各社俱不敢食犬。東、西螺食豬肉，連毛燔燎；肝則生食，肺腸則熟而食之。二林捕魚，番婦或十餘、或數十於溪中，用竹籠套於右胯，眾番持竹竿從上流毆魚，番婦齊起齊落，扣魚籠內，以手取之。

---

15. 「填土為基，高可五、六尺」的住屋形式，學者稱為「高臺式」，一般見於南部地區。參見：宇驥，〈從生產形態與聚落景觀看臺灣史上的平埔族〉，《臺灣文獻》21.1（1970），頁1-18。
16. 地方官常動用熟番人力服勞役，如遞送公文、看守社倉、抬轎等。

居處

　　新港、蕭壠、麻豆、大武郡、南社、灣裏、東螺、西螺、馬芝遴諸社的房子用土墊高地基，高度大概有五、六尺。編竹子造牆壁，上面再蓋茅草。茅草的屋簷廣闊垂到地面，超出了四周的地基一丈。雨水、豔陽都無法進來。在茅簷下，可以舂米、煮飯、閒坐、睡覺，也可以置放牛車、魚網、雞圈、豬欄。架著梯子爬到室內，就發現屋頂高聳、屋內極為寬敞，門扇上還畫著荷蘭人像。他里霧、斗六門也是填土墊高地基，但是房舍規模相較之下較為狹小。麻達（未婚的男子）晚上就住在社寮裡，不住家裡；因為如果離社太遠，怕會耽誤公務。

飲食

　　飯有兩種：一種是使用白占米，清蒸煮熟後放在籃子裡，叫做「霞籃」，中午或晚上，在食用以前用水潤濕；另一種是用糯米炊蒸成飯。造酒的方法和哆囉嘓諸社相同。每年以黍成熟的時候為一定的節日，叫傳達訊息的麻達到高地傳達訊息，邀約大家前來一起飲酒。到時候，男男女女都穿新衣，手挽手踏地跳舞，嗚嗚地唱歌。捕鹿、抓魚從新港到淡水都相同。各社都不敢吃狗肉。東、西螺的番人吃豬肉，不必拔毛整隻焚烤，豬肝生吃，肺腸則煮熟才吃。二林地區的捕魚方法是：婦人十餘人或數十人在溪流中將籠子套在右大腿上，所有的番人拿著竹竿從上游拍水趕魚，番婦們的籠子一齊起落，把魚扣住在籠子裡，再用手去籠子裡取魚。

衣飾

衣：達戈紋用苧織成，領用茜毛織以紅紋爲衣，長只尺餘，釘以排扣。下體用烏布爲蔽，長二尺餘。炎天則結麻片爲之，縷縷四垂，圍繞下體，以爲涼爽，且便於渡水。他里霧以上，多爲大耳。其始，先用線穿耳，後用蠔殼灰、漆木，或螺錢，或竹圈，用白紙裹之，塞於兩耳，名曰馬卓。〈裸人叢笑篇〉云：「番造大耳，幼鑽困，實以竹圈；自少至壯，漸大如盤；污以土粉，取飾觀云」，[17]或曰「番婦最喜男子耳垂至肩，故競爲之」。二林不爲大耳，皆帶銅錫墜，長衣。麻達頂髮分兩邊梳結兩髻，曰對對。東、西螺番，幼時剔髮，約十餘歲留髮；待成婚後，剔去周圍之髮，所留頂髮較辮稍大。臂腕束以鐵釧，有兩手用五、六十者；或用蛤釧，或縛手腕以草，長垂至地，如塵拂狀，曰下侯落。編篾束腹，每倒身爲之，以圖就細。凡差役皆麻達所任，束腹奔走，倍爲趫捷；成婚則去之。馬芝遴番，頭帶木梳，或插竹簪，或插螺簪、鹿角簪，名曰夏基網。

---

17. 〈裸人叢笑篇〉，共計15首，孫元衡詩作，刊於《赤嵌集》，頁25。黃叔璥所引文字，為〈裸人叢笑篇〉第三首的註文，原文為「鑿困貫竹皮，括輪象日月兮衛其身，圓景雙擔色若銀（番有造為大耳者，幼鑽困，實以竹筒，自少至壯，漸大如盤，污以土粉，取飾觀云）。我聞無腸之東聶耳國，趨走捧持猶捧珍，又云一耳為衾一為茵；非其苗裔強相效，嗚乎坎德胡不辰！」

衣飾

達戈紋用苧麻織成，衣服的領子織入茜毛，使之成爲一種紅色的紋路，長大概有一尺多，再釘上一排扣子。下體就用黑布遮蔽，長大概二尺左右。熱天就綁結麻片當衣服，一縷縷地四面垂掛，圍繞下體，這樣就能涼爽，而且便於渡溪。他里霧以北的番人，大抵上都是大耳朵。剛開始，先用線穿過耳朵，然後再用牡蠣殼的灰、漆木，或螺錢，或竹圈，用白紙包起來，塞在兩耳的耳洞，名叫「馬卓」。〈裸人叢笑篇〉說：「想要塑造大耳朵的番人，幼年時會在耳朵鑽洞，塞入竹筒，由少年到壯年，耳朵逐漸大得像一個盤子，平常會塗上土粉，用來裝飾觀賞」，或者也有「番人婦女最喜歡男人耳朵垂到肩膀，所以（男人）競相這麼做」的說法。二林社就不做大耳朵，他們戴著銅錫的耳墜子，穿長衣服。麻達的頭髮分成兩邊，梳成兩個髮髻，叫做「對對」。東、西螺兩社，幼年的時候剃髮，大約到十餘歲才留髮；等到成婚後，又剔掉周邊的頭髮，頭頂上留的頭髮比漢人的辮子稍爲多了些。手臂上束著鐵釧，有人的兩隻手掛了五、六十個之多。或是掛著蛤釧，或者在手腕上綁著草，垂到地面來，就像是拂塵的形狀，叫做「下侯落」。用竹篾編成束腹的用具，穿戴時往往躺下身子來穿，以便更仔細穿好。凡是差遣勞役送公文，都是麻達的責任，當他們束緊腰腹，更加可以快速奔跑；直到結婚的時候，才把束腹解除掉。至於馬芝遴社，頭上戴著木梳，或是插著竹簪，或插著螺簪、鹿角簪，名叫「夏基網」。

婚嫁

自幼訂姻用螺錢，名阿里捌。及筓，女家送飯與男家，男家亦如之。定婚期，番媒於五更引壻至其家，天明告其親，讌飲稱賀。亦有不用定聘：薄暮，男女梳妝結髮，徧社戲遊，互以嘴琴挑之，合意遂成夫婦。琴以竹為弓，長可四寸，盧其中二寸許，釘以銅片；另繫一小柄，以手為往復，脣鼓動之。其俗，惟長男娶婦於家，餘則出贅。南社，番夫婦雖反目，終不離異；下四社，[18] 任意離合。東螺社，幼時兩家倩媒說合，男家用螺錢三、五枚為定，娶時再用數錢。或姊妹妯娌迎新婦入門，男女並坐杵臼上，移時而起。女戴搭搭干，用篾為之，嵌以蛤圈及燒石珠，插以雉尾為飾。三日後，新婦隨姑請母氏會飲。

喪葬

父母死，服皁衣，守喪三月。屍瘞唇邊，富者棺木，貧者草席或鹿皮襯土而殯。生前什物，俱殉其半。

---

18. 按文意，「下四社」應指阿束、大突、眉裏、馬芝遴。

婚嫁

幼年婚約就使用螺錢當定禮，名叫「阿里捫」。到了十五歲時，女家送飯到男家，男家也送飯到女家。婚配的時期到了，番媒人在五更時帶著女婿到女家住，天明的時候，就告訴女方的父母，辦酒宴來慶祝。也有不用定聘的：當黃昏的時候，男女都打扮一番、梳好了頭髮，在社裡遊戲，用口琴挑引對方，如果雙方都合意，就可以結為夫妻。口琴是用竹子折彎成弓形，長大概四寸，中間兩寸挖空，再釘上銅片；另外加上一個小柄，用手往來拉動，就嘴唇吹動它。按他們的習俗，只留長男娶女人過來當媳婦，其餘都要入贅於女家。南社的番人，夫婦雖然反目不合，卻終生不離婚；阿束、大突、眉裏、馬芝遴四社則任意離婚。東螺社，幼年時由兩家請媒人說親，男家用三、五枚螺錢先當定禮，真正嫁娶時再用幾枚螺錢當婚聘。姊妹妯娌歡迎新娘進門時，男女併坐在杵臼上等待，移動時才站起來。女性都戴著「搭搭干」，搭搭干是用竹篾做成的，上面嵌著蛤圈和燒石珠，並且插著雉尾做裝飾。三天後，新娘和婆家再請娘家的人前來一起喝酒歡慶。

喪葬

父母親死了，穿黑色衣服守喪三個月。屍體就埋在房屋旁邊，富有的人用棺木、貧窮的人用草蓆或鹿皮襯在泥土上殮葬。生前的用具，一半陪葬。

器用

出入必佩小刀。舍中置鹿頭角；有疾者，沐髮，用以擊之即瘥。夜無燈，用松木片植石上燃之，名搭貯屢。番婦用圓木挖空爲機，圍三尺許，函口如槽，名普魯。以苧麻捻線，或用犬毛爲之，橫竹木桿於機內，卷舒其經，綴線爲綜，擲緯而織，名達戈紋。又織麻布，名老佛。鼻簫長可二尺，亦有長三尺者；截竹，竅四孔，通小孔於竹節之首，用鼻橫吹之，或如簫直吹，名獨薩里。又打布魯以木爲之，如嗩吶狀，聲亦相似。皆麻達游戲之具。

附番歌

大武郡社捕鹿歌

覺夫麻熙蠻乙丹（今日歡會飲酒），
麻覺音那麻嘈斗六府嗎（明日及早捕鹿）。
麻熙棉達仔斗描（回到社中），
描音那阿隴仔斗六府嗎（人人都要得鹿）。
斗六府嗎麻力擺鄰隨（將鹿易銀完餉），
嘎隨窪禎熙蠻乙（餉完再來會飲）。

器用

出入一定要佩帶小刀。房子裡置放著鹿的頭角，有疾病的人洗頭髮，再用鹿的頭角觸擊，就會痊癒。夜裡沒有燈可照明，用松木片立在石頭上點燃，名叫「搭貯屢」。番人婦女挖空圓形木頭做紡織機，木頭圓周大約三尺，函口好像一個木槽，名叫「普魯」。用苧麻捻成細線，或用犬毛也可以，在紡織機前有橫放的竹木桿，可以把經線加以舒捲，連接細線成為綜絲，放入緯線而後織成布，名叫做「達戈紋」。織麻布，名叫「老佛」。鼻簫長度可達二尺，也有長達三尺的：截斷竹子，簫身挖四個孔；又在竹子的最前端鑽個小孔，橫放在鼻前吹奏，或者也可以像一般的簫豎直來吹，名叫「獨薩里」。又有一種叫做「打布魯」，用木頭製造，好像嗩吶的形狀，吹出來的聲音也像嗩吶。這些都是麻達的遊戲用具。

附 番 歌

| 大武郡社捕鹿歌 |

覺夫麻熙蠻乙丹（今日歡聚飲酒），
麻覺音那麻嘈斗六府嗎（明日及早去捕鹿）。
麻熙棉達仔斗描（回到社中），
描音那阿隴仔斗六府嗎（人人都要捕到鹿）。
斗六府嗎麻力擺鄰隨（將鹿換銀繳餉），
嘎隨窪禎熙蠻乙（繳完餉後再來會飲）。

二林、馬芝遴、貓兒干、大突四社納餉歌

吧圓吧達敘每鄰（耕田園），
其嗎耶珍那（愛好年景）；
夫甲馬溜文蘭（捕鹿去），
其文蘭株屢（鹿不得逸）。
甘換溜沙麻力岐甘換（易餉銀得早完餉），
馬尤唭哖嘟其唎印嘟（可邀老爺愛惜）；
圍含阿煞平萬嘟嚎其喃買逸（我等回來快樂，飲酒酬歌）！

南社會飲歌

吧老灣唭嗎流末矢（耕田園遇好年歲），
吧思沙螺吧思轆鎖（收得麻、收得米），
馬溜文蘭唭打咳（捕得鹿且多）。
打茅打奈打匏公申嘟奢（父子、祖孫齊來飲酒），
招彌流嚎唭喃買逸（歡呼歌唱為樂）！

他里霧社土官認餉歌

礁包須嗎喝嘶連（請社眾聽說），
因納率束呀通事罕餉（我今同通事認餉）；
因許麻吧那（爾等須耕種），
愛化美忝無那（切勿飲酒失時），
閑那束呀罕餉切耶（俟認餉畢），
閔留美忝喃嘟麼（請爾等來飲酒）！

| 二林、馬芝遴、貓兒干、大突四社納餉歌 |

吧圓吧達敘每鄰（耕田園），
其嗎耶珍那（愛好年景）；
夫甲馬溜文蘭（捕鹿去），
其文蘭株屢（鹿逃不了）。
甘換溜沙麻力岐甘換（換了餉銀後得早日繳餉），
馬尤唻哶唻其唎印唻（可邀官老爺愛惜）；
圍舍呵煞平萬唻嚎其喃買逸（我們回來快樂，飲酒酣歌）！

| 南社會飲歌 |

吧老灣唭嗎流末矢（耕田園遇好年歲），
吧思沙螺吧思轆鎖（收了麻、收了米），
馬溜文蘭唭打咳（捕到很多鹿）。
打茅打奈打匏公申唻奢（父子、祖孫齊來飲酒），
招彌流嚎唭喃買逸（歡呼歌唱作樂）！

| 他里霧社土官認餉歌 |

礁包須嗎喝嘶連（請社眾聽我說），
因納率束呀通事罕餉（我今同通事認餉）；
因許麻吧那（你們務須耕種），
愛化美忝無那（切勿飲酒失時），
閑那束呀罕餉切耶（等認餉完畢），
閔留美忝喃唻麼（請你們來飲酒）！

斗六門社娶妻自誦歌

夜描拔屢描下女（今日我娶妻），
別言毛哈唧呼（請來飲酒）！
尤唧描咿林尤林（日後我生子、生孫），
由拔屢別言毛哈唧呼（再娶妻又請來飲酒）！

東西螺度年歌

吧園吧達敘每鄰無那（耕田園），
馬流平唧珍那蔴留阿嗒（愛年歲收成）；
夫甲馬溜文蘭（捕鹿），
甘換蔴文欣蔴力（易銀完餉），
密林嗎流唧嚎嗶舍（可去釀酒過年）。

阿束社誦祖歌

嗎留耶茅務嗎吧那（我祖翁最勇猛），
蔴里末文蘭布務務巴那（遇鹿能活捉），
吧出呂唭甲買打招（鬬走直同於馬），
布務務勃阿沙彌酣（遇酒縱飲不醉）。

| 斗六門社娶妻自誦歌 |

夜描拔屢描下女（今日我娶妻），
別言毛哈唧呼（請來喝酒）！
尤唧描咿林尤林（日後我生子、生孫），
由拔屢別言毛哈唧呼（再娶妻，又請來飲酒）！

| 東西螺度年歌 |

吧園吧達敘每鄰無那（耕田園），
馬流平唧珍那蔴留呵嗒（愛年歲收成）；
夫甲馬溜文蘭（捕鹿），
甘換蔴文欣蔴力（換銀納餉），
密林嗎流唧嚎嘩舍（可以去釀酒過年了）。

| 阿束社誦祖歌 |

嗎留耶茅務嗎吧那（我祖翁最勇猛），
蔴里末文蘭布務務巴那（遇鹿能活捉），
吧出呂嗊甲買打招（奔走快如奔馬），
布務務勃阿沙彌酣（遇酒縱飲不醉）。

附載

「大武郡之女，時以細砂礪齒，望若編貝。」（外紀）[19]

「大武郡社，文身者愈多，耳輪漸大如椀，獨於髮加束，或為三叉，或為雙角；又以雞尾三羽為一翮[20] 插髻上，迎風招颭，以為觀美。」（裨海紀遊）[21]

「東西螺以北，番好飼馬，不鞍而馳驟；要狡獸、截輕禽，豐草長林，屈曲如意。擇牝之良者，倍價而易之，以圖孳息。」[22]

「斗六門舊有番長能占休咎，善射，日率諸番出捕鹿。諸番苦焉，共謀殺之；血滴草，草為之赤；社草皆赤，諸番悉以疫死，無噍類。[23] 今斗六門之番，皆他社來居者。」（諸羅志）[24]

---

19. 〈外紀〉，係陳小厓（或寫作陳小崖、陳少厓）所撰，原文已佚。陳小厓〈外紀〉之援引，《諸羅縣志》〈凡例〉曾有說明：「一、風俗、物產、雜記，『郡志』之外，採諸寓賢沈君光文〈雜記〉、海澂陳君峻〈外紀〉」（頁8）；內文引用時，則註明〈外紀〉或〈陳小厓外紀〉。合理的推測是，海澂，可能為海澄之誤；陳君峻，則為陳小厓另名。陳小厓〈外紀〉已知的幾段文字，大部分見於《諸羅縣志》，日後的方志或記敘文章，則不斷引用。
20. 翮，音同「到」，羽扇。
21. 郁永河，《裨海紀遊》，頁18-19。

附 載

「大武郡的女人，常常用細沙磨牙齒，看上去她們的牙齒好像編好的白貝殼。」（節錄自《外紀》）

「大武郡社紋身的人更多，耳朵逐漸增大好像木椀，又束了頭髮，有三叉的，也有雙角的。又用三根雞尾毛成排插在髮鬢上，迎風招展，認爲是一種美麗。」（節錄自《裨海紀遊》）

「東、西螺以北，番人喜愛養馬，不用馬鞍卻能快速奔馳；捕狡猾的野獸，抓飛行的鳥類，在茂盛的草林中自由出入。他們選擇良好的母馬，用加倍的價錢買回來，使牠繁殖。」

「聽說斗六門以前有某個番人首領能夠占卜吉凶，很善於射箭，每天都率領眾番人出外捕鹿。眾番人因此都感到痛苦，就共同商量殺掉他；他的血滴在草上，使得草都變成了紅色；番社的草赤紅，所有番人也在疫癘中患病死光了。今天斗六社的番人，聽說都是從他社來的。」（節錄自《諸羅志》）

---

22. 周鍾瑄，《諸羅縣志》〈卷八・風俗志〉，頁165。
23. 無噍類，指不再有能活著嚼食的人。
24. 周鍾瑄，《諸羅縣志》〈卷十二・雜記志〉，頁290-291。

　　臺灣令周鍾瑄[25] 詳薰：「估修船料，悉取材於大武郡社。山去府治四百餘里，鋸匠人夫日以數百計，爲工須數閱月。每屬工人，俱領官價繞十餘兩，尚不足支一日之費。凡食用催夫等項，每匠勻派以補不足，工完方止，此爲工匠之苦。工料辦齊，郡縣檄催，每縣約需車四百輛，每輛計銀三兩五錢，照丁派銀，保大丁多者每丁派至三錢，保小丁少者，派四丁一輛，是每丁出銀八錢。合計三縣，共派四千有零。所領官價，繞每屬三十餘金，此爲里民之苦。至重料悉派番運，內中如龍骨一根，須牛五十餘頭方能拖載，而梁頭木舵亦復如之。一經興工，番民男婦，日夜不寧。計自山至府，若遇晴明，半月方至，此爲番民之苦。今歲估修不過數隻，害已如此；若明歲大修三十餘隻，臺屬遺黎恐難承受，不去爲盜，有相率而死耳！」當事允其請，力爲禁止。

　　東螺、貓兒干間，有讀書識字之番。有能背誦毛詩者，口齒頗眞；往來牌票，亦能句讀。阿束番童舉略讀下論，志大、諳栖[26] 俱讀上論，并能默寫。蒙師謂諸童聰慧，日課可兩頁；但力役紛然，時作時輟，不能底於有成耳。

---

25. 周鍾瑄，生卒年不詳，字宣子，貴州貴筑人，清康熙35年（1696）舉人。康熙53-55年（1714-1716）間，任諸羅縣令；朱一貴事件平定後，於康熙61年（1722）任臺灣知縣，本文當爲此時所作。參見：臺銀經研室編，《臺灣通志》，文叢130（臺北：臺銀經研室，1962），頁446。
26. 舉略、志大、諳栖，皆番童名。

　　臺灣縣令周鍾瑄詳細來文說：「造船的木材都取之於大武郡社。從大武郡山上到府城相距有四百多里，鋸匠工人每天都需要數百名，工作好幾個月。鋸匠與所屬工人只領官方的價錢十多兩，算起來還不夠一天的費用。凡是飲食日用的僱工這些項目，由於工匠人數不足，每個工匠都須平均分攤更多的工作，工作完後成才停止，上述是工匠的辛苦。工人、木材準備好了，就下公文催促，每縣大約需要出車四百輛，每輛的費用大約銀三兩五分，按照每縣男丁的多寡徵銀。如果保大男丁多，每個男丁徵銀三錢；保小人口較少，四個男丁必須派出一輛車，算起來就是每個男丁徵八錢。合計三縣，共徵銀兩四千有餘。但，每屬車輛工人所領的官方價錢才只能有三十餘兩，這是里民的痛苦。至於說到具重量性木料都派番人運送，比如說裡頭有一根如龍骨般的大木頭，就需要五十餘頭牛才能拖運，假如是樑頭木舵也必須如此。一旦開工，番人漢民、男人女人就日夜不休息地工作。估計從大武郡山區到府城，就算遇到好天氣，也要半個月才能運到，這是番民的痛苦。今年造船估計只有幾艘，禍害已經如此深重，假如明年要大造三十幾艘，臺灣的人民恐怕要承受不住，假如不去當盜賊，只好相率去自盡了！」主其事的人允許周鍾瑄縣令的請求，極力禁止這種禍害。

　　東螺、貓兒干社裡，有讀書識字的番人。有些能背誦毛詩，念起書來口齒清晰，來往公文書，也能加上句讀。阿束社有一個番童叫做舉略，他正在讀《論語》後十篇，志大、諳栖讀《論語》前十篇，並且能夠默寫。啟蒙老師說，許多番童聰明有頭腦，一天可以教他兩頁書；可惜勞役紛然而來，有時讀書有時中輟，終不能堅持到有成就的一天。

舊阿束社，於康熙五十七年大肚溪漲，幾遭淹沒，因移居山岡。今經其地，社寮就傾，而竹圍尚鬱然蔥蒨也。過此則極目豐草，高沒人身；中有車路，荒榛埋輪。涉大肚溪，行山麓間，竹樹蔽虧，遠岫若屏，幾不知爲文身之鄉矣。

斗六門舊社去柴裏十餘里，在大山之麓，數被野番侵殺，後乃移出。今舊社竹圍甚茂，因以爲利；逐年，土官派撥老番數人，更番輪守。[27]

孫元衡〈過他里霧〉詩：「翠竹陰陰散犬羊，蠻兒結屋小如箱；年來不用愁兵馬，海外青山盡大唐（番稱內地爲唐）。」

「舊有唐人三兩家，家家竹徑自迴斜；小堂蓋瓦窗明紙，門外檳榔新作花。」[28]

---

27. 斗六門舊社與柴裏社相距不算太遠，兩社合併爲「柴裏斗六社」後，土官仍派老番返回舊社採收竹材，作爲利源。
28. 孫元衡，《赤嵌集》，頁16。

　　舊阿束社在康熙五十七年大肚溪河水暴漲的時候，幾乎都遭到淹沒，因此移居到山岡一帶。這次我經過舊地，看到社寮傾斜，只是那些竹圍還長得蓊鬱蔥蘢。過了阿束社，放眼望去青草豐茂，其高度可以掩蔽人的身體。當中有車子行走的路徑，荒枯的草木可以埋沒車輪。涉水走過大肚溪，就在山麓旁行走起來，竹林樹木遮天蔽日，遠方的山脈如同屏風，叫人幾乎忘記身處番人的故鄉啊。

　　斗六門舊社距離柴裏社十幾里，在大山的山麓上，好幾次被山番侵襲殺害，後來才遷離舊社。現在舊社竹圍非常茂盛，倒是因此而有利於防守；每年，土官都會派遣幾個年紀大的番人，在那裡輪番防守。

　　孫元衡〈過他里霧社〉一詩這麼寫：「在青翠茂盛的竹叢底下散放著狗羊，蠻人建的屋子彷彿小箱子。近年以來，不必擔心再派軍隊到這裡來了，海外的山河都已經收歸到大唐的版圖了（番人稱內地叫做「唐」）。」

　　「以前這裡有三兩個漢人的家，每家的竹籬小徑悠閒地迴繞伸展。小小的廳堂上覆蓋著瓦片，明亮的窗上貼著窗紙，門外的檳榔樹正在開花。」

　　〈還過他里霧〉：「林黑澗逾響，天青山更高。諸番能跪拜，前隊肅弓刀。臥簞惟功狗（番人最珍猛犬），喧枝盡伯勞（林無他鳥，惟伯勞爭鳴）。不因程計日，待獵看風毛。」[29]

　　〈西螺北行〉：「秋陰近午喜妍和，綠野空明霽色多；雲盡山低應到海，沙奔水亂各成河。蠻陬蠢蠢妻和子，舌語醒醒歔[30]且歌。未解卜居何地好，略關形勝有干戈。」[31]

　　余壬寅仲冬〈過斗六門〉作：「牆陰蕉葉依然綠，壠畔桃花自在紅。冬仲何殊春候暖，蠻孃嬉笑竹圍東。」[32]

---

29. 孫元衡，《赤嵌集》，頁18-19。
30. 歔，嘯的異體字。
31. 孫元衡，《赤嵌集》，頁17。

　　〈還過他里霧〉一詩這麼寫：「林木愈密黑，山澗的流水聲就
愈響亮，就好像天空如果更藍，山看起來就愈高。當軍隊弓刀齊整
地往前走，番人們都知道要跪拜在地上。番人的珍貴獵犬都臥在竹
蓆上休息（番人最珍惜猛犬），整個樹林都是伯勞鳥在喧嘩（林中
無其他的鳥，只有伯勞鳥在爭相鳴叫）。不怕路途遙遠或花掉多少
時間，只等待獵物出現時，就來一番腥風血雨。」

　　〈西螺北行〉一詩這麼寫：「秋天近午時分，欣喜天地如此美
麗而暖和；有著綠色的原野和深藍色的天空。白雲的盡處是低低的
山，再過去應該就是海洋了；奔騰的流沙和混亂的流水，各自形成
許多河道。蠻人的妻子兒女外貌蠢笨，高聲歌唱著語音難懂的歌。
他們實在不明白住在哪裡比較好，但是害怕有戰爭發生，所以就必
須守住對他們有利的險要地勢。」

　　我在壬寅仲冬〈過斗六門〉一詩這麼寫：「在圍牆的陰暗處，
蕉葉仍然翠綠；田中高處的桃花悠然自在地鮮紅著。仲冬的天氣和
春天一樣暖和，在竹圍的東邊有蠻人的女子在嬉戲。」

----

32. 壬寅仲冬，指康熙61年（1722）11月份。由〈過斗六門〉一詩，可推估黃叔璥
　　南巡的時間與路線。

北路諸羅番四[1]

大傑顛、[2] 大武壠、[3] 嘩吧年、[4]
木岡、[5] 茅匏頭社（即大年咩）、
加拔（一作茄芨）、霄裏、
夢明明（自頭社以下皆生番）[6]

---

1. 北路諸羅番四，指臺南、高雄淺山丘陵一帶的番社群。
2. 大傑顛，社名。依黃叔璥後文所述「羅漢內門、外門田，皆大傑顛社地」可知，今高雄市旗山區大山里溪州、新番社等，為該社生活空間，社餉徵銀190兩5錢1分2釐。
3. 大武壠，社名，今臺南市玉井區，社餉徵銀914兩8錢1分4毫；後列的嘩吧年、木岡與茅匏頭社（含加拔、霄裏、夢明明），以及〈諸羅番五〉的內幽等四社餉銀，附入合徵。

4. 噍吧年，又寫作礁吧哖，社名，今臺南市玉井區，餉銀附入大武壠社合徵。
5. 木岡，即大目降或大穆降，社名，今臺南市新化區，餉銀附入大武壠社合徵。
6. 茅匏頭社、加拔、霄裏、夢明明，皆為社名。茅匏頭社，又寫作大年咩、大離蚌，今臺南市玉井區。加拔社，今臺南市善化區。霄裏社，又寫作消籬、消离，今臺南市玉井區東豐里、口霄里。夢明明社，又寫作望明明，也在今臺南市玉井區。四社關係密切，此時尚屬「生番」，但日後稱作「四社熟番」，餉銀附入大武壠社合徵。

居處

住室曰達勞。平地築土作基，大木爲梁，剉竹結椽桷爲蓋，眾擎而覆之。落成，全室歡飲。

飲食

飯，漬米水中，經宿，雞鳴蒸熟。食時，和以水。糯少，則兼食黍米。酒用糯米炊熟，燒禾草作麴；攪米飯，藏甕中，過六日取出，沃水而飲。魚、蝦、鹿、麂，俱生食。

衣飾

番男以布八尺圍身，曰羅翁。腰以下用四尺圍蔽，或以達戈紋緣領。番婦項帶珠串，曰麻海譯。手足腕俱束以銅圈，曰堵生聲。遇吉事，則衣皆白色，群聚飲啖；醉後，歌唱跳舞以爲樂。

婚嫁

娶妻曰匏冶需，未娶婦曰佳老歪，賀新婚曰備力力其搭學。其俗，先通後娶；將娶，則送珠仔爲定，名曰毛里革；用木櫃置布匹達戈紋，送至女家。三日後，置酒大會，女家亦邀會飲。夫婦相離曰放手。男未再娶，女不敢嫁；先嫁者，罰牛豕不等。通姦被獲，

居處

住的房子叫做「達勞」。在平地上堆土做成地基，大木頭做棟樑，砍下竹子加以綁結，使它能成為屋頂和屋角的斜枋，這就是屋頂蓋，許多番人都來幫忙舉高，覆蓋在上面，就變成房屋。落成的時候，全室的人一起歡飲。

飲食

飯：把米浸在水中，經過一夜，等到雞啼的時候才蒸熟。吃的時候，再調入一些水。糯米不夠吃的時候，也吃黍米。酒用糯米炊熟，焚燒禾草做麴；攪入米飯後，收藏在甕中，經過六天才拿出來，淋上一些水就可以喝了。魚、蝦、鹿、麂都生吃。

衣飾

番人男子用八尺的布圍著身子，叫做「羅翁」。腰部以下用四尺的布圍著，有人用達戈紋做成領子。番人的婦女頸項戴著珠串子，叫做「麻海譯」。手、足、腕都束著銅圈，叫做「堵生聲」。遇到吉慶的事，就都穿著白衣，群聚在一起吃喝；酒醉後，唱歌跳舞作樂。

婚嫁

娶妻叫做「匏冶需」。未娶妻子的人叫做「佳老歪」。賀新婚叫做「備力力其搭學」。他們的習俗是先交往後嫁娶。將要娶妻的時候，先送珠子當定禮，名叫「毛里革」；又把達戈紋布匹放在木櫃裡，送到女方家。三天後，辦大酒會，女家也邀來一起喝酒。夫

鳴眾聲罪，罰以酒豕。未嫁娶男女，罰依前例。

喪葬

番死名麻八歹。當未葬時，在社鳴鑼。喪家披髮，皂布裹頭面，止露兩目；親屬酹死者以酒，哭盡哀；以大窰缸作棺，瘞本厝內。夫死一月服滿，婦告父母他適。

器用

飲食無椀箸。用匏斗，狀如葫蘆，口小腹大，可藏米數斗；各社皆有，大武壠、礁吧年二社尤多。貯物用筐及籐籃。耕種，則用刀斧砍伐樹根，栽種薯芋；亦有塡築薄岸爲田，播插稻秧者。

婦離婚，叫做「放手」。男方未再娶，女方就不敢嫁人；如果先嫁
人，就要罰牛啦豬啦不等。通姦被逮到，廣傳大家來聽罪狀，再罰
酒、豬。還沒有嫁娶的男女，罰則與前例相同。

喪葬

　　番人死了，叫做「麻八歹」。還沒有埋葬的時候，就在社裡敲
鑼告訴大家。喪家必須披散頭髮，用黑布裹住頭面，只露出兩隻眼
睛。親屬們向死者敬酒，盡情哀哭。用大陶缸做為棺木，埋在本來
居住的房子裡。丈夫死亡後，妻子服滿了一個月的喪後，就可告訴
她的父母要改嫁。

器用

　　飲食沒有碗筷。使用的匏斗，形狀像葫蘆，開口小，腹部較
大，可以貯藏米好幾斗，各社都有這種匏斗，尤其以大武壠、嘓吧
年特別多。平常若要裝東西，就用竹筐或籐編的籃子。耕種時先用
刀、斧砍伐樹木，挖掉樹根，再栽種薯芋；也有人在靠近河邊的土
地填土築成田地，好用來插秧種稻。

附番歌

大傑巓社祝年歌

臨臨其斗寅（今過年），
尋嘟唭什剝格唭圭甲（爲粉餈[7]殺雞），
施里西奇文林（祭天地）；
匏打鄰其斗寅麻亮其斗寅（祝新年勝去年），
嗒學嘎葛唭哝因（倍收穫食不盡）！

大武壠社耕捕會飲歌

毛務麻亮其斗寅（耕種勝往年），
遍投嗎㖿務那其㘭（同去打鹿莫遇生番）。
媽毛買仍艾奇打㖿（社眾可釀美酒），
美樂哄密嗒奇打㖿嗎萌（齊來乘興飲酒至醉）！

---

7. 用稻米、黍米之粉做成的食品。

附 番 歌

| 大傑巔社祝年歌 |

臨臨其斗寅（今天過年），
尋唧唭什剝格唭圭甲（做粉餈、殺雞），
施里西奇文林（祭拜天地）；
匏打鄰其斗寅麻亮其斗寅（祝新年勝去年），
嗒學嘎葛唭咻因（倍加收穫吃不完）！

| 大傑巔社祝年歌 |

毛務麻亮其斗寅（耕種勝於往年），
遏投嗎䘵務那其疊（同去打鹿不要遇到生番）。
媽毛買仍艾奇打䘵（社眾們可以釀美酒），
美樂哄密嗒奇打䘵嗎萌（一齊來乘興飲酒，直到醉了）！

附載

「大武壠內社九：[8] 大貓蚌社、[9] 礁吧年社、邦鵁社、[10] 內踏綱社、[11] 敦里礁吧裏社、[12] 萬打籠社、[13] 藤橋頭社、[14] 內優社、[15] 美壠社。[16]」（諸羅志）

大武壠南爲八里打難，東爲達里打猿，[17] 俱生番，與傀儡番[18]通。

羅漢內門、外門田，皆大傑巔社地也。康熙四十二年，臺、諸民人招汀州屬縣民墾治。自後往來漸眾，耕種採樵，每被土番鏢殺、或放火燒死，割去頭顱，官弁詰捕。而相近者爲木岡、武洛、大澤機，[19] 遠之爲內幽諸社，生番環聚，緝治爲艱。立界[20]絕其出入，可以杜患矣。

---

8. 此處指大武壠山，不是大武壠社；原文為「則有沖霄而起，若秉珪植璧，繞出乎玉案山之背者，曰大武壠山（與學宮遙對），儼然有端人正士之想焉（內社九：大貓蚌、礁吧哖、邦鵁、內踏綱、敦里礁吧哩、萬打籠、內幽、藤橋頭、美籠）。」參見：周鍾瑄，《諸羅縣志》〈卷一·封域志〉，頁10。
9. 大貓蚌社，即前文所指的茅匏頭社，今臺南市玉井區。
10. 邦鵁社，又寫作邦尉社、雁爾社，與美壠社、排剪社、塔蠟裍社，合稱「頂四社」或「上四社」，今高雄市桃源區；原與卡那卡那富族歸入鄒族，2014年正名為原住民族第15族──拉阿魯哇族。參見：林修澈、黃季平、郭基鼎，《拉阿魯哇族部落歷史》（南投：國史館臺灣文獻館；臺北：國史館；新北：原住民族委員會，2018）。
11. 內踏綱社，「綱」為「網」之誤，又寫作網社、望社、芒仔社，今高雄市茂林區茂林里。網社，與下列墩里礁吧裏社、萬打籠社，合稱「下三社」，今魯凱族。
12. 敦里礁吧裏社，亦寫為墩社，今高雄市茂林區多納里。
13. 萬打籠社，又寫作萬斗壠、萬蠻、萬斗蠻，今高雄市茂林區萬山里。

附載

大武壠山內有九個社，計有：大離蚌社、礁吧年社、邦鵲社、內踏綱社、敦里礁吧裏社、萬打籠社、藤橋頭社、內優社、美壠社。」（節錄自《諸羅志》）

大武壠南方有八里打難，東邊就是達里打猿，都是生番，和傀儡番相互往來。

羅漢內門、外門的田地，都是大傑巔社的社地。康熙四十二年，臺灣、諸羅兩縣有許多人招聘汀州府屬的民眾前來開墾。從那時候開始，來的人漸漸多了，各自耕種、伐木、採藤，可惜常常被生番用鏢槍殺害，或放火燒死，或割去頭顱，官兵因此問罪追捕。與大傑巔社靠近的社，有木岡、武洛、大澤機各社，比較遠的有內幽各社；那裡生番群聚，緝捕他們更為困難。如果劃界封山，禁止生番出入，就可以杜絕後患。

---

14. 藤橋頭社，又寫作籐橋社、藤茄社，今嘉義縣阿里山鄉山美村。
15. 內優社，或寫作內幽社，今高雄市甲仙區、六龜區、桃源區，餉銀附入大武壠社合徵。
16. 美壠社，又寫作米壠、美籠、美隴，與雁爾社、排剪社、塔蠟裃社，合稱「頂四社」或「上四社」，今高雄市桃源區。
17. 八里打難、達里打猿，社名，不詳。
18. 傀儡番，指南部山區的原住民族，詳細請參見「鳳山番二」。
19. 依本書「鳳山番一」記錄：「武洛（一名大澤機，一名尖山仔）」，鳳山八社之一。但這裡的武洛與大澤機，似分指兩社，究竟如何，仍需探討。
20. 指朱一貴事件平定後，為防範漢民私下進山、生番逸出殺人，地方官遂沿著山地與平原的邊界線，在重要關口立碑禁入。詳細，請參照〈番俗雜記〉「番界」。

　　莊秀才子洪云：「康熙三十八年，郡民謝鶯、謝鳳偕堪輿至羅漢門卜地；歸家俱病，醫療罔效。後始悟前曾乞火於大傑巔番婦，必爲設向。適郡中有漢人娶番婦者，因求解於婦；隨以口吮鶯、鳳臍中各出草一莖，尋愈。番婦自言，初學咒時，坐臥良久，如一樹在前，臥而誦向，樹立死，方爲有靈。」[21]

　　諸羅志：「作法詛咒，名向。先試樹木，立死，解而復蘇，然後用之；不則，恐能向不能解也。入舍，無敢胅籃探囊。擅其技者，多老番婦。田園阡陌，數尺一杙，環以繩，雖山豕麋鹿弗敢入。漢人初至，摘啖果蓏，脣立腫，求其主解之，轉瞬平復如初。近年，附郭諸社，畏法不敢爲：稍遠，則各社皆有。或於苓箵[22]中取鵝卵石置於地，能令飛走；喝之，則止。」[23]

---

21. 羅漢門一帶原住大傑巔社，前文亦提到「康熙四十二年，臺、諸民人招汀州屬縣民墾治，自後往來漸衆」。
22. 漁具總稱，亦指貯魚的竹籠。
23. 原文引自周鍾瑄，《諸羅縣志》〈卷八・風俗志〉，頁174；但文字做若干刪減，微有不同。

　　莊子洪秀才這麼說：「康熙三十八年，臺灣府的謝鸞、謝鳳，兩人偕同堪輿師到羅漢門卜地，回家後都生病了，吃藥也沒有用。後來，有人想到曾經向大傑巔的番婦借火，認為一定被她做了『向』術。恰巧郡裡有人娶了番婦，因此就去請教。那位番婦立刻吸吮謝鸞、謝鳳的肚臍，各吸出了一根草來，不久他們就痊癒了。那個番婦說：『我剛學習咒術的時候，或坐著學或躺著學，假如有一棵樹在我面前，只要躺著念誦咒語，那棵樹就立即死掉，這時才算是靈驗。』」

　　《諸羅志》也這麼說：「作法詛咒，就叫做『向』。先用樹木做試驗，樹木立刻死了還不算高明，解除『向』時又活了，之後才可以對人做『向』；否則只會做『向』、不懂解除的方法，那就糟了。一般人來到番家，都不敢隨意伸手動腳，就是這個原因。擅長做『向』的都是老番婦。番人在田地阡陌上，每隔幾尺就樹立一個小木樁，綁上繩子圈圍起來，就算是野地裡的山豬、麋鹿也不敢進來。漢人初到他們的地方，隨手摘取瓜果來吃，嘴唇立刻腫起來，只好去懇求主人解開咒語，轉瞬之間，就恢復如常。近年來，靠近城郭的許多番社因為害怕違法，不敢做『向』；但是比較遠的各社，還是有許多做『向』的。甚至有術者從貯魚用的竹籠取出一顆鵝卵石，放在地上，竟能叫它飛走；再喝斥它，就停止下來。」

北路諸羅番五[1]

内優（一作内幽，附大武壠納餉），[2]
壠社、屯社、綱社，[3]
美壠[4]（自壠社以下俱生番）

---

1. 諸羅番五，指今高雄市甲仙區、六龜區、茂林區與桃源區等地的番社群；其中，
   除內優社餉銀已附入大武壠社合徵，其餘各社都是尚未徵收餉銀的生番社群。
2. 內優，又寫作內幽，社名，今高雄市甲仙區、六龜區、桃源區，餉銀附入大武壠
   社合徵。

3. 壟社、屯社、綱（網）社，即「北路諸羅番四・附載」抄錄自《諸羅縣志》的萬打籠社、墩里礁吧裏社、內踏綱社，合稱「下三社」，今高雄市茂林區，屬魯凱族。

4. 美壟社，又寫作米壟，位於荖濃溪東岸，亦為前述「北路諸羅番四・附載」提到的社，與雁爾社、排剪社、塔蠟裕社，合稱「頂四社」或「上四社」，今高雄市桃源區，即拉阿魯哇族。

居處

倚山掘土，狀若穴居。以沙石版代甎瓦，或用木及茅竿草爲之。闊不一式，高不盈丈，生畜俱養於內；子女嫁娶，則另築之。

飲食

疊巘深溪，樹木翁鬱，平原絕少。山盡沙石，種黍秫薯芋，俱於石罅鑿孔栽植。黍秫熟，留以作酒。先以水漬透，番婦口嚼成粉，置甕中，或入竹筒；亦用黍秆燒灰，攪成米麴，發時，飯或黍秫和入，旬日便成新酒。客至漉糟，番輪飲之。遠出則開鑿地穴，置芋薯於中火煨，以土覆之；隨手取食，可代饌糧。射生禽、鏢麋鹿，炙而食之，生亦不厭也。

衣飾

男女多著鹿皮。或織樹皮、苧麻爲布，極粗厚，日以作襀，夜以覆體；今與漢人交易布匹。男以布尺餘遮前，後體畢露。以皮爲帽，不畏荊棘。吉事，則以鳥羽爲飾。婦俱以布裹頭。

居處

倚靠山壁掘土，外形就像是穴居。用砂石板代替磚瓦，或使用木頭、茅草來搭建。寬度不一致，但是高度不會超過一丈，牲畜都豢養在裡面。子女嫁娶後，就在其他地方建屋。

飲食

這裡有層層疊疊的山、深深的溪澗，樹木蓊鬱茂密，平原地區絕少是這樣子的。滿山都是沙石，種了黍、秫、薯、芋這些旱地作物，因為土壤少，都種在石頭空隙的地方。黍、秫成熟後，留下來造酒。先是用水把它們浸過，由番人的婦女先嚼成粉末，放置在甕裡，或放在竹筒中。也有人用黍稈燒成灰，攪拌成為米麴，等發酵時，再把飯和黍加進去，十天就可以造成新酒。客人來了，濾清酒渣，番人就輪流喝酒。如果要出門遠行，就開鑿地洞，把芋頭放入當中用火去煨，再用土蓋住；熟了，用手取出來吃，可以代替乾糧。射到了鳥禽、鏢中了麋鹿，等烤熟後才吃，有時生吃也不感到厭惡。

衣飾

男女都穿鹿皮，也有人用樹皮和苧麻織布，相當粗厚，白天當作襁來穿，晚上用來蓋住身體。現在已經與漢人做布匹買賣了。男人用尺餘的布遮在身子前面，至於背部就全都露出來了。用動物的皮來做帽子，因此不怕荊棘刺戳。遇到吉慶，就用羽毛來裝飾自己。一般的婦女都用布裹頭。

婚嫁

男女私合，父母知之，則飲會議婚。同飲者倩一人爲媒，遂定偶。工作之暇，兩家訂期釀酒成婚；或娶或贅不等。

喪葬

男婦彌留，將生平所有之衣，盡著於體；既死，衣盡脫去，裸葬厝內，哀哭數日；無居喪儀節。

器用

耕田用小鋤；或將堅木炙火爲鏨，以代農器。短刀、鏢箭，與眾社無異。

婚嫁

男女私底下和好，父母知道了，就邀約許多人來喝酒商量婚事。從一起飲酒的人中選一個人當媒人，就訂下婚約。等工作後有閒暇，兩家再約定日期，釀酒結婚，或者女方嫁過來；或者男方入贅，方式不等。

喪葬

男人女人臨到彌留之際，必須把生平所穿的衣服，都穿在身體上；等到死後，脫去所有衣物，裸葬在房屋裡，哀哭好幾天，但沒有服喪的禮節。

器用

耕田使用小鋤頭，或把堅硬的木頭烤火後做成挖土器，用來代替耕作的農具。短刀、鏢箭，與其他許多社並沒有什麼不同。

北路諸羅番六[1]

南投、北投、[2] 貓羅、[3]
半線、[4] 柴仔坑、[5] 水裏[6]

---

1. 北路諸羅番六,指彰化、南投地區的番社群。
2. 南投社,社名,今南投縣南投市;北投社,社名,今南投縣草屯鎮。此處雖分
   別記為兩社,但依高拱乾《臺灣府志》（1695）、周元文《重修臺灣府志》
   （1712）與《諸羅縣志》〈賦役志·餉稅〉（1717）記載可知:南投、北投兩
   社已合併為一個社餉單位——「南北投社」,後列的貓羅社也附入合徵,餉銀
   501兩3錢2分8釐8毫。
3. 貓羅社,社名,今彰化縣芬園鄉,餉銀附入南北投社合徵。

4. 半線社，社名，今彰化市鎮南里番社洋。半線社與「諸羅番八」的大肚社，合併
   為一個社餉單位：「半線大肚社」，徵銀331兩6錢3分2釐；後列的柴仔坑社、水
   裏社，也附入合徵。參見：林文龍，〈八卦山畔平埔社址考辨：以阿束社、柴仔
   坑社、半線社糾纏問題為中心〉，頁19-25。
5. 柴仔坑社，社名，今彰化市香山里番社口，餉銀附入半線大肚社合徵。參見：林
   文龍，〈八卦山畔平埔社址考辨：以阿束社、柴仔坑社、半線社糾纏問題為中
   心〉，頁19-25。
6. 水裏社，社名，今臺中市龍井區。餉銀附入半線大肚社合徵。

居處

屋曰夏堵混。以草爲蓋,或木或竹爲柱;厝蓋,茸茅編成,邀眾番合於脊上。大小同居一室;惟未嫁者另居一舍,曰貓鄰。

飲食

食米二種:一占米,一糯米。每晨淘淨入籃筐內,置釜蒸食。外出裹腰間,手取食之。爲酒,亦如內優等社。魚蝦鹿肉等物,先炙熟,再於釜內煎煮。半線以北,取海泥鹵曝爲鹽,色黑味苦,名幾魯,以醃魚蝦。

衣飾

衣用達戈紋,或用皁布、白布,俱短至臍。每年二月間力田之候,名換年;男女俱衣雜色綢紵[7]紅襖,曰包練;或妝蟒錦繡爲之。番婦頭帶紗頭箍,名荅荅悠;用白獅犬毛作線織如帶,寬二寸餘,嵌以米珠,飲酒嫁娶時戴之。番最重此犬,發縱指示,百不失一;或以牛易之,尚有難色。項掛衣堵(瑪瑙珠名)、眉打喇(螺錢名)。數十人挽手而唱,歌呼蹋蹄,音頗哀怨。麻達兩耳如環,實以木板螺殼。已娶者曰老纖,則去塞耳,以分別長幼。

---

7. 紵,音同「住」,麻布。

居處

房屋叫做「夏堵混」。用草蓋屋頂，木頭或竹子當柱子。房屋的屋頂，是用茅草編織而成，再邀請番人們合力抬到屋脊上。大大小小的家人都住在一個房屋內；只有未嫁的女兒住在另一個房子，叫做「貓鄰」。

飲食

吃的米有兩種：一種是占米，一種是糯米。每天早晨洗乾淨，放入籃筐裡，再放到鍋子裡蒸熟食用。外出的時候，就裹在腰際，用手拿來吃。造酒的方法與內優等社並無不同。魚蝦鹿肉這些東西先烤熟，再放到鍋子裡煎煮。半線以北的地方，取海岸的鹹泥曝曬後，就成了鹽，黑色有苦味，名叫「幾魯」，用來醃製魚蝦。

衣飾

衣服用達戈紋或黑布、白布做成，都短到肚臍的位置。每年二月正是努力種田的時節，叫做「換年」；此時，男男女女都穿著叫做「包練」的雜色綢紵紅襖，或穿著蟒蛇圖樣的錦繡。番婦頭上帶著紗製的頭箍，名叫「荅荅悠」，是先用白色獅子狗毛做成毛線，織成帶子，寬大概兩寸，再嵌上米粒般的珠子做成，喝酒或嫁娶的時候戴起來。番人最看重白色獅子狗，發出命令指示後，牠從來不會失誤；有人想要用一頭牛來換牠，番人還面有難色呢。頸項掛著「衣堵」（瑪瑙珠的名稱）、「眉打喇」（螺錢的名稱），幾十個人手挽著手唱歌，一面唱歌一面踢腿，聲音頗為哀怨。麻達兩隻耳朵好像圓盤，用木板或螺殼塞在耳洞。已經娶妻的人叫做「老

「半線以上，[8] 多採樹皮爲裙，白如苧；曉行以禦湛露，晞則褪之。」（諸羅志）[9]

婚嫁

婚姻曰綿堵混。未娶婦曰打貓堵。男家父母先以犬毛紗頭箍爲定，或送糯飯。長則倩媒。娶時宰割牛豕，會眾敍飲。男贅女家亦如之。如有兩女，一女招男生子，則家業悉歸之；一女即移出。如無子，仍同居社寮。夫婦反目，男離婦，必婦嫁而後再娶；婦離男，必男娶而後再嫁。違則罰牛一隻、車一輛。通姦被獲，男女各罰牛車；未嫁娶者不禁。半線社多與漢人結爲副遘。副遘者，盟弟兄也。[10] 漢人利其所有，託番婦爲媒，先與本婦議明以布數匹送婦父母，與其夫結爲副遘，出入無忌。貓兒干、東西螺、大武郡等社，亦踵此惡習，但不似半線太甚耳。

---

8. 以上，指半線「以北」的番社。
9. 周鍾瑄，《諸羅縣志》〈卷八・風俗志〉，頁157。
10. 或寫作付遁，結拜兄弟，參見：周鍾瑄，《諸羅縣志，〈卷八・風俗志〉，頁163。

纖」，必須拿下塞耳的東西，以分別老幼。

「半線社以上的番社，多半用樹皮做裙子，好像白色的苧麻皮；大清早行路時可以抵抗冷涼的露水，天亮再脫下來。」（節錄自《諸羅志》）

婚嫁

婚姻叫做「綿堵混」。未娶妻的人叫做「打貓堵」。男家父母先用犬毛紗頭箍當做定禮，或者就送糯米飯給女家。到了一定的年紀，就請人說媒。迎娶的時候，宰牛殺豬，與大家一起歡敘飲酒。男人入贅女家，也是一樣。如果有兩個女兒，一個女兒留著招贅並且生了小孩，家業都由這個女兒繼承；另一個女兒，就必須移往他處去住。如果沒有生小孩，夫妻仍然能同居在社寮裡。夫妻反目不合時，假如丈夫離棄妻子，就必須等到妻子嫁人以後，才可以再娶；假如是妻子離棄丈夫，就必須等到丈夫再娶，妻子才可以再嫁。違反規定的話，罰牛一隻、車子一輛。通姦如果被逮到，男女都要罰牛車；假如是未嫁娶的人，那就不在禁止之列。半線社的番人都與漢民結為「副遴」，就是變成結盟的好兄弟。漢民貪圖番人所有，就透過番媒，先送布匹給某個已婚番婦的父母，再和她的丈夫結為「副遴」，從此就可以毫無忌憚地出入番社。貓兒干、東西螺、大武郡等社，都跟隨而有這種惡習，但是比不上半線社那麼猖獗。

> 喪葬

番死，老幼裹以草席，瘞本厝內，平生衣物爲殉。親屬葬畢，必浴身始入厝。喪家不爲喪服，十日不出户；眾番呼爲馬鄰。夫亡婦改適，必逾兩月，告知父母舅姑，許諾乃擇配。

> 器用

耕種捕鹿，具與眾番同；惟採魚，兼用筬篙。炊以三石塊爲竈，螺蛤殼爲椀，竹筒爲汲桶。

附 番歌

| 南北投社賀新婚歌 |

引老綸堵混（爾新娶妻），
其衣堵眉打喇（我裝珠飾貝）；
蠻乙丹綸堵混（慶賀新婚），
引老覺夫麻熙蠻乙丹（爾須留我飲賀酒）。

| 半線社聚飲歌 |

真角夫甲文南（捕得鹿），
支備辰阿打（收得米），
密林嗎流阿嚎（做下酒），
保務務其阿肖萬什阿嚎（社眾齊來賽戲會飲）。

喪葬

番人死了，不論老少都用草蓆裹著，埋在家裡面，平生穿用的衣物都要陪葬。親屬們在死者埋葬後，必定要先把身體洗乾淨，才回到家中。喪家不穿喪服，十天不出門，番人稱為「馬鄰」。丈夫死了，妻子若要改嫁，要經過兩個月，告訴父母、姑舅，經過他們允許，就可選擇新的配偶。

器用

耕種與捕鹿，工具和一般番人一樣；只是捕魚時，會兼用竹篾編成的魚簍（不是長竿子）。炊飯時，用三顆石塊搭成灶，用螺、蛤的殼做椀，竹筒當成汲水的桶子。

附 番 歌

| 南北投社賀新婚歌 |

引老綸堵混（你新娶妻），
其衣堵眉打喇（我裝珠飾貝）；
蠻乙丹綸堵混（慶賀新婚），
引老覺夫麻熙蠻乙丹（你須留我喝喜酒）。

| 半線社聚飲歌 |

真角夫甲文南（捕得鹿），
支備辰阿打（收得米），
密林嗎流阿嚎（做下酒），
保務務其阿肖萬什阿嚎（社眾們齊來比賽遊戲聚飲）。

附載

半線番童楚善讀下孟，大眉、盈之俱讀下論，宗夏讀上論，商國讀大學。[11]

山有野牛，民間有購者。眾番乘馬追捕，售之價，減熟牛一半。

余〈晚次半線作〉：「憶昔歷下行，龍山豁我情。今茲半線遊，秀色欲與爭。林木正翁鬱，嵐光映晚晴；重岡如迴抱，澗溪清一弘（北為大肚溪）。里社數百家，對宇復望衡。番長羅拜跪，竹彩兒童迎（麻達用雙竹結紅綵以迎）。女孃齊度曲，俯首欸噫鳴（番歌先以欸噫發聲）；瓔珞垂項領，跣足舞輕盈。鬭捷看麻達，飄颻雙羽橫；薩豉聲鏗鏘（薩豉宜見前），奮臂為朱英（紅布懸竹竿為幟，麻達先至者奪之）。王化真無外，裸人雜我氓；安得置長吏，華風漸可成。」[12]

---

11. 楚善、大眉、盈之、宗夏、商國，皆番童名。
12. 〈晚次半線作〉一詩，可說明黃叔璥的巡察路線。

┌─────┐
│ 附 載 │
└─────┘

　　半線番童讀書，有個番童叫做楚善，正在讀《孟子》下篇，大眉、盈之讀《論語》後十篇，宗夏讀《論語》前十篇，商國讀《大學》。

　　山裡有野牛，民間有人要購買，番人就騎馬追捕，售價是人家養的牛的一半。

　　我曾寫了一首〈晚次半線作〉的詩，這麼說：「記得昔日我曾經過歷山附近，龍溪的風光使我的心情豁然開朗起來。今天我遊歷了半線社，秀美的景色可以與龍溪相並比。那林木長得翁翁鬱鬱，山色風光映照著傍晚晴朗的陽光。層層的山崗蜿蜒環抱，山澗裡一泓清澈的流水（北為大肚溪）。這裡住了上百家番民，家家的房屋對著房屋，門楣對著門楣。番人的年老者都來圍繞跪拜，小孩都拿著紅色的彩球前來歡迎（年輕的麻達用兩枝竹竿結著紅彩球相迎）。女郎們一齊唱著歌，低頭慢慢發起歌聲（番歌須先慢慢地吐氣發聲），他們的珠寶瓔珞垂到頸子衣領來，跳起輕盈的舞步。如果要比賽跑步，那就要看年輕的麻達們表演：他們插在頭上的雙羽毛飄飄飛揚；戴在手上的薩豉宜鏗鏘作響（請看前文對薩豉宜的敘述），奮勇向前去奪取紅布旗（紅布乃是掛在竹竿上當成抵達終點的標誌，先跑到終點的麻達，就先奪到紅布）。我朝皇上的感化真是無所不到，現在這些裸著身體的人也廁身成為我朝的人民了；接著應該到哪裡去找尋好的縣令，使我們華夏的文化在這裡有所成就呢？」

北路諸羅番七[1]

阿里山[2] 五社（踏枋、[3] 鹿堵、[4] 哰羅婆、[5]
盧麻產、[6] 干仔務[7]）、奇冷岸、[8]
大龜佛、[9] 水沙連思麻丹、[10]
木武郡赤嘴（一名刺嘴箍）、[11]
麻咄目靠、[12] 挽鱗倒咯、[13]
狎裏蟬巒蠻、[14] 干那霧[15]

---

1. 北路諸羅番七，指今嘉義縣阿里山地區與南投縣信義鄉、仁愛鄉、埔里鎮、魚池
   鄉等地的番社群。阿里山社、奇冷岸、大龜佛，是清初承續東寧王朝的社餉單
   位。水沙連思麻丹等六社，則是康熙32年（1693）的新附生番。
2. 阿里山，地區名，內含踏枋、鹿堵、哰羅婆、盧麻產、干仔務五社，係一社餉單
   位，徵銀155兩2錢3分2釐。
3. 踏枋，社名，今嘉義縣阿里山鄉達邦村。參見：洪麗完，〈嘉南平原沿山地區之
   族群關係（1700-1900）〉，《臺灣史研究》18.1（2011.3），頁50。
4. 鹿堵，又寫作鹿楮、鹿株，社名，今南投縣信義鄉望美村，日後併入布農族楠仔
   腳萬社。參見：洪麗完，〈嘉南平原沿山地區之族群關係（1700-1900）〉，頁
   50。
5. 哰羅婆，社名，不詳。
6. 盧麻產，又寫作鹿麻產、蘆茶產，社名，今嘉義縣竹崎鄉鹿滿村。依「附載」所
   記：「盧麻產社今無番，皆民居；康熙五十六年，瘴癘死亡甚眾，遂徙居於阿拔
   泉社，附阿里山合徵者」可知，盧麻產社人已移居阿拔泉社，但社商仍以「盧麻

産社」作為報繳社餉的合徵單位。阿拔泉社，社名，今南投縣竹山鎮福興里泉州寮。參見：陳哲三，〈古文書在臺灣史研究的重要性——以「竹腳寮」、「阿拔泉」之地望的研究為例〉，《逢甲人文社會學報》1（2000），頁135-151。

7. 干仔務，又寫作干那霧、簡仔霧、嫻仔霧，社名，今高雄市那瑪夏區。參見：洪麗完，〈嘉南平原沿山地區之族群關係（1700-1900）〉，頁50。

8. 奇冷岸，又寫作嶇嶺岸，社名，舊址在今南投縣竹山鎮清水溪流域，社餉徵銀12兩9錢8毫。參見：洪麗完，〈嘉南平原沿山地區之族群關係（1700-1900）〉，頁50。

9. 大龜佛，又寫作大居佛、大圭佛，社名，今嘉義縣阿里山鄉新美村、茶山村，社餉徵銀17兩9錢8分2釐8毫；指布農族蘭社群，已融入鄒族。參見：洪麗完，〈嘉南平原沿山地區之族群關係（1700-1900）〉，頁50。

10. 水沙連思麻丹，社名，為水沙連、思麻丹兩社共組的社餉單位，徵銀12兩。水沙連，可拆成「水」與「沙連」兩詞，「水」為漢語，邵語則稱「水」為「沙連」，合稱「水沙連」，就等於「水社」；思麻丹，或稱貓丹，係以日月潭為中心的村落群（烏溪、濁水溪中上游），今南投縣魚池鄉；其中，以田頭社、水裏社、貓蘭社、審鹿社、埔里社、眉裏社等六社為最核心。參見：簡史朗編著，《水沙連眉社古文書研究專輯》（南投：南投縣政府文化局，2005），頁8-65。

11. 木武郡赤嘴，又名刺嘴箍，社名，原住於南投縣信義鄉郡大溪流域、陳有蘭溪流域，社餉徵銀39兩，即布農族郡社群。參見：簡史朗編著，《水沙連眉社古文書研究專輯》，頁13-14。

12. 麻咄目靠，社名，原住於南投縣信義鄉卡社溪流域，社餉徵銀12兩，即布農族卡社群。參見：簡史朗編著，《水沙連眉社古文書研究專輯》，頁13-14。

13. 挽鱗倒咯，社名，由挽鱗、倒咯兩社共組的社餉單位，原住於南投縣濁水溪上游流域，社餉徵銀11兩5錢，即布農族卓社群。參見：簡史朗編著，《水沙連眉社古文書研究專輯》，頁13-14。

14. 狎裏蟬巒蠻社，社名，原住於南投縣濁水溪支流巒大溪流域，社餉徵銀12兩，即布農族巒社群。參見：簡史朗編著，《水沙連眉社古文書研究專輯》，頁13-14。

15. 干那霧，又稱干仔務、簡仔霧、嫻仔霧，社名，今高雄市那瑪夏區，社餉徵銀12兩。戰後編入鄒族，一般視為「南鄒」，直到2014年正名為卡那卡那富族。參見：陳英杰、周如萍，《卡那卡那富部落史》（南投：國史館臺灣文獻館，2016）。

居處

築室曰濃密。架木爲梁，鑿鬆石片爲牆（鬆石，內山所出，鑿之成片）；上以石片代瓦，亦用以鋪地，遠望如生成石室。比屋相連，如同內地街衢，與外社迥殊。男女未婚嫁，另起小屋曰籠仔、曰公廨；女住籠仔，男住公廨。

飲食

內山多麥豆，少米穀。芋薯，則掘地爲穴，積薪然[16]火，置芋灰中，仍覆以土；飢則出而食之。黍米爲酒，曰老勿；釀製會飲，與別社同。魚爲醢，[17]俟有臭味乃食。凡物生食居多。惟鹽取給於外。

衣飾

衣用鹿皮、樹皮，橫聯於身，無袖；間有著布衫者。捕鹿時，以鹿皮搭身，皮帽、皮鞋，馳逐荊棘中。番婦衣，自織達戈紋，又名府律式。掛青紅南把珠於項，亦漢人所製。收粟時，則通社歡飲歌唱，曰做田；攜手環跳，進退低昂，惟意所適。

---

16. 然，應爲「燃」。
17. 醢，音同「海」，肉醬。

居處

建造房屋叫做「濃密」。把木頭架起來，立起樑柱；再把鬆石鑿劈成一片片，堆疊做牆（所謂的鬆石，出產於內山，可以鑿劈成一片片）。屋頂上用石片覆蓋可以代替瓦片，也可以鋪設地面，所以房屋遠遠望去，好像石屋。房屋一家挨一家毗連在一起，就好像內地的街道，和其他地方的番社很不同。未嫁娶的男女，另外蓋小房屋，叫做「籠仔」，或叫「公廨」；女子住「籠仔」，男子住「公廨」。

飲食

內山有許多麥、豆，少有米穀。烘烤芋、薯時就先鑿地洞，堆入薪柴後點火，再將芋、薯放入餘燼中，最後用土蓋起來；餓了的時候就取出來吃。用黍、米釀酒，叫做「老勿」；釀製後請大家一起飲酒，與其他番社沒有不同。魚剁成肉醬，等到有臭味才吃。凡食物都是生食。只有鹽是從外地供應。

衣飾

衣服用鹿皮、樹皮，連接橫披在身上，沒有袖子；偶而有穿著布製衣服的人。捕鹿的時候，把鹿皮搭在身上，戴皮帽，穿皮鞋，奔逐於荊棘叢中。番婦要做衣服，自織達戈紋，又叫做「府律式」。掛著青紅的南把珠在頸子上，也是漢人製造的。收小米時，整個番社的人歡飲唱歌，叫做「做田」，他們手攜著手，繞圈跳舞，或近或退，或低頭或抬頭，隨他們的意思。

婚嫁

　　婚姻曰閩言。未娶曰胡仔轄，亦曰麻達。未嫁曰麻里氏冰。不
待父母媒妁，以嘴琴挑之；相從，遂擁眾挾女以去，勢同攘敓；[18]
後乃以刀、斧、釜、鐺之屬為聘，女家以雞、豕、達戈紋酬之。通
社群聚歡飲，與外社男贅女家不同。夫婦離異，女將原聘歸還，聽
其他適。水沙連北港，[19] 女將嫁時，兩頤用針刺如網巾紋，名刺嘴
箍；不刺，則男不娶。

喪葬

　　凡遇父母兄弟夫婦之喪，頭裹皁布，號哭十日；不言、不笑，
不履門外。葬用石板四片，築四方穴，屈曲屍膝，坐埋於中；上蓋
以石板，覆以土。

器用

　　耕種用小鋤短刀，掘地而種。行則貨物貯皮囊，戴於頭上。炊
用木扣以代鐺。

---

18. 敓，「奪」的異體字。
19. 北港，指烏溪中上游的眉溪及其支流北港溪。

婚嫁

婚姻叫做「閔言」。尚未娶妻的男人叫做「胡仔轄」，也叫做「麻達」。尚未嫁的女人叫做「麻里氏冰」。不必等待父母媒妁的安排，先用嘴琴挑引對方，如跟隨，就糾集眾人把女方挾持而去，形同搶奪；之後，送刀、斧、鍋子、鐵鐺之類的東西來當聘禮，女方則用雞、豬、達戈紋相贈，整個番社的人都來歡慶喝酒，與其他番社的男人入贅於女方很不同。夫婦離婚，女方將原有的聘物歸還，即聽任女方與他人婚嫁。在水沙連的北港一帶，女子將嫁時，兩頰用針刺成網巾紋，名叫「刺嘴箍」；如果不刺呢？那麼男人就不娶她。

喪葬

凡是逢到父母、兄弟、夫婦死喪，頭要裹著黑布，哀哭十天；不能說話、不能笑、不外出。埋葬時，用石板四片，築成四方的洞穴，把屍體的膝蓋彎曲起來，坐著埋在洞穴中，用石板蓋上，再覆蓋泥土。

器用

耕種用小鋤頭和短刀，掘地種植。外出時，貨物就放在皮囊裡，皮囊頂在頭上。炊煮時，用陶罐代替鐵鍋。

附載

「水沙連雖在山中，實輸貢賦。其地四面高山，中爲大湖；湖中復起一山，番人聚居山上，非舟莫即。番社形勝，無出其右。自柴里社²⁰ 轉小徑，過斗六門，崎嶇而入；阻大溪三重，水深險，無橋梁，老藤橫跨溪上，往來從藤上行。外人至，輒股慄不敢前；番人慣行不怖也。其番善織罽毯，²¹ 染五色狗毛雜樹皮爲之；陸離如錯錦，質亦細密。四方人多欲購之，常不可得。番婦亦白晳妍好，能勤稼穡，人皆饒裕。」（番境補遺）²²

「阿里山離縣治十里許，山廣而深峻。番剽悍，諸羅山、哆咯嘓諸番皆畏之，遇輒引避。」²³

「崇爻社²⁴ 餉附阿里山，然地最遠。越蛤仔難²⁵ 以南，有猴猴

---

20. 柴里社，今雲林縣斗六市。
21. 罽，音同「幾」；罽毯，毛織地毯。
22. 郁永河，《裨海紀遊》〈番境補遺〉，頁55-56。
23. 周鍾瑄，《諸羅縣志》〈卷八・風俗志〉，頁173。
24. 崇爻社，康熙34年（1695）新附社餉單位，餉銀附入阿里山社合徵（155兩2錢3分2釐）。依藍鼎元〈紀臺灣山後崇爻八社〉所記，「康熙三十四年，賴科等招撫歸附，原是九社；因水輦一社，數年前遭疫沒盡，今虛無人，是以止有八社」，刊於《東征集》，文叢12（臺北：臺銀經研室，1958），頁90。

附載

「水沙連雖在山中，仍然照實繳納賦稅。這個地方四面圍繞著山，中間有一個大湖泊，湖中還有一個山，番人都聚居在那個山上，假如沒有船就去不到。番社的形勢優勝，沒有其他地方的番社能比得上。從柴裏社轉一條小徑，經過斗六門，沿著崎嶇的道路前進；有三條大溪阻擋在前面，溪水相當深，沒有橋樑，老籐橫跨在溪上面，來來往往就踏著老籐過溪。外人來了，都雙腳顫抖不敢前進，番人已經走習慣了，不怕。這裡的番人善於織毛毯，染好了五色的狗毛後，就混著樹皮織起來；光怪陸離好像紋彩交錯的錦布，質地可算細密。附近很多人想要購買，常買不到。番人女子的皮膚白皙美好，能勤勞耕作，一般人家都是富有的。」（節錄自《番境補遺》）

「阿里山離開縣城十多里，山脈廣闊又高深。番人剽悍，諸羅山、哆咯嘓等其他番社的人都怕他們，一旦遇到，都自行退避。」

「崇爻社依附阿里山番社納餉，因為它在最遙遠的地方。過了蛤仔難向南而行，有猴猴社，據說走一、兩天就到了；那地方有很多生番，漢人不敢進入。各社在夏天與秋天會划著蟒甲舟（獨木舟

---

25. 蛤仔難，指蘭陽平原，以及分布於當地的番社群。清嘉慶15年（1810），蘭陽平原收入版圖後，設噶瑪蘭廳，在地原住民日後稱為噶瑪蘭族。

26. 猴猴社，原住於立霧溪中游。後因太魯閣族東遷，生活領域遭到壓縮，始離開原鄉，北上今宜蘭的蘇澳地區。參見：詹素娟，〈宜蘭平原噶瑪蘭族之來源、分佈與遷徙──以哆囉美遠社、猴猴社為中心之研究〉，收於潘英海、詹素娟編，《平埔研究論文集》（臺北：中研院臺史所籌備處，1995），頁41-76。

社，[26] 云一、二日便至：其地多生番，漢人不敢入。各社夏秋划蟒甲（獨木舟名），載鹿脯、通草、水藤諸物順流出，近社與漢人互市。漢人亦用蟒甲載貨以入，灘流迅急，船多覆溺破碎；雖利可倍蓰，必通事熟於地理，乃敢孤注一擲。」[27]

「水沙連四周大山，山外溪流包絡。自山口入，爲潭廣可七、八里，曲屈如環；圍二十餘里，水深多魚。中突一嶼，[28] 番繞嶼以居。空其頂，爲屋則社有火災。岸草蔓延，繞岸架竹木浮水上，藉草承土以種稻，謂之浮田。隔岸欲詣社者，必舉火爲號，社番划蟒甲以渡。嶼中圓淨開爽，青嶂白波，雲水飛動，海外別一洞天。」[29]（諸羅志）

阿里山乃總社名，內有大龜山之大龜佛社、霧山之干仔霧社、羅婆山之哰囉婆社、束髻山之沙米箕社、[30] 八童關之鹿堵社、溜籐山之阿拔泉社、[31] 朝天山之踏枋社、豬母嘮社（一作肚武膋），[32]

27. 周鍾瑄，《諸羅縣志》〈卷八·風俗志〉，頁172-173。
28. 邵語稱Lalu島，清代文獻或稱珠嶼，戰後改名光華島，近年恢復族名。
29. 周鍾瑄，《諸羅縣志》〈卷十二·雜記志〉，頁284-285。
30. 沙米箕社，族語稱Saviki，社名，今嘉義縣阿里山鄉山美村。參見：臺灣總督府警務局理蕃課著、中研院民族所編譯，《高砂族調查書·蕃社概況》（臺北：中研院民族所，2011），頁220-221。

的名稱），載著鹿脯、通草、水藤這些東西順流出來，在番社附近與漢人做買賣。漢人也用蟒甲舟載著貨物進入番社裡面，由於水流迅急，很多船因而翻覆破碎。雖然獲利可以達到一倍甚至五倍，但必須是通曉番事、熟悉地理的人，才敢孤注一擲去到那裡。」

「水沙連四周圍都是高山，山外則被溪流包圍住。從山口進入後有一個潭，廣度約七、八里，彎彎曲曲像一個環；它的圓周大約二十餘里，水深且魚多。中間有一個高突的島嶼，番人都圍繞著居住在那裡。山頂沒有人居住，如果在那上面蓋屋子，據說就會有火災。這個潭的岸邊，野草蔓延，番人繞著岸邊架上浮在水面的竹木，鋪草、覆蓋泥土後，在上面種稻，就叫做『浮田』。隔著潭水，假如有人想由岸邊來拜訪番社，必須先舉火把當信號，番社的人再划蟒甲舟接送。島嶼乾淨涼爽，望眼就是青山白波、雲飛水動，算得上是海外別有洞天。」（節錄自《諸羅志》）

阿里山其實是許多番社的泛稱。裡面有大龜山的大龜佛社、霧山的干仔霧社、羅婆山的哖囉婆社、束髻山的沙米箕社、八童關的鹿堵社、溜籐山的阿拔泉社、朝天山的踏枋社、豬母嘮社（一作肚武膋），共計八社；納餉給官方的計有五社。盧麻產社現在沒有番人居住，居住的都是漢人；這是因為康熙五十六年，瘴癘流行，死亡的人非常多，剩下的番人只好移居到阿拔泉社，依附願意和他們

---

31. 阿拔泉社，社名，今南投縣竹山鎮福興里泉州寮。

共八社;納餉者,五社。[33] 盧麻產社今無番,皆民居;康熙五十六年,瘴癘死亡甚眾,遂徙居於阿拔泉社,附阿里山合徵者。又崇爻山後九社:[34] 崇爻社、竹腳宣社(一作即加宣)、描丹社、薄薄社、芝舞蘭社、多難社(一作倒咯滿)、芝密社、水輦社、筠椰椰社。[35] 或云八社之外,又有礁那女嗎社、打馬郎社、嗎老因籠社、巴只力社、龜窰社、伊碎擺社。[36]

　　有至崇爻社者,自倒咯嘓[37] 用土番指引,盤山逾嶺,涉澗穿林,計程五日夜方至。由民仔里武,[38] 三日可至蛤仔難;但峻嶺深林,生番錯處,漢人鮮至。或云水沙連過湖,半日至加老望埔,[39] 一日至描

---

32. 豬母嘮社,又寫作肚武嘗、知母勝,社名,今嘉義縣阿里山鄉達邦村特富野部落。參見:洪麗完,〈嘉南平原沿山地區之族群關係(1700-1900)〉,頁50。

33. 此處所謂「阿里山八社」,係指大龜佛社、干仔霧社、唪囉婆社、沙米箕社、鹿堵社、阿拔泉社、踏枋社、豬母嘮社;其中,只有踏枋、鹿堵、唪羅婆、盧麻產、干仔務為納餉單位。盧麻產社,因已遷往阿拔泉社,故這裡的八社沒有盧麻產社,代之以阿拔泉社。

34. 此處雖說「九社」,但如藍鼎元〈紀臺灣山後崇爻八社〉所言:「因水輦一社,數年前遭疫沒盡,今虛無人,是以止有八社」,《東征集》,頁90。

35. 崇爻社,為社餉單位。竹腳宣社,又寫作即加宣、直腳宣、竹仔宣、七腳川社等,舊社在今花蓮縣吉安鄉,經日治初期七腳川事件後,原址作為日本移民村,族人南遷四散;描丹社,即馬太鞍社,今花蓮縣光復鄉;芝舞蘭社,又寫作芝武蘭、芝波蘭、薛波蘭、泗波蘭、繡孤欒、秀孤鸞等,今花蓮縣豐濱鄉港口村;薄薄社,今吉安鄉仁里村;多難社,又寫作倒咯滿、斗難、豆蘭、荳蘭等,今花蓮吉安鄉南昌村;芝密社,又寫作居密、箕密、奇密、機密,今花蓮縣瑞穗鄉奇美村;水輦社,舊社在今花蓮縣壽豐鄉水璉村,現已不存;筠椰椰社,又寫作根耶耶、根老爺、巾老耶、竹窩宛等,舊社在今花蓮縣花蓮市,清末經加禮宛事件後,族人散入阿美族部落,後於2007年正名為撒奇萊雅族。參見:康培德,《殖民接觸與帝國邊陲——花蓮地區原住民十七至十九世紀的歷史變遷》(臺北:稻鄉出版社,1999)。

一起納餉的其他阿里山番社。再提到崇爻山後的九個番社，計有：
崇爻社、竹腳宣社（一作即加宣）、描丹社、薄薄社、芝舞蘭社、
多難社（一作倒咯滿）、芝密社、水輦社、筠椰椰社。或者也有人
說八社之外，又有礁那女嗎社、打馬郎社、嗎老因籠社、巴只力
社、龜窯社、伊碎擺社。

　　有人去到崇爻社，先到倒咯嘓，然後由土番引導，盤過山，越
過嶺，涉過溪，穿過林，時程總計五天五夜才抵達。假如由民仔里
武出發，三天就可以抵達蛤仔難；然而沿途崇山峻嶺、林木幽深，
到處都是生番所住的房屋，漢人因此很少去。也有人說從水沙連越
過湖，半天就到加老望埔，一天就到描里眉，一天就到眉加墜，一
天就到望加臘，一天就到福骨，一天半就到買槽無老，一天半就到

---

36. 這六個東部社，礁那女嗎社，應指荷蘭文獻記載的Talleroma，今花蓮縣吉安鄉，
　　 中村孝志將其比對為南勢阿美的里漏、荳蘭、薄薄三社總稱（康培德，《殖民接
　　 觸與帝國邊陲——花蓮地區原住民十七至十九世紀的歷史變遷》，頁53）；打
　　 馬郎社，應為太巴塱（Tavoron），今花蓮縣光復鄉（頁55）；巴只力社，應為
　　 Patsiral，今花蓮縣壽豐鄉，也是阿美族氏族名稱（頁43-44）；嗎老因籠社、龜
　　 窯社、伊碎擺社，則不詳。
37. 倒咯嘓，社名，今南投縣仁愛鄉，賽德克族太魯閣群。參見：簡史朗編著，《水
　　 沙連眉社古文書研究專輯》，頁29-30。
38. 民仔里武，地名，今址不詳。
39. 加老望埔，地名，通事的駐居處，專供貿易換物之用。後文描述該地如下：「通
　　 事另築寮於加老望埔，撥社丁，置煙、布、糖、鹽諸物，以濟土番之用；售其
　　 鹿肉皮筋等項，以資課餉。」參見：簡史朗編著，《水沙連眉社古文書研究專
　　 輯》，頁8-65。

里眉，[40] 一日至眉加堞，[41] 一日至望加臘，[42] 一日至福骨，[43] 一日半至買槽無老，[44] 又一日半至民仔里武，二日至蛤仔難社。由描里眉，二日至斗截，[45] 半日至倒咯嘓；過大山數重，四日夜可抵崇爻社。路極崎嶇，坑塹險阻，難於跋涉；若陰雨水漲，更難計程。由淡水從山後行，路稍平易。

水沙連社地處大湖之中，山上結廬而居，山下耕鑿而食。湖水縈帶，土番駕蟒甲以通往來。環湖皆山，層巒險阻。屬番二十餘社，各依山築居。山谷巉巖，路徑崎嶇；惟南北兩澗沿岸堪往來，外通斗六門。竹腳寮，[46] 乃各社總路隘口，通事築室以居焉。

---

40. 描里眉，社名，即埔里盆地原住民——眉社，又稱眉番，泰雅族澤敖利之萬大群。參見：簡史朗編著，《水沙連眉社古文書研究專輯》，頁8-65。

41. 眉加堞，又稱眉描蚋、眉描拉，今南投縣仁愛鄉新生村，泰雅族澤敖利。參見：簡史朗編著，《水沙連眉社古文書研究專輯》，頁29-30。

42. 望加臘，所在不詳，泰雅族澤敖利。參見：簡史朗編著，《水沙連眉社古文書研究專輯》，頁29-30。

43. 福骨，社名，即分布於南投縣北港溪上游的泰雅族白狗群，今南投縣仁愛鄉。參見：簡史朗編著，《水沙連眉社古文書研究專輯》，頁29-30。

民仔里武，二天就到蛤仔難社。假如由描里眉出發，二天就到斗截，半天就到倒咯嘓；也有說過了幾重大山後，四天四夜可以到崇爻社。這些道路都極為崎嶇，坑塹險阻，很難跋涉攀爬；假如遇到陰雨水漲，就更難計算時程了。但是由淡水從山後而行，路途稍微平坦好走。

水沙連社就在大湖裡面，在山上蓋房子居住，在山腳下耕種維生。湖水帶狀環繞，土番駕著蟒甲舟往來湖中、湖岸。湖的四周環繞著山，層層山巒，形勢險阻。所屬的二十餘個番社，各個依山居住。這裡有山谷高巖，路徑崎嶇；只有南北兩條溪澗的沿岸可以做為道路往來，向外可以通到斗六門、竹腳寮，這裡就是各社總路的隘口，番社的通事就搭建房子居住在這兒。

44. 買槽無老，即買唐於老，所在不詳，泰雅族賽考列克。參見：簡史朗編著，《水沙連眉社古文書研究專輯》，頁29-30。
45. 斗截，社名，今南投縣仁愛鄉精英村、春陽村，賽德克族道澤群。參見：簡史朗編著，《水沙連眉社古文書研究專輯》，頁29-30。
46. 竹腳寮，地名，今南投縣竹山鎮社寮。參見：陳哲三，〈古文書在臺灣史研究的重要性——以「竹腳寮」、「阿拔泉」之地望的研究為例〉，頁135-151。

水沙連、集集、[47] 決里、毛碎、[48] 巒蠻、[49] 木靠、[50] 木武郡、又子黑社、佛子希社（亦木武郡轄）、[51] 挽鱗倒咯、[52] 大基描丹、[53] 蛤里爛[54] 等社，名為南港。[55] 加老望埔、描里眉、斗截、平了萬、[56] 致務、[57] 倒咯嘓、眉加碟、望加臘、福骨、描里八、[58] 描里旺、[59] 買槽無老等社，名為北港。[60] 或云北港尚有買薛、買唐於老二社。南港之番，居近漢人，尚知有法；而北港之番，與悠武乃[61] 等社野番接壤，最為兇頑。巴老完、問仔眉、觸甲描、楮江四社，[62] 昔屬水沙連統轄，今移於巴老完，合夥同居，與民仔里武俱通於悠武乃生番矣。通事另築寮於加老望埔，撥社丁，置煙、布、糖、鹽諸物，以濟土番之用；售其鹿肉皮筋等項，以資課餉。每年五月吊社，七月進社，共計十箇月，可以交易、完課；過此，則雨多草茂，番無至者。

---

47. 集集，地名，今南投縣集集鎮。

48. 決里、毛碎，社名；前者可能為布農族舊社，後者應為布農族舊社。參見：簡史朗編著，《水沙連眉社古文書研究專輯》，頁8-65。

49. 巒蠻，即狎裏蟬巒蠻社，社名，布農族巒社群。

50. 木靠，即麻咄目靠，社名，布農族卡社群。

51. 木武郡，即木武郡赤嘴，社名，布農族郡社群，轄又子黑社、佛子希社。

52. 挽鱗倒咯，社名，布農族卓社群。

53. 大基描丹，社名，原住於今南投縣信義鄉，布農族丹社群。參見：簡史朗編著，《水沙連眉社古文書研究專輯》，頁13-14。

54. 蛤里爛，社名，即埔里盆地原住民——埔裏社，又稱埔社、埔番。參見：簡史朗、曾品滄主編，《水沙連埔社古文書專輯》（臺北：國史館，2003），頁28-52。

55. 南港，指濁水溪中上游。

　　水沙連、集集、決里、毛碎、巒蠻、木靠、木武郡，又子黑社、佛子希社（亦木武郡轄）、挽鱗倒咯、大基描丹、蛤里爛等社，總名叫做「南港」。加老望埔、描里眉、斗截、平了萬、致務、倒咯嘓、眉加碟、望加臘、福骨、描里八、描里旺、買槽無老等社，總名叫做「北港」。也有人說北港還有買𦥯買、唐於老二社。南港的番人，住處靠近漢人，因此還知道有王法；而北港的番人、悠武乃等社的住處和生番靠近，可算是最兇狠頑強的番人。巴老完、問仔眉、觸甲描、楮江這四個社，以前屬於水沙連統轄，現在已經轉移到巴老完，合夥住在一起，他們與民仔里武，都和悠武乃有所來往，乃是生番。還有通事另外在加老望埔搭建寮子，撥出番社的壯丁，提供煙、布、糖、鹽這些物品，好用來幫助附近土番；同時購買土番的鹿肉、皮筋，好讓他們可以納餉。每年五月弔社七月進社，共計十個月，可以交易、完課；過了這段期間，雨下得多，草長得茂盛，番人不來到這裡。

---

56. 平了萬，社名，即萬大社，今南投縣仁愛鄉，泰雅族澤敖利萬大群。參見：簡史朗編著，《水沙連眉社古文書研究專輯》，頁29-30。
57. 致務，社名，今南投縣仁愛鄉，賽德克族德克搭雅霧社群。參見：簡史朗編著，《水沙連眉社古文書研究專輯》，頁29-30。
58. 描里八，即Malepa，社名，今南投縣仁愛鄉，泰雅族賽考列克群。參見：簡史朗編著，《水沙連眉社古文書研究專輯》，頁29-30。
59. 描里旺，社名，今南投縣仁愛鄉，泰雅族賽考列克群。參見：簡史朗編著，《水沙連眉社古文書研究專輯》，頁29-30。
60. 北港，指烏溪中上游的眉溪及其支流——北港溪流域為主。
61. 悠武乃，社名，不詳。
62. 巴老完、問仔眉、觸甲描、楮江，社名，近大甲溪上游，今臺中市和平區，泰雅族沙里興系統。參見：簡史朗編著，《水沙連眉社古文書研究專輯》，頁12。

康熙六十年，阿里山、水沙連各社乘亂殺通事以叛。[63]六十一年，邑令孫魯[64]多方招徠，示以兵威火礮，賞以煙布銀牌。十二月，阿里山各社土官毋落等、水沙連南港土官阿籠等就撫。雍正元年正月，水沙連北港土官麻思來等亦就撫。

惠安太學黃吳祚〈題水沙連圖詩〉：

「二十（平聲）餘社盡邊湖，南北沿崖仄徑紆：

　斗六門來通一線，諸番形勝島中無。」

「五色尨毛雜樹皮，織成罽毯世稀奇。

　蠻娘妍好珠垂項，不見做田歌舞時。」[65]

---

63. 此處所謂「乘亂」，指朱一貴事件爆發後，阿里山與水沙連地區的原住民趁機起事。
64. 孫魯，生卒年不詳，字岱東，河南陽武人（一說祥符人），監生出身，曾署臺灣府海防捕盜同知，兼攝臺灣縣知縣事。康熙61年（1722），改任諸羅縣知縣。雍正4年（1726），升臺灣府知府，同年兼署彰化縣。翌年（1727），閩浙總督高其倬參奏，指孫魯「雖廉謹有餘，而才具似覺不足，於海外之郡不甚相宜」，奉旨調離臺灣。參見：劉寧顏編，《重修臺灣省通志》（臺北：臺灣省文獻委員會，1994）。
65. 黃吳祚，生卒年不詳，福建惠安人，太學生，清康熙年間人士。

　　康熙六十年，阿里山、水沙連各社趁著亂事時殺了通事遂行叛亂。六十一年，諸羅縣令孫魯向四面八方的番人招撫，再展現兵馬炮火的威力，另外對投降的番人給予煙、布、銀牌當獎勵。十二月，阿里山各社土官毋落這些人、水沙連南港的各社土官阿籠這些人都來歸順。雍正元年正月，水沙連北港的土官麻思這些人也來歸順了。

　　惠安太學出身的黃吳祚在〈題水沙連圖詩〉這麼寫：

　　「二十餘社都住在湖邊，南北山崖小路蜿蜒迴繞；斗六門有一條路可以通達到這裡，在所有的番社的地理形勢上，沒有任何的番社比水沙連更優勝。」

　　「五種顏色的犬毛和樹皮雜在一起，織成的罽毯乃是世上稀有物。蠻人的女子美麗，把珠寶掛在頸項間，在不做田時唱歌跳舞就可以觀賞到。」

余〈咏水沙連社〉三首：

「水沙連在萬山中，一嶼環湖映碧空；
　員頂淨明傍作屋，渡頭煙火小舟通。」

「土乘水上作浮田，竹木交加草蔓延；
　最是此閒勤稼穡，能同輸賦足豐年。」

「湖中員嶼外重溪，三跨橫藤人自迷；
　此境若非番社異，武陵洞口認花蹊！」[66]

---

66. 〈咏水沙連社〉三首，皆為黃叔璥所作。

　　我也寫了〈咏水沙連社〉的詩三首如下：

　　「水沙連在萬山之間，環繞的湖裡面有一座小島嶼，湖水映著晴空；那小島嶼的山頂上乾淨明亮，山下蓋著房屋，假如渡頭那邊有人點燃了火把，小船就去把他接送過來。」

　　「搭了竹架，使它浮在水面上，再在竹架上覆土，就做成了『浮田』；因此，湖邊竹架始終交加在一起，青草也沿著湖邊連綿生長了；最令人讚嘆的是，這裡的番人勤於耕種，都能夠按時納餉，過著豐豐富富的一年。」

　　「湖中有一個圓形的小島嶼，山外面就是重重的溪流，跨過三條溪都必須憑空踩著山藤通過，使人感到驚奇；這個地方如果沒有奇異的番社存在，一定有人會覺得他來到傳說中的武陵桃花源！」

北路諸羅番八[1]

大肚、[2] 牛罵、[3] 沙轆、[4]
貓霧捒（一作麻霧捒），[5]
岸裏、阿里史、樸仔離、
掃捒、烏牛難[6]

---

1. 北路諸羅番八，指臺中地區的番社群。大肚、牛罵、沙轆與列在「諸羅番六」的
   水裏（今臺中市龍井區）社，約位於大肚臺地西側暨海岸平原；貓霧捒社在大肚
   臺地東側，岸裏五社是康熙54年（1715）的新附生番。
2. 大肚社，社名，分為南、中、北社，今臺中市大肚區，與「諸羅番六」的半線
   社，合併為一社餉單位——「半線大肚社」，徵銀331兩6錢3分2釐；柴坑仔、水
   裏社（列在「諸羅番六」）的餉銀，也附入合徵。
3. 牛罵社，社名，今臺中市清水區，與沙轆社共組為一社餉單位——「沙轆牛罵
   社」，徵銀23兩2錢8分4釐8毫。大甲西社事件後，遭官府改名為感恩社。參見：
   洪麗完，《臺灣中部平埔族：沙轆社與岸裡大社之研究》（臺北：稻鄉出版社，
   1997）。
4. 沙轆社，社名，今臺中市沙鹿區，與牛罵社共組為一社餉單位。大甲西社事件
   後，遭官府改名為遷善社。參見：洪麗完，《臺灣中部平埔族：沙轆社與岸裡大
   社之研究》。

5. 貓霧捒社，社名，今臺中市南屯區，社餉徵銀29兩6錢3分5釐2毫。參見：簡史朗，〈貓霧捒社（Babusaga）的研究——貓霧捒社非貓霧捒族考〉（臺北：政治大學民族系博士論文，2016）。

6. 岸裏五社，當時還分布在淺山地區，惟不知確實位址；年納鹿皮50張，折徵銀12兩。康熙38年（1699），官府因無法平復吞霄社土官卓个、卓霧、亞生殺害牒社通事黃申及其夥伴後引發的效應，曾動員岸裏社群下山協助。雍正9年（1731）大甲西社抗清事件爆發後，岸裏社群始因協助清軍平復事件，而取得今臺中地區土地。以下所列，則為岸裏社後來的分布情形：岸裏，社名，今臺中市后里區、豐原區、神岡區；阿里史，社名，今臺中市潭子區；樸仔離，社名，今臺中市豐原區；掃捒社，社名，今臺中市潭子區；烏牛難社，社名，今臺中市豐原區。18世紀初，岸裏各社因勢力增強，社地也隨之擴張，形成岸裏地域。參見：施添福，〈清代臺灣岸裡地域的族群轉變〉，收於潘英海、詹素娟編，《平埔研究論文集》（臺北：中研院臺史所籌備處，1995），頁301-332。

居處

　　大肚諸社屋，以木爲梁，編竹爲牆，狀如覆舟，體制與各社相似。貓霧拺諸社，鑿山爲壁，壁前用木爲屏，覆以茅草，零星錯落，高不盈丈，門戶出入，俯首而行，屋式迥不同外社。

飲食

　　酒飯各二種。飯不拘杭、糯，炊而食之；或將糯米蒸熟，舂爲餅餌，名都都。酒用黍米浸水，越宿舂碎，和以草麴，三、五日發氣，水浸飲之；一將糯米炊飯，拌麴置桶中，逾三日，澄汁蒸酒，番極珍之。魚蝦麏鹿，與南北投等社無異；惟沙轆、牛罵不食牛，牛死委於道旁。

衣飾

　　男婦頭貫骨簪曰打拉；所掛之珠曰立項帶，瑪瑙珠曰牙堵，螺牌曰夏力什素。衣服不論皁白，俱短至臍；與各社同。嫁娶俱著紅衣。貓霧拺、岸裏以下諸社，俱衣鹿皮；并以皮冒其頭面，止露兩目。

居處

　　大肚幾個社的房屋，用木頭當樑柱，編竹子做牆壁，造好的房子好像一艘翻過來的船；外形、造法和其他番社相同。貓霧捒的幾個社，鑿挖山壁當牆壁，在牆壁前豎立木頭當屏障，再覆蓋茅草，這些房子零零星星錯錯落落在一起，高度不超過一丈，因此從門口出入一定要彎腰低頭，形式不同於其他番社。

飲食

　　酒飯各有兩種。一種飯是用秔、糯米做的，炊熟後就可以吃；另一種是先把糯米蒸熟，舂成糕餅，名叫「都都」。一種酒是先用黍米浸泡在水裡面，到第二天舂碎，再用草灰攪拌，三、五天後就會發酵，再浸泡水中，就可以飲用；另一種是將糯米炊成飯，和麴一起放入桶子攪拌，經過三天，把酒液過濾出來，再蒸酒液，番人非常珍惜這種酒。魚、蝦、麕、鹿這些食物，與南投、北投等社並沒有不同。只是沙轆、牛罵這兩個社不吃牛肉，牛死了，就遺棄在路旁。

衣飾

　　男女在頭髮上插骨簪，叫做「打拉」；所掛的珠子叫做「立項帶」；瑪瑙珠叫做「牙堵」；螺牌叫做「夏力什素」。衣服不論黑白，都短到肚臍的地方，和其他番社相同。嫁娶都穿紅色的衣服。貓霧捒、岸裏以下的眾社，都披鹿皮為衣服；同時，用鹿皮包住頭面，只露出了兩隻眼睛。

婚嫁

婚姻曰三問。男女先私通投契,男以銀錫約指贈女爲定,曰貓六。女倩媒告之父母,因爲主配。或娶或贅。屆期,會眾設牲醪相慶。不諧即離,婦不俟夫再娶先嫁,罰酒一甕。私通被獲,鳴通事土官罰牛一;未嫁娶者勿論。岸裏各社,完婚三、五日,男往女家、女往男家,各以酒物相餽;不,則絕往來。

喪葬

番死,喪葬及浴身入室,與南北投等社同。守服十二日,不出戶,親戚送飯。十二日後,請番神姊祈禳除服。婦服滿,任自擇配,父母兄弟不過問。岸裏五社喪葬,與水沙連、阿里史同。

器用

收貯禾黍,編竹爲筐,大小不一式:出作,則置飯於中。無升斗,以篾籃較準,與漢人交易。近亦置牀榻、鼎鐺、椀箸,以爲雅觀。

婚嫁

　　婚姻叫做「三問」。男女先私底下交好投緣後，男方用銀、錫等戒指贈送給女方當定禮，叫做「貓六」。女方請媒人去告訴父母，請他們主持婚配。有些家庭是男娶女，有的是男方入贅。到婚禮的時候，邀請眾人，辦理酒宴慶祝。夫妻不合就離婚。妻子不等丈夫再娶就先嫁的話，罰酒一甕。私通被逮到的話，告訴通事、土官後，罰牛一隻；尚未嫁娶的男女，不在此例。岸裏各社，結婚完三天、五天後，男家必須到女家、女家必須到男家，各自用酒、物品贈送；不這樣的話，就斷絕往來。

喪葬

　　番人死了，喪葬的禮俗以及親人在葬禮完後必須洗淨身體才能進入室內，與南、北投等社相同。守喪十二天，不出戶外，由親戚送飯給他吃。十二天後，再請番社的尪姨前來作法，結束守喪。妻子服完喪期後，任由她自行選擇新的配偶，父母兄弟都不會過問。岸裏五社的喪葬禮俗，則與水沙連、阿里史相同。

器用

　　收藏禾、黍的用具，是一種竹子編成的籮筐，大小不一定；出門做事時，就把飯放在裡面。沒有升、斗之類的量器，用竹篾編成的籃子當標準，與漢人買賣。最近也有人購置漢人的床榻、鍋子、鐵鐺、碗筷放在家裡，當成雅觀的器物。

附番歌

| 大肚社祀祖歌 |

嗅仔嗅麻隱暐什（今日過年），
靡阿麻哃仔武嘮馬礁乞呷珊（都備新酒賽戲祭祖）。
思引呷珊牟起林（想祖上何等英雄）！
夜嘮務力呷珊牟起林（願子孫一如祖上英雄）！

| 牛罵、沙轆思歸歌 |

嚅嗎嗄乞武力（往山中捕鹿），
蘇多喃任暐須岐散文（忽想起兒子並我妻）！
買捷嚅離嗎嗄乞武力（速還家再來捕鹿），
葛買蘇散文喃任岐引吱（免得妻子在家盼望）！

| 貓霧捒社男婦會飲應答歌 |

爾貓呻嘆（幼番請番婦先歌），
爾達惹巫腦（番婦請幼番先歌）。
爾貓力邁邁由系引呂乞麻哃（番曰，汝婦人賢而且美），
爾達惹麻達馬鱗唭什格（婦曰，汝男人英雄兼能捷走），
爾貓力邁邁符馬乞打老末轆引奴薩
　　（番曰，汝婦人在家能養雞豕、并能釀酒）。
爾達惹達赫赫麻允倒叮文南乞網果嗎
　　（婦曰，汝男人上山能捕鹿、又能耕田園）。
美什果孩嘟彎哩勺根嘆巫腦岐引奴薩
　　（今眾社皆大歡喜和歌飲酒）。

附番歌

｜大肚社祀祖歌｜

嗅仔嗅麻隱嘷什（今日過年），
靡阿麻哃仔武嘮馬礁乞咿珊（都準備了新酒、賽戲來祭祖）。
思引咿珊牟起林（想祖先們是何等英雄）！
夜嘮務力咿珊牟起林（願子孫一如祖上英雄）！

｜牛罵、沙轆思歸歌｜

嚅嗎嗄乞武力（往山中捕鹿），
蘇多喃任嘷須岐散文（忽然想起兒子和我的妻子）！
買捷嚅離嗎嗄乞武力（趕快回家再來捕鹿），
葛買蘇散文喃任岐引吱（免得妻子在家盼望）！

｜貓霧揀社男婦會飲應答歌｜

爾貓呻嘆（幼番請番婦先歌），
爾達惹巫腦（番婦請幼番先歌）。
爾貓力邁邁由系引呂乞麻哃（男番說，妳婦人賢慧而且美麗），
爾達惹麻達馬鱗唭什格（女番說，你男人英雄兼能捷走），
爾貓力邁邁符馬乞打老末轆引奴薩
　　（男番說，妳婦人在家能養雞豕，並能釀酒）。
爾達惹達赫赫麻允倒叮文南乞網果嗎
　　（女番說，你男人上山能捕鹿，又能耕田園）。
美什果孩唧彎哩勺根嘆巫腦岐引奴薩
　　（今日眾社皆大歡喜，和著歌、飲著酒）。

附載

「過沙轆至牛罵社，社屋隘甚。假番室牖外設榻，緣梯而登，雖無門闌，喜其高潔。」[7]

「余榻面山，霾霧障之；凡五日苦不得一覘其麓，忽見開朗，殊快。不知山後深山當作何狀，將登麓望之；社人謂野番常伏林中射鹿，見人則矢鏃立至，慎毋往。予策杖披荊拂草而登；既陟巔，荊榛樛結，不可置足。林木如蝟毛，聯枝累葉，陰翳晝暝；仰視太虛，如井底窺天，時見一規而已。雖前山近在目前，而密樹障之，都不得見。惟有野猿跳躑上下，向人作聲，若老人咳；又有老猿，如五尺童子，箕踞怒視。風度林杪作簌簌聲，肌骨欲寒。瀑流潺潺，尋之不得；而修蛇乃出踝下。心怖遂返。」[8]

「越日大雨，嵐氣甚盛，衣潤如洗；堦前濘泥，足不得展。徘

7.　郁永河，《裨海紀遊》，頁19。
8.　郁永河，《裨海紀遊》，頁19-20。

附載

「經過了沙轆社，就到了牛罵社，番社的房子都很窄。我就借用番人房子窗外的一個高處搭了床鋪，必須攀上梯子才能上去，雖然沒有門、柵，但是我很喜歡它的高爽乾淨。」

「我的臥榻面對著山脈，山霧籠罩，即使過了五天，還是看不到山麓；五天以後，天氣突然放晴，感到非常愉快。因為不知道山後的深山是什麼狀況，我就想要爬上山麓去看看。番社的人警告我，說野番常埋伏在林木中射鹿，一見到人會立即發射弓箭，上去的時候，千萬要謹慎。我拿了木杖，劈砍荊棘，撥開草叢，攀爬上去。等我到達山巔，才發現荊棘林木都糾結在一起，甚至沒有站立的空隙。林木就好像刺蝟的毛，樹枝和葉子相連在一起，白天或晚上都被陰影遮蔽；我仰視有限的天空，就像是井底窺天，有時只能看見一個小圓圈的天空而已。雖然知道群山就在眼前，但是被密密麻麻的樹遮蔽了，都看不到。唯有野猴子上上下下跳躍著，向人發出叫聲，就像是老人咳嗽一樣；又有老猿猴，有如五尺小孩，蹲踞在地上，怒目而視。此時，風吹過林梢，發出籟籟的聲音，我感到肌膚骨頭都寒冷了起來。耳朵聽見潺潺的流水聲，卻找不到在哪裡；蛇又出沒在腳邊。我感到害怕，就回來了。」

「隔天下大雨，雲氣旺盛，衣服濕潤，好像剛洗過一般；臺階前泥濘一片，腳都不能踩踏。我因此感到悵然鬱悶，就寫了一首詩說：『這裡的番社就像是螞蟻的巢穴，茅屋低矮壓向地面。山雲侵入了小窗，海霧弄濕了雙層的錦布，必須跟隨著別人留下的腳印

徊悵結，賦詩曰：『番舍如蟻垤，茅簷壓路低。嵐風侵短牖，海霧襲重綈；避雨從留屐，支牀更著梯。前溪新漲阻，徙倚欲雞栖。9』頃之，有番婦至，蓬首癯體，貌不類人；舉手指畫，若有所欲，余探得食物與之。社人望見，極麾之去，曰：『此婦有術，善祟人，毋令得近也！』」10（裨海紀遊）

「岸裏、內幽、礁吧年、茅匏、阿里史諸社，磴道峻折，溪澗深阻。番矬健嗜殺，雖內附，罕與諸番接。種山射生以食；縫韋作幘，鹿皮作衣，臍下結以方布，聊蔽前體，露臂跣足；茹毛飲血。登山如飛，深林邃谷，能蛇鑽以入。舉物皆以負戴。居家則裸，惟不去方布。」11

「周身頑癬斑駁，腥臊特甚。番女亦自白晰。」12

「繞脣吻皆刺之，點細細黛起，若塑羅漢髭頭，共相稱美。」13

---

9. 雞栖，亦為雞棲，雞棲息之所。
10. 郁永河，《裨海紀遊》，頁20。
11. 周鍾瑄，《諸羅縣志》〈卷八・風俗志〉，頁173-174。

才能去避雨，必須爬著樓梯才能到床上去休息。前溪因為這幾天下雨暴漲，交通阻斷了；到處搬遷居住，活像是禽鳥隨意棲息。』不久，有番人婦女來這裡，頭髮雜亂，身體瘦小，面貌不像人類，她比手劃腳，好像要些什麼東西。我去拿食物給她，番社的人看見了，趕緊叫她離開。他們對我說：『這個婦人有邪術，很會作弄人，不要教她靠近你！』」（節錄自《裨海紀遊》）

「岸裏、內幽、礁吧年、茅匏、阿里史這些番社的小石板路險峻曲折，溪流深溝阻擋了道路。番人容貌醜陋、身體強建、嗜好殺戮，雖然已經歸順，但還是比較少和其他番社來往。這幾個社的番人以在山上種植、打獵維生；用獸皮製作頭巾；用鹿皮做成衣服；在肚臍下掛著四方形的一塊布，遮蔽了下體；赤裸臂膀，赤腳；生吃動物的肉、血。然而他們登山飛快，雖是遇到深山的叢林與深邃的山谷，也能像蛇類一般鑽過去。扛東西的時候，把東西放在肩上或頭上。平日在家中不穿衣服，只是沒有卸除遮下體的那塊布而已。」

「全身生了頑癬，斑斑駁駁，身體的腥味特別濃厚。番人的婦女皮膚白皙。」

「嘴唇的四周刺青，用深藍色的墨一點一點刺上，就好像羅漢塑像的鬍鬚頭，大家都說美麗好看。」

---

12. 周鍾瑄，《諸羅縣志》〈卷八‧風俗志〉，頁155。
13. 周鍾瑄，《諸羅縣志》〈卷八‧風俗志〉，頁155。

「樸仔籬、烏牛難等社有異種狗，狀類西洋；不大而色白，毛細輭如綿，長二、三寸。番拔其毛，染以茜草，合而成線，雜織領袖衣帶間；相間成文，朱殷奪目。數社之犬，惟存其鞹。」[14]（諸羅志）

岸裏、樸仔籬、阿里史、掃捒、烏牛欄五社，不出外山，惟向貓霧捒交易。樸仔籬，逼近內山；生番眉裏嘓、貓堵兩社，[15] 間出殺人。過半線，往大肚，則東北行矣。大肚山形，遠望如百雉高城。昔有番長名大眉，志謂：「每歲東作，眾番爭致大眉射獵，於箭所及地，禾稼大熟，鹿豕無敢損折者；箭所不及，輒被蹂躪，不亦枯死。」[16] 其子斗肉、女阿巴里、壻大柳望，各社仍然敬禮，獲鹿必先貽之。

---

14. 周鍾瑄，《諸羅縣志》〈卷八‧風俗志〉，頁172。
15. 眉裏嘓、貓堵兩社，不詳。
16. 周鍾瑄，《諸羅縣志》〈卷十二‧雜記志〉，頁291。這裡的「番長大眉」，即歷史研究中所稱的「大肚王」；參見翁佳音，〈被遺忘的臺灣原住民史——Quata（大肚番王）初考〉，《臺灣風物》42.4（1992.12），頁145-188。

「樸仔籬、烏牛難有不一樣品種的狗，形狀有一點像西洋狗，
不很大，白色，毛細軟得像棉花，長約二、三寸。番人拔了狗毛
後，用茜草染色，搓合成線，雜織在衣領、衣袖、腰帶上，和其他
顏色相間，形成特殊紋路，殷紅奪目。幾個番社的狗，只有他們的
狗是光禿無毛的皮。」（節錄自《諸羅志》）

岸裏、樸仔離、阿里史、掃揀、烏牛欄五個番社，從來不離開
山區，只有和貓霧揀作交易。樸仔離靠近內山。眉裏嘓、貓堵這兩
個番社是生番，偶而出草殺人。過了半線，到大肚，必須沿著東北
方向走。大肚山的山形，遠遠望去好像寬百丈的高城。從前有一個
番人領袖，叫做「大眉」，《諸羅縣志》說：「每年春分即將耕作
時，眾多的番人都來請大眉打獵，凡是他的箭射到的範圍，作物都
大為豐收，連鹿、豬也不敢隨便來損毀；至於他的箭沒有射到的範
圍，常常被人蹂躪，或者自行枯死。」他的兒子叫做斗肉、女兒阿
巴里、女婿大柳望，仍然受各番社所尊敬，凡是捕鹿，一定要贈送
一部分給他。

　　沙轆番原有數百人，為最盛；後為劉國軒[17]殺戮殆盡，只餘六人，潛匿海口；今生齒又百餘人。辛丑七月，[18]大風，糯黍歉收，間為別番傭工以餬口。土官嘎即，目雙瞽，能約束眾番，指揮口授，無敢違。社南地盡膏腴，可種水田。漢人有欲售其地者，嘎即佯許之；私謂眾番曰：「祖公所遺，祇此尺寸土，可耕可捕，藉以給饔飧、輸餉課；今售於漢人，侵佔欺弄，勢必盡為所有，閤社將無以自存矣！我與某素相識，拒其請將搆怨，眾為力阻，無傷也。」辛不如其請。余北巡至沙轆，嘎即率各土官婦跪獻都都：番婦及貓女為戲，衣錦紵、簪野花，一老嫗鳴金以為進退之節。聚薪燃[19]火，光可燭天。番婦拱立，各給酒三大椀，一吸而盡。朱顏酡者絕鮮，挽手合圍，歌唱跳舞；繼復逐隊蹋地，先作退步，後則踴躍直前，齊聲歌呼，惟聞得得之聲。次早，將還郡治，土官遠送，婦女咸跪道旁；俯首高唱，如誦佛聲。詢之通事，則云祝願步步得好處。一社攀送，有戀戀意。抵郡後，聞將社名喚作迴馬社，以余與吳侍御[20]北巡至此迴也。

---

17. 劉國軒，字觀光，福建長汀人，永曆20年（1666）由驍騎右鎮調任左武衛，永曆32年（1678）陞任中提督，永曆35年（1681）以中提督兼任正總督駐澎湖、永曆37年（1683）隨鄭克塽等降清。參見：鄭喜夫編，《臺灣地理及歷史》〈卷九官師志・第二冊武職表〉（臺中：臺灣省文獻委員會，1980），頁3、4-5、6。
18. 康熙60年（1721）。
19. 原字為「然」，調整為「燃」。
20. 吳達禮，正紅旗人，為康熙61年（1722）始設巡臺御史中，與黃叔璥同時上任的滿人巡臺御史。

　　沙轆社的番民原來有好幾百人，在諸社中最為強盛。後來被鄭經的部下劉國軒殺戮殆盡，只剩下六人，就避居到出海口的地方，現在又繁衍將近百多人。辛丑年七月的時候，發生大風災，稻禾歉收，只好替別的番社工作來糊口。有一個土官叫做嘎即，雙目已經失明，卻能夠約束所有的番民，凡是他有所指揮和吩咐，眾人都不敢違背。番社南邊都是肥沃的土地，可以種水稻。就有漢人想要購買那些土地，嘎即先假裝答應他；但是私下對眾番人說：「我們祖先所留下給我們的土地，就是這一點點土地，平時我們既可以耕種也可以捕鹿，靠著土地給了我們三餐，還可以納糧給官方。現在如果賣給漢人，經過他們一番侵佔欺弄，所有的土地必然落入他們的手中，全社的人將無法存活。我和那個漢人平日相識，如果我拒絕了他，必將引起他的怨恨；但是如果大家合力起來抗拒他，則不會有什麼傷害。」到最後漢人不能如願。我恰好北巡到沙轆社這裡來，嘎即就率領許多的土官和婦人們前來，並獻上他們的特殊食品——都都。番婦們和未出嫁的少女表演了她們的才藝，身上穿著錦衣，頭上簪著花朵，由一個老婦人敲著金屬樂器當節拍。他們把木柴堆起來點火，火光照亮天空。番婦拱立在旁邊，各給他們每人三大碗的酒，都一飲而盡。很少有喝紅雙頰的少年人，他們手牽著手，圍成一圈，唱歌跳舞；接著全隊踏地，先退步，後跳躍向前，再齊聲歡呼，這時我聽到了「得得」的響聲。第二天一早，我們將回到臺灣府城，土官都來送別，婦女們都跪在道路的旁邊，他們低頭高唱，就像是念誦佛經一樣。我詢問通事，他就說這是祝福我步步得到好處的表示。全社的人都來攀衣相送，頗有戀戀不捨的情意。抵達府城後，聽說要把沙轆社的名字改成迴馬社，這是因為我

余因〈漫記〉六首：[21]

「沙轆行來界北邊，裸人雖陋意殊虔；
　　官廚未識都都味，首頂糍盤眾婦先。」

「聚薪然火燭天衢，一嫗鳴金貓女趨；
　　三椀鯨吞齊賜酒，合圍挽手共歌呼。」

「踏地分曹卻退行，團花簇錦鬮身輕；
　　直前逞態蹁躚甚，高唱惟聞得得聲。」

「自聞天使過臺時，番社遙臨豈所期；
　　內視土官能漢語，劇憐耄孺盡歡嬉。」

「臨發追攀不憚勞，行行爲爾駐旌旄；
　　蠻孃伏地齊聲唱，一步爭如一步高。」

「誰言異類不同羣，煦嫗春溫未忍分；
　　見說新名迴馬社，他年留紀海東雲。」

---

21. 〈漫記〉六首，皆黃叔璥所作。

和吳達禮侍卿恰巧巡視到沙轆社後，就迴馬歸返府城的原因。

　　我因此也隨興寫了六首詩，內容是這樣的：

　　「來到了最北邊的沙轆社，番人雖然外貌粗陋，心意卻非常誠懇；官方的廚子從來都沒有吃過都都這種食物，番人的婦女用頭頂著糍盤走在隊伍的最前面獻給我們。」

　　「番人把薪柴堆在一起，點燃的火光照亮天際，一個老婦敲著金屬器，所有未出嫁的女子都跟個跳舞；給酒三碗，一口氣就喝光了，大夥兒手拉手圍成圈圈，高聲唱歌。」

　　「踏地、分組、向後退，身子雖然披繞著花朵錦繡，舞步卻是如此輕盈；她們呈現出美好的姿態，極力迴旋跳舞；當她們高聲歌唱時，只聽見『得得』聲響。」

　　「自從我聽到必須前來臺灣的時候，心裡想：番社如此遙遠，怎能期待到得了。可是現在來了，我看到番社裡的土官竟然能說漢語；也看到那些可憐的老少番人，都在一起歡樂嬉戲了。」

　　「我們要出發回到臺南府城時，他們不怕辛勞前來攀衣送行；使得我們的馬隊一面走一面停下來；番女們都伏在地上齊聲唱歌，因為不捨，舞步也越跳越低了。」

　　「誰說他們不與我同族就不能在一起呢？在這個撫育萬物、草木旺盛的春天裡，我們依依不捨；回去府城後聽說要把沙轆社改名為迴馬社，好用來紀念我們曾經到來到海東的這個地方。」

北路諸羅番九[1]

崩山八社（大甲東社、大甲西社、宛里、
南日、貓盂、房裏、雙寮、吞霄）[2]、
後壠、新港仔、貓裏、加至閣、
中港仔（以上四社俱附後壠納餉）、[3]
竹塹礁磅巴[4]

---

1. 北路諸羅番九，指大甲溪以北的臺中，以及桃竹苗地區的番社群，含崩山八社、後壠五社與竹塹社。以上地區與社群，即為近代族群分類中的道卡斯族。
2. 崩山八社（或蓬山八社），為一內含八社的社餉單位，合徵銀143兩4錢1分6釐8毫。大甲東社，今臺中市外埔區大東里；大甲西社，今臺中市大甲區義和里，大甲西社事件後，遭官府改名為德化社；宛里社，今苗栗縣苑裡鎮中正里、客庄里；南日社，今臺中市大甲區幸福里；貓盂社，今苗栗縣苑裡鎮中正里；房裏社，今臺中市苑裡鎮房裡里；雙寮社，今臺中市大甲區建興里；吞霄社，今苗栗縣通霄鎮平元里。參見：李宗信，〈崩山八社租業的形成與終結〉（臺北：國立臺灣師範大學歷史學系博士論文，2011）。

3.　後壠社，為一內含五社的社餉單位，合徵銀98兩7錢8分4釐。五社散居在中港溪、後壠溪流域，高拱乾《臺灣府志》（頁135）、周元文《重修臺灣府志》（頁183），均記載新港仔社為代表社；《諸羅縣志》，則改以後壠社為代表社（頁99）。各社說明如後：後壠社，今苗栗縣後龍鎮；新港仔社，今苗栗縣後龍鎮新民里；貓裏社，今苗栗縣苗栗市；加至閣社，今苗栗縣苗栗市嘉盛里；中港仔社，今苗栗縣竹南鎮。參見：陳水木、潘英海編著，《道卡斯後壠社群古文書輯》（苗栗市：苗栗縣文化局，2002）。

4.　竹塹社，社名，今新竹市東門里，社餉徵銀378兩。參見：廖志軒，〈竹塹社的研究〉（臺北：國立政治大學民族學系博士論文，2019）。

居處

營室，先豎木爲牆，用草結蓋；體制與別社同，稍卑隘，合家一室。惟娶婦贅壻，則另室而居。

飲食

番地少播杭稻，多種黍、芝麻，飯皆黍米。又蒸熟置甖缶中，俟發變曬乾，舂爲麴；拌黍飯藏於瓮，數日後試其味，則投以水，蒸其液爲酒。魚蝦醃爲鮭，[5] 鹿麂醃爲脯，餘物皆生食。

衣飾

各社番皆束髮，未娶者或分梳兩髻於額角；惟此數社，則翦髮至額。戴竹節帽；竹取其裏白，反而爲之，高寸許，以紅絲帶纏繞，又以烏絲線縛之。以白螺殼爲方塊，可寸許，名曰哈達，圍於項。或用螺殼，間用瑪瑙珠串束於手。以善走爲雄；麻達編五色篾，束腹至胸，以便奔走。穿耳實以竹圈，圈漸舒則耳漸大；垂至肩，乃實以木板，或嵌以螺錢。娶婦則去其束箍，摘其耳實。衣名几輴，長至腰，以布及達戈紋爲之；下體圍布二幅，亦名遮陰，間

---

5. 鮭，根據《臺日大辭典》（臺灣總督府編印，1931-1932），鮭的漳泉發音爲 kê，推估轉譯自原住民對醃製食物的稱呼；苗栗縣三義鄉鯉魚潭村的巴宰族部落，即以「給」字稱呼部落的醃製食物。參見潘英琦編著，《苗栗鯉魚潭巴宰族史》（苗栗：苗栗縣巴宰族群協會，2020），頁111-115。

居處

建築房屋，先豎立木頭做為牆壁，再用草編結屋頂蓋；房屋的形狀和其他番社相同，只是稍微窄矮一些，整家人都住在一起。只有娶媳婦或招贅時，才另外蓋其他的房子居住。

飲食

番地很少播種粳稻，大多種小米、芝麻，飯都是小米飯。有時把小米放在陶缸中蒸熟，發酵後曬乾，再舂成麴；然後再拌入小米飯裡，收藏在甕中，幾天以後試一試它的味道，之後再投進去水中，蒸發它的液體，就是酒了。魚、蝦醃製後稱為「給」，鹿、麂醃製成肉脯，其他都是生食。

衣飾

一般番社的人都把頭髮綁束起來，尚未娶妻的人在額角上梳了兩個髻；只有這幾個社的人把頭髮剪短到額際。戴著竹節帽，番人利用竹子的裏白，把竹片反過來編成帽子，高大約一寸左右，用紅絲帶纏繞，又用黑絲線綁緊。用白色的螺殼做成方塊狀，大約一寸左右，名叫「哈達」，圍在頸子上。或者用螺殼，中間穿插瑪瑙珠成一串，繫綁在手上做為裝飾。番人以善於奔走的人為英雄，因此麻達就把五色竹篾編成束腰器具，由腹部束到胸部，以加強奔走的能力。耳朵先鑽洞，再用竹圈塞入，竹圈舒展後，耳朵就越來越大，有時垂到肩部，就又塞入木板，或者嵌入螺錢。麻達娶妻後，就把束腹拿掉，塞耳洞的東西也取出來。衣服叫做「几轆」，長達腰部，用布或達戈紋做成；下體用了兩幅的布遮住，也叫做

有衣鹿皮者。會飲，土官多用優人蟒衣、皁鞋、漢人絨帽；番婦衣
几輄，圍遮陰，耳穿五孔，飾以米珠名鶴老卜，頸掛瑪瑙珠名霎忽
因耶那。數十人連手頓足，歌唱爲樂。

婚嫁

　　嫁娶曰諳貓麻哈呢。娶婦先以海蛤數升爲聘；竹塹間用生鹿肉
爲定。蛤大如拇指，殼有青文，生海邊石壁間，盡力採取，日不過
數升，甚珍之；及嫁娶時用海蛤一搭紀（搭紀用竹篾編成，大口小
腰，高尺餘，可容數斗），殺牛飲酒，歡會竟日。父母娶婦，或
一、二年三、五年分居，視其婦孝與否耳，無一世同居者。一女則
贅婿，一男則娶婦。男多，則聽人招贅，惟幼男則娶婦終養；女多
者，聽人聘娶，惟幼女則贅婿爲嗣。夫婦服，必逾年而後嫁娶。不
和或因姦則離；夫未娶，婦不敢先嫁，嫁則罰婦及後夫並婦之父
母，各瑪瑙珠一串或牛一隻以歸；後夫不受罰，則糾集親眾，負弓
矢、持鏢刀至後夫之家，拆毀房屋倉囷，土官通事不能禁。私通亦
然，強者將其婦及姦夫立殺死；或與麻達通，祗罰婦酒一甕，麻達
不問。女與麻達通，亦不問。

「遮陰」，也有用鹿皮做的「遮陰」。當社眾聚在一起喝酒時，土官大多穿著戲子的蟠龍蟒衣，穿黑鞋，戴漢人的絨布帽。番人婦女則穿著「几轆」，圍著「遮陰」，耳朵穿了五個孔洞，再用米大小的珠粒當裝飾，名叫「鶴老卜」，頸項掛的瑪瑙珠叫做「璽忽因耶那」。幾十個人手拉手，用腳踏地，唱歌作樂。

婚嫁

　　嫁娶叫做「諳貓麻哈呢」。娶妻時，先用海蛤數升當聘禮，竹塹一帶也有用鹿肉當聘禮。海蛤大如拇指，殼有青色紋，生長在海邊的石壁間，假如用盡力氣去採集，一天不過幾升而已，所以非常珍惜。等到嫁娶時，就用海蛤一搭紀（搭紀是用竹篾編成的籃子，口大腰小，高一尺左右，可以裝好幾斗的海蛤），殺牛備酒，整天都歡聚慶祝。父母娶媳婦後，有的一、二年，有的三、五年就分開居住，端看媳婦是否孝順來決定；並沒有一輩子住在一起的現象。如果只生一女，就招贅，只生一男就娶媳婦進門。男孩多，就讓別人家招贅，只留最小的男孩娶妻，以頤養天年。如果女孩多，就讓別人家娶去，只留最小的女孩招贅，以傳宗接代。夫婦服喪，必須經過一年，才能再嫁娶。夫婦不合，或有姦情就離婚；丈夫未娶，妻子不敢先結婚，如果嫁了，就罰妻子、後夫、妻子的父母各瑪瑙珠一串或牛一隻。後夫如果不願受罰，丈夫就糾集親戚，背著弓箭、拿著鏢槍，到後夫的家，把房子、倉庫都拆毀，土官也沒有權力禁止。私通也是一樣，如果是強者，就直接把妻子、姦夫殺死；假如與未結婚的麻達通姦，只罰妻子一甕的酒，麻達沒事。如果未嫁的女子和麻達私通，都沒事。

喪葬

番死，男女老幼皆裸體用鹿皮包裹，親屬四人舁至山上，用鹿皮展鋪如席，將平生衣服覆身，用土掩埋。服尚白色。既葬，本家及舁喪人三日不出戶，不舂不歌，番親供給飯食。一月後赴園耕種。通社亦三日不赴園，以社有不吉事也。居喪，父母兄弟半月，夫婦一月；一月後，婦不帶耳珠，著艷服，改適方如常。

器用

耕種犁耙諸器，均如漢人。食器，亦有鐵鐺甆椀。阿里山、水沙連內山諸番，尚用木扣；平埔諸社，多倣漢人。

附 番 歌

| 崩山八社情歌 |

沈唧嘮葉嘆賓呀離乃嘮（夜間聽歌聲），
末力哾戈達些（我獨臥心悶）；
末里流希馬砌獨夏噫嗄喃（又聽鳥聲鳴，想是舊人來訪），
達各犁目歇馬交嗄斗哩（走起去看，卻是風吹竹聲），
嘆下遙甯臨律嘆嘠噫嗄喃呀微（總是懷人心切，故爾）。

喪葬

番人死了，男女老幼的屍身都裸體後，再用鹿皮包裹起來，由親屬四人抬到山上，好像鋪草蓆一樣把鹿皮鋪在地上，再把平生所穿的衣服蓋在身上，用土掩埋。喪服用白色。葬後，本家和抬屍體的人三天不出門，不舂米、不唱歌，由親戚拿食物給他們吃。一個月以後，才能到田裡耕種。整個番社的人也三天不到田裡耕種，因為社裡有不吉祥的事。服喪的期限，父母兄弟半個月，夫婦一個月；一個月以後，妻子不戴耳珠，不穿鮮艷的衣服，等到改嫁才一切恢復正常。

器用

耕種的犁耙用具，如同漢人。食器也有鐵鐺、瓷碗。阿里山、水沙連的內山番人，還用陶罐；平埔番社，多半已經模仿漢人了。

附番歌

| 崩山八社情歌 |

沈唧嘮葉嘆賓呀離乃嘮（夜間聽歌聲），
末力吙戈達些（我獨臥心悶悶）；
末里流希馬砌獨夏噫嘎喃（又聽見鳥鳴聲，想是舊人來訪），
達各犁目歇馬交嘎斗哩（走過去看，卻是風吹竹子聲），
嘆下遙甯臨律嘆嗂噫嘎喃呀微（大概是懷人心切，所以如此）。

｜後壠社思子歌｜

曳底高毛白（怪鳥飛去），
呋目呋甘宰老描崙（飛倦了宿在樹上）。
末力希呂呋（見景心悶），
毛嘎呋嘆幽耶林嘮（想起我兒子）！
目歇呋越耶（回家去看），
仔者麼飲呂呋（請諸親飲酒釋悶）。

｜竹塹社土官勸番歌｜

旺奇冉乞別焉毛嗒耶呼（社長，請爾等來飲酒）！
打阿保留貓轆弋奇老久焉魯（我祖公最善捕鹿、作田），
弋探耶林尤耶林真嗎吧搭藍（爾少年子孫當聽我教導）；
由擺乞打保貓轆弋傳阿祿允（當學我祖勤謹耕捕），
打阿貓武呼別焉（土官就愛惜爾），
其耶林林毛嗒耶呼（還邀來飲酒）。

附載

「渡溪後，過大甲社（即崩山）、雙寮社，至宛里社。御車番
人貌甚陋，胸背雕青為豹文。男女悉翦髮覆額，作頭陀狀，規樹皮
為冠。番婦穴耳為五孔，以海螺文貝嵌入為飾，捷走先男子。經過
番社，求一勺水不可得，得見一人輒喜。自此以北，大概略同。」6

---

6. 郁永河，《裨海紀遊》，頁20-21。

| 後壠社思子歌 |

曳底高毛白（怪鳥飛去），
吙目吙甘宰老描崙（飛倦了宿在樹上）。
末力希呂吙（見景心悶），
毛嘎吙嘆幽耶林嘮（想起我的兒子）！
目歇吙越耶（回家去看），
仔者麼飲呂吙（請諸親友飲酒釋悶）。

| 竹塹社土官勸番歌 |

旺奇冉乞別焉毛嗒耶呼（社長，請你們來飲酒）！
打阿保留貓轆弋奇老久焉魯（我祖先最善捕鹿、作田），
弋探耶林尤耶林真嗎吧搭藍（你少年子孫當聽我教導）；
由擺乞打保貓轆弋傳阿祿允（當學我的祖先勤謹耕捕），
打阿貓武呼別焉（土官就會愛惜你），
其耶林林毛嗒耶呼（還邀來飲酒）。

附 載

「渡過溪以後，再經過大甲社（即崩山）、雙寮社，就到了宛里社。駕車的番人面貌很醜陋，胸膛和背部都刺著豹紋。男女的頭髮都剪齊到額頭，成為頭陀的形狀，裁樹皮做帽子。番人的婦女耳朵有五個洞，用海螺和文貝嵌入洞中裝飾；奔跑得比男人還快。經過番社，乞不到一瓢的水，能夠看到一個人就很高興了。從這個地方到北部，大概都是這樣。」

「至中港社，見門外一牛甚腯：囚木籠中，俯首踂足，體不得展。社人謂是野牛，初就靮，以此馴之。又云：前路竹塹、南嵌，山中野牛千百為羣，土番能生致之，候其馴，用之。今郡中輓車牛，強半皆是。」[7]

「自竹塹迄南嵌八、九十里，不見一人一屋，求一樹就陰不得。途中，遇麋鹿麏麚逐隊行甚夥。既至南嵌，入深箐中，披荊度莽，冠履俱敗；直狐貉之窟，非人類所宜至也。」[8]（裨海紀遊）

「康熙壬戌，[9]偽鄭守雞籠，凡需軍餉，值北風盛發，船不得運，悉差土番接遞，男女老穉，背負供役；加以督運弁目酷施鞭撻，相率作亂，殺諸社商往來人役，新港仔、竹塹等社皆附焉。鄭克塽令左協陳絳[10]率兵擒勦，土著盡遁入山，叢林疊澗，無從捕緝，仍不時出沒剽掠。議就要道豎柵防守，困之。」（海上事略）[11]

---

7. 郁永河，《裨海紀遊》，頁22。
8. 郁永河，《裨海紀遊》，頁22。
9. 清廷攻臺前之康熙21年（1682）。
10. 鄭克塽（1662-1681）、鄭經庶長子。鄭經病逝後，馮錫範藉口鄭克塽不是親生子，擁立鄭克塽為延平王，聯合劉國軒發動「東寧之變」，殺害克塽。
11. 依方豪在《裨海紀遊》〈弁言〉之考訂，似認為〈海上事略〉亦為〈海上紀略〉；然此處文字不見於臺銀版《裨海紀遊》之〈海上紀略〉，文脈亦不相同，真實出處存疑。

「到中港社，看到有一頭牛很肥，被囚禁在籠子裡，低頭跔足，身體無法伸展。番社的人說是野牛剛繫上繩索，用這種方法來馴服牠。又聽說：『前面的竹塹、南嵌山中，有千百的野牛成群結隊，土番能夠活捉牠們，等待馴服了以後就可以用牠們。現在臺南府城中拉車的牛，大半是這樣來的。』」

「從竹塹到南嵌八、九十里，看不見一個人或一間屋子；甚至想找到一棵樹遮涼，都找不到。在路途中，遇到很多麋、鹿、麞、䴥成隊而行。到南嵌後，進入廣大的竹林中，披荊度莽，帽子鞋子都破了；這裡簡直是狐貉的巢窟，不是人類適合居住的。」（節錄自《裨海紀遊》）

「康熙壬戌年間，偽鄭守住雞籠，需要軍餉，恰巧北風盛大，船不能運載東西，只好派遣土番來接運，男女老幼都來服役，背負物品；又加上督導搬運的兵丁每天鞭打他們，到最後相率作亂，殺了社商與來往做工的人，新港仔、竹塹等社都參加了他們的隊伍。鄭克塽只好命令左協陳絳率領軍隊擒拿圍剿他們，番人都遁入山中，靠著叢林深溪的阻隔，軍隊無法再追緝，他們還不時下來搶劫。後來，決定豎立木柵來防守，困住他們。」（節錄自《海上事略》）

「南日[12]山後有巨石，峭削巍峨，出內山之頂，或名爲冠石。後壠諸社，指石爲的，登絕頂，東洋及山後諸社，可一望而盡。」（諸羅志）

崩山番皆留半髮。傳說明時林道乾[13]在彭湖，往來海濱，見土番則削去半髮，以爲碇繩。番畏之，每先自削，以草縛其餘。

崩山八社所屬地，橫亙二百餘里。高阜居多，低下處少。番民擇沃土可耕者，種芝麻、黍、芋，餘爲鹿場，或任拋荒，不容漢人耕種。竹塹、後壠交界隙地中有水道，業戶請墾無幾，餘皆依然草萊。故往年自大甲溪而上，非縣令給照，不容出境。大甲西社離港十里，雙寮社離港六里，後壠社離港三里，竹塹社離港十里，南嵌社離港二十里，淡水社則直臨大海；各有通事，往來郡治。貨物自南而北者，如鹽、如糖、如煙、如布匹衣線；自北而南者，如鹿脯、鹿筋、鹿角、鹿皮、芝麻、水藤、紫菜、通草之類。

---

12. 依周鍾瑄，《諸羅縣志》〈卷十二‧雜記志〉，原文為「南自諸山之後，有巨石峭削巍峨，出內山之頂，或名之為冠石。土番云：『後壠、竹塹諸社，指石為的；登絕頂，東洋及山後諸社可一望而盡。亦有捷徑可通，但奇險耳』」（頁287），此處所指應為方位，「日」疑為「自」之誤。

「南日的山後有巨大的石頭，高高聳立，超越了內山的頂峰，有人叫它『冠石』。後壟社以及其他各社番人，都用這個巨石當爬山的標的物。登到絕頂後，東邊與山後的許多番社都可以一眼看清楚了。」（節錄自《諸羅志》）

崩山的番人都留一半的頭髮。根據傳說：明朝時海盜林道乾住在澎湖，來往附近的海邊，看見這裡的番人就削取他們的半邊髮，去當船的碇繩。番人害怕，每每先削掉自己一半的頭髮，剩下的另一半就用草綁起來。

崩山八社的土地範圍，橫亙二百多里。高地比較多，低下的地少。番人選擇可以耕種的肥沃土地，種了芝麻、黍、芋頭；其他的地方當鹿場，或者就讓它荒廢，不給漢人耕種。竹塹、後壟交界的空地有水渠，但是業戶申請開墾的還是不多，大部分還是荒草地。所以，往年自大甲溪以北，假如不是縣令給予開墾的執照，就不能去拓墾。大甲西社距離港口十里，雙寮社距離港口六里，後壟社距離港口三里，竹塹社距離港口十里，南嵌社距離港口二十里，淡水社則瀕臨大海，各社都有通事來往府城郡治。從南部運抵北部的貨物，如鹽、糖、煙、布匹、衣線等；從北部運抵南部的，如鹿脯、鹿筋、鹿角、鹿皮、芝麻、水藤、紫菜、通草等。

---

13. 林道乾，生卒年不詳，中國廣東潮州惠來人，16世紀東南海域著名海盜，在暹羅（今泰國）北大年成為傳奇人物。參見：呂自揚，《打狗·阿猴·林道乾：尋找高雄平埔族的身影》（高雄：河畔出版社，2014）。

近竹塹，爲汝綠生番，名猴社。[14]

參將阮蔡文[15]詠〈大甲婦〉詩：

「大甲婦，一何苦！爲夫饁餉爲夫鋤，爲夫日日績麻縷。績縷須淨亦須長，撚勻合線緊雙股；斲木虛中三尺圍，鑿開一道兩頭堵；輕圓漫捲不支機，一任元黃雜成組。間彩頗似虹霓生，綻花疑落仙姬舞！吾聞利用前民有聖人，一器一名皆上古。況茲杼軸事機絲，制度周詳供黻黼。土番蠢爾本無知，制器伊誰遠近取！日計苦無多，月計有餘縷；但得稍閒餘，軋軋事傴僂。番丁橫肩勝綺羅，番婦周身短布裋。大甲婦，一何苦！」

〈後壠〉詩：

「去縣[16]日以遠，風俗日以變。顧此後壠番，北至中港限；音語止一方，他處不能辨。頭髮頂上垂，當額前後翦；髮厚壓光頭，

---

14. 名叫「猴社」的生番，不詳。
15. 阮蔡文（1666-1715），字子章，號鶴石，福建漳浦人，幼年隨父遷江西。清康熙29年（1690）舉人，曾任福建廈門水師中營參將。康熙54年（1715），調臺灣北路營參將，在巡視南崁、淡水一帶後得病，改任福州城守副將，卒於前

靠近竹塹，就是汝綠生番，名叫「猴社」。

參將阮蔡文的〈詠大甲婦詩〉這麼寫：

「大甲婦，全都是很辛苦！要為丈夫送飯，要為丈夫耕鋤，又要為丈夫每天把麻搓成織布的麻線。麻線必須乾淨有長度，再把兩條麻線緊緊捻成一條長線。製造紡織機不容易，先要砍下周圍三尺的木頭，在中間鑿出一個槽，兩頭堵起來。紡織的動作要輕圓漫捲，不拖泥帶水，任由黑、黃等顏色的絲線織成布。間雜的顏彩好比天空霓虹，綻開的花色好比仙女跳舞！我曾聽說從前的上古聖人為了便利民生而發明許多工具，因此每個工具和名目都其來有自。使用紡織機來織布這種事，必須要有周詳的文明制度才能織出古時禮服華美的花紋。土番本來就沒有知識，製作器物時怎知道模仿古代或近代的器物。這裡的番婦一天還紡不出一點點布，必須一個月的累積才能紡成一塊布。因此，只要稍微有一點空閒，大甲婦就在機器的軋軋聲中彎腰紡織。番社的男人總是橫肩披著艷麗衣服，番婦卻只能穿著短布裙。大甲婦，全都是這麼辛苦！」

〈後壠詩〉則這麼寫：

「離開縣城越遙遠，風俗就越加不同。看這個後壠番，最北到達中港，語言只限定在這個區塊，其他地方就聽不懂了。他們任由

往京城述職途中。〈大甲婦〉、〈後壠〉、〈竹塹〉等詩，首錄於《諸羅縣志》〈藝文〉，後亦收錄於各種清代方志。參見「全臺詩」（http://140.133.9.113/poem.html?*b*7*%E9%98%AE*180*%E9%98%AE%E8%94%A1%E6%96%87）

16. 指諸羅縣。

其形類覆盌。亦有一二人，公然戴高冕；黑絲及紅絨，纏之千百
轉。大有古人風，所惜雙足跣。男女八九歲，牙前兩齒剗；長大手
自牽，另居無拘管；父固免肯堂，翁亦無甥館。是處兩三間，邨莊
何蕭散。高廩置平原，黍稷有餘輓；所慮溼氣蒸，駕木如連棧。巨
匏老而堅，行汲絡藤辮。溪水漲連旬，利涉身焉綰。豐年百禮偕，
疾病顛危罕。飲酒即高歌，其樂何衍衍！」

〈竹塹〉詩：

「南嵌之番附淡水，中港之番歸後壠；竹塹周環三十里，封疆
不大介其中。聲音略與後壠異，土風習俗將無同。年年捕鹿邱陵
比，今年得鹿實無幾。鹿場半被流民開，蓺麻之餘兼蓺黍。番丁自
昔亦躬耕，鐵鋤掘土僅寸許；百鋤不及一犁深，那得盈宵畜妻子。
鹿革爲衣不貼身，尺布爲裳露雙髀。是處差徭各有幇，竹塹筊筊一
社耳。鵲巢忽爾爲鳩居，鵲盡無巢鳩焉徙！」（阮，庚午舉人）

頭髮從頭頂上披散下來，然後沿著額頭的高度剪短成一個環狀，頭髮長厚時就壓覆在光光的頭頂上，形狀就像是一個覆蓋的碗，也有一、兩個人公然帶著高帽。手腕纏著黑色與紅色絲線，纏了幾百幾千轉，看起來有古人的風尚，可惜就是赤腳。男女八、九歲時就去掉兩顆前齒，長大以後手牽手結婚，毫無拘束地搬到另一個地方居住；所以，兒子不爲父親蓋房子，岳父也不住在女婿家。這地方只有房屋三、兩間，村莊顯得何等蕭條。然而，高大的穀倉立在平野上，黍稷還剩下好幾牛車，因爲考慮到濕氣太重，堆糧的木架連成一片好像木棧。巨大的葫蘆越老越堅硬，走路或渡溪就用籐索綁在身上，如此用來方便涉水，就用不著再繫什麼東西了。豐年的時候舉行許多慶典，疾病危難很少。飲酒時就高聲唱歌，是如何地快樂！」

〈竹塹詩〉則這麼寫：

「南嵌的番人依附淡水納餉，中港的番人依附後壟納餉。至於竹塹周圍三十里，疆界不大，語音與後壟不同，風俗習慣也不同。每年捕到的鹿如同山丘一樣多，但是今年卻捕得很少。這是因爲大半的鹿場都被漢人開墾了，只好種麻之餘，又兼種小米。番社的男人從來就必須耕種，鐵做的鋤頭只不過能掘出一點點土，即使是一百枝鋤頭也不及一個犁頭能耕得那麼深，哪會有剩餘食物可以餵飽妻子兒女；他們用鹿皮做的衣服不合身，用尺布做的衣服太短而露出了大腿。這裡有好幾個單位要求他們出徭役，全沒有考慮到竹塹只是一個小小番社。就好像鵲鳥的巢如今已經被鳩鳥佔據了，等到有一天鵲鳥死光了，再也沒有巢可佔，那麼鳩鳥究竟要遷徙到哪裡去呢？」（阮蔡文，庚午年 (康熙29) 舉人）

北路諸羅番十[1]

南嵌、坑仔、霄里、龜崙（以上三社附南嵌納餉），[2] 淡水、内北投、麻少翁、武嘮（俗作勝，非）灣、大浪泵、擺接、雞柔（以上六社附淡水納餉），[3] 大雞籠、山朝、金包裏（以上二社附雞籠納餉），[4] 蛤仔難、哆囉滿（俗作嗊，非；附蛤仔難納餉），[5] 八里分、[6] 外北投、[7] 大屯、[8] 里末、[9] 峯仔嶼、[10] 雷裏、[11] 八芝連、[12] 大加臘、[13] 木喜巴壠、[14] 奇武卒、[15] 秀朗、[16] 里族、[17] 答答悠、[18] 麻（一作毛）里即吼、[19] 奇里岸、[20] 眩眩、[21] 小雞籠[22]

1. 北路諸羅番十，指桃園、新北、臺北、基隆到宜蘭、花蓮新城一帶的番社群。南嵌、淡水、大雞籠及其附屬社，屬於舊額社餉單位；「蛤仔難」以下各社，則是新增社餉單位。高拱乾、周元文的《府志》與《諸羅縣志》等雖未記錄社餉額度，但參酌乾隆2年（1737）劉良璧《重修福建臺灣府志》〈卷八·賦役志〉（文叢74，臺北：臺銀經研室，1961，頁202-203）記錄的「淡防廳」陸餉金額1259.136兩，減去已知餉銀額度764.1432兩、蛤仔難（附哆囉滿）30兩、生番鹿皮價銀3.68兩，推估約為460.3128兩。惟無法判別各社的實際金額。又，以下凡大臺北地區的番社地名比對，主要參照：詹素娟、劉益昌，《大臺北都會區原住民歷史專輯——凱達格蘭調查報告》（臺北：臺北市文獻會，1999）。

2. 南嵌，「嵌」為「崁」的正體字，一般寫作南崁，社名，族語自稱Parricoutsie，南嵌（Lamcam）則為他稱，今桃園市蘆竹區南崁、內厝、五福、山鼻，以及龜山區大坑、南上等地。坑仔，社名，今桃園市蘆竹區坑子、外社、山鼻、坑口、山腳等地。龜崙，社名，除了大坑、南上等里，今桃園市龜山區幾乎都是龜崙社社域。霄里，社名，今桃園市龍潭區。南嵌社，作為社餉單位，徵銀98兩7錢8分4釐，其餘三社附入合徵。參見：張素玢，〈南崁地區的平埔族群〉，收於劉益昌、潘英海主編，《平埔族群的區域研究論文集》（南投：臺灣省文獻委員會，1998），頁61-96。

3. 淡水，是作為社餉單位的行政社，徵銀22兩5錢7分9釐2毫；北投、麻少翁、武勝灣、大浪泵、擺接、雞柔六社餉銀，附入合徵。內北投，社名，今臺北市北投區；麻少翁，又寫作毛少翁、麻舍翁等，社名，今臺北市士林區；武勝灣，又寫作武溜灣、武嘮灣，社名，今新北市板橋區港嘴里；大浪泵，又寫作巴琅泵、大龍峒，社名，今臺北市大同區；擺接，又寫作擺折，社名，今新北市板橋區、新莊區；雞柔，又寫作林仔、圭柔，社名，今新北市淡水區。

4. 大雞籠，社名，今基隆市和平島與大沙灣一帶；山朝，又寫作三貂，社名，今新北市貢寮區；金包裹，社名，今新北市金山區、萬里區。大雞籠社，社餉徵銀22兩5錢7分9釐2毫，其餘兩社附入合徵。

5. 蛤仔難，指蘭陽平原與其上居住的番社群；哆囉滿，今花蓮縣立霧溪下游出口一帶與人群。蛤仔難、哆囉滿，作為一社餉單位，係「淡水通事於四、五月間南風盛發，率各社番買置貨物，舟載往社內貿易」，年輸餉銀30兩。參見：劉良璧，《重修福建臺灣府志》〈卷八·賦役志〉，頁203。

居處

　　淡水地潮濕，番人作室，結草構成，爲梯以入，鋪木板於地；亦用木板爲屋，如覆舟，極狹隘，不似近府縣各社寬廣。前後門戶式相類。

飲食

　　番多不事耕作，米粟甚少，日三飧俱薯芋；餘則捕魚蝦鹿麂，採紫菜、通草、水藤，交易爲日用，且輸餉。亦用黍米嚼碎爲酒，如他社。志謂：「淡水各社不藝圃，無蔥韭生菜之屬。雞最繁，客至，殺以代蔬。俗尚冬瓜，官長至，抱瓜以獻，佐以粉餈；雞則以犒從者。鳥獸之肉傅諸火，帶血而食。麋鹿，刺其喉，吮生血至盡，乃剝割；腹草將化者綠如苔，置鹽少許，即食之。」[23]

6.　八里分，又寫作八里坌，社名，原在新北市八里區下罟里淡水河口一帶；17世紀末，八里坌社南遷到八里區龍米里，並跨河分布到今臺北市北投區關渡一帶，形成小八里坌社。
7.　外北投，社名，今新北市淡水區。
8.　大屯，又寫作大洞山、奇獨龜崙，社名，今新北市淡水區。
9.　里末，社名，今新北市板橋區、中和區。
10. 峯仔嶼，又寫作房仔嶼、蜂仔峙，社名，今新北市汐止區。
11. 雷裏，又寫作雷厘，荖釐，社名，今臺北市萬華區。
12. 八芝連，又寫作八芝蘭，社名，今臺北市士林區。
13. 大加臘，又寫作大加蚋、大佳蚋、大佳臘等，社名或區域名，今臺北市萬華區。
14. 木喜巴壠，社名，不詳。
15. 奇武卒，又寫作圭母子、奇武子、奎府聚，社名，今臺北市中山區。
16. 秀朗，又寫作繡朗，社名，今新北市中永和地區。

居處

　　淡水一帶由於潮濕的緣故，番人建築房屋，就用草構築，架著梯子進入室中，在地上鋪木板；也有用木板構築房子，形狀像是一艘翻過來的船，相當狹隘，不像靠近府縣一帶的番人房子那麼寬廣。前後門的樣式相同。

飲食

　　番人大多不耕種，所以米很少，三餐都吃薯、芋頭；其餘的食物則來自捕魚、蝦、鹿、麂。採集紫菜、通草、水藤去賣，當作日用物，而且可以把錢拿來納餉。也把黍米嚼碎釀酒，和其他各社一樣。《諸羅縣志》記載：「淡水各社不經營園圃，所以並沒有蔥、韭菜這些生菜類的食物。」雞繁殖得最多，客人來了就殺雞來代替蔬菜。一般人都很喜歡冬瓜，長官到了，就抱著冬瓜來呈獻，伴著米做的餅來進食；雞就用來犒賞那些長官的隨從。綁著鳥獸的肉放在火上烤，吃的時候還帶著血。獵到鹿，就割開鹿的喉嚨，吸吮鹿的血直到乾淨，才開始剝皮割肉；鹿的胃中尚有糜爛的野草，如綠色的苔蘚，把它取出來，再放上一點點鹽巴，就可以吃了。

---

17. 里族，又寫作里簇、禮族，社名，今臺北市內湖區。
18. 答答悠，又寫作塔塔悠、搭搭優，社名，今臺北市中山區大直一帶。
19. 麻里即吼，又寫作麻里折口、貓裏錫口、錫口等，社名，今臺北市松山區。
20. 奇里岸，又寫作唭哩岸，社名，今臺北市北投區石牌一帶。
21. 眩眩社，社名，今新竹縣新竹市。
22. 小雞籠，社名，今新北市三芝、石門一帶。
23. 周鍾瑄，《諸羅縣志》〈卷八・風俗志〉，頁158。

衣飾

番婦頭無妝飾，烏布五尺蒙頭曰老鍋。項上掛瑪瑙珠、螺錢、草珠，曰眞仔贄。耳鑽八、九孔，帶漢人耳環。每至力田之候，男女更新衣曰換年；會眾飲酒，以示更新。

婚嫁

既娶曰麻民。未娶曰安轆。自幼倩媒以珠粒爲定；及長而娶，間有贅於婦家者。屆期，約諸親宰割牛豕，以黍爲粿，狀如嬰兒，取叶兆熊羆之意。夫婦相聚，白首不易。婦與人私，則將姦夫父母房屋拆毀，倍罰珠粒分社番，以示家教不嚴。未嫁娶者，不禁。

喪葬

番亡，用枋爲棺，瘞於厝邊，以常時什物懸墓前。三日外，闔家澡身除服；又與別社期年、三月、十日者不同。

器用

無田器，耕以鋤。平時所佩，鏢刀弓箭之屬；厝內所用，木扣螺椀之類。

衣飾

番人婦女頭上沒有妝飾，用黑色的五尺布來蒙頭，叫做「老鍋」。頸子上掛著瑪瑙珠、螺錢、草珠，叫做「眞仔贅」。在耳朵上鑽了八、九個洞，繫上漢人的耳環。每當春天必須努力耕田時，男男女女都穿上新衣服，叫做「換年」；邀請眾人來喝酒，以表示新年到了。

婚嫁

已經娶妻的男子叫做「麻民」。還未娶的叫做「安轆」。從小就央請媒人做媒，用珠子當聘禮；長大以後就娶過來，也有入贅於女家的。結婚的日子到了，邀請親友來，殺豬宰牛請客，同時用黍做成粿，形狀像是一個嬰兒，有預祝生男孩之意。夫妻要白首偕老不容易。妻子若與他人私通，就將姦夫的父母的房屋拆毀，加倍罰珠子，並把珠子分給番社的人，以表示女方家教不嚴格。尚未嫁娶的人，就不在禁止之列。

喪葬

番人死了，用木板做成棺材，埋在房子旁邊，以平常用的雜物懸掛在墳墓前。三日後，全家洗淨身體，除去喪服；與其他番社必須服喪一年、三個月、十天不一樣。

器用

沒有作田的器具，用鋤頭耕田，平日所配戴的就是鏢、刀、弓箭之類。至於家裡使用的器具就是陶罐、螺碗之類的東西。

附番歌

| 淡水各社祭祀歌 |

喔晚日居留什（虔請祖公），
喔晚眉（虔請祖母），
街乃密乃濃（爾來請爾酒），
街乃密乃司買單悶（爾來請爾飯共菜）。
打梢打梢樸呱薩嚕塞嘆（庇祐年年好禾稼），
樸呱薩嚕朱馬喈嚼喈（自東自西好收成），
麻查吱斯麻老麻薩拉（捕鹿亦速擒獲）！

附載

「雞籠、淡水夷，在泉州彭湖嶼東北：名北港，又名東番。永
樂中，鄭和入海諭諸酋，番獨不聽約束；和貽之家一銅鈴，使頸
之，蓋狗之也。」（名山藏）[24]

「自南嵌越小嶺，在海岸間行，巨浪捲雪拍轅下，衣袂爲溼。
至八里分社，有江水爲阻，即淡水也。水廣五、六里，港口中流有
雞心礁，海舶畏之。」[25]

---

24. 何喬遠著，張德信、商傳、王熹點校，《名山藏》〈卷之一百七‧王享記三‧沙
　　里灣泥〉（福州：福建人民出版社，2010），頁3026。
25. 郁永河，《裨海紀遊》，頁22-23。

附番歌

| 淡水各社祭祀歌 |

囉晚日居留什（虔誠邀請祖公），
囉晚眉（虔誠邀請祖母），
街乃密乃濃（你們來，請你們喝酒），
街乃密乃司買單悶（你們來，請你們一起吃飯菜）。
打梢打梢樸咖薩嚕塞嘆（庇祐年年好禾稼），
樸咖薩嚕朱馬啃嚼啃（自東自西好收成），
麻查吱斯麻老麻薩拉（捕鹿也能快速擒獲）！

附載

「雞籠、淡水的夷人，在泉州澎湖嶼東北方，名叫『北港』，又叫『東番』。永樂期間，鄭和下西洋對所有的酋長發布命令，獨獨番人不聽約束；因此，鄭和給每一個番家一個銅鈴，掛在頸上，看待他們像狗一樣。」（節錄自《名山藏》）

「從南嵌越過一個小山嶺，就行走在海岸間，巨浪捲起白色的水花拍打在車下，衣袖都濕了。到八里分社，有江水阻隔，就是『淡水河』。水面廣闊有五、六里，港口的中間有雞心形的礁石，海船相當害怕它。」

「乘蟒甲由淡水港入,前望兩山夾峙,曰干豆門;水道甚隘。
入門,水忽廣,滙爲大湖,渺無涯涘。」[26]

「行十許里,高山四繞,周廣百餘里,中爲平原,惟一溪流
水;麻少翁等三社,緣溪而居。甲戌四月[27],地動不休;番人怖
恐,相率徙去,俄陷爲巨浸。距今不三年,再指淺處,猶有竹樹梢
出水面,三社舊址可識。」[28]

「麻少翁、内北投在磺山左右,毒氣蒸鬱,觸鼻昏悶,諸番常
以糖水洗眼。」[29]

「隔干豆門,巨港依山阻海;划蟒甲以入,地險固,數以睚眦
殺漢人,官軍至則竄。淡水以北諸番,此最難治。」[30]

---

26. 郁永河,《裨海紀遊》,頁23。
27. 甲戌爲康熙33年（1694）。
28. 郁永河,《裨海紀遊》,頁23。
29. 此段文字,不見於臺銀版《裨海紀遊》,應摘錄自:周鍾瑄,《諸羅縣志》〈卷
　　十二・雜記志〉,頁288。原文爲:「麻少翁、内北投,在磺山之左右。毒氣蒸
　　鬱,觸鼻昏悶;金銀藏身者,不數日皆黑色。諸番常以糖水洗眼。入山掘磺,必
　　以半夜,日初出即歸;以地熱而人不可耐也。」

「駕著蟒甲舟從淡水港溯河而行，前面可以見到兩座山夾立，就叫做『干豆門』，水道的確很窄。進入了干豆門後，水面忽然廣大起來，成爲一個大湖，一片渺茫無際了。」

「再往前十里左右，高山環繞四方，周圍大約百餘里，中間就是一個平原，只有一道溪流經過；有麻少翁三個社，沿著溪流旁邊居住。甲戌年四月，地震不停，番人非常害怕，相率離開這裡，不久地層下陷，瞬間變成巨大水澤；距今還不到三年，再看那淺水的地方，還有竹子的末梢露出水面，三社的舊居還可以被辨認出來。」

「麻少翁、內北投在礦山附近，毒氣蒸騰，鼻子聞到就會昏悶，因此番人們常常用砂糖水洗眼睛。」

「隔了一個干豆門，巨大的港口依山傍海，番人可以划著蟒甲小船從干豆門跑進來，地勢顯得相當險要堅固，所以數次憤怒地殺了漢人，官兵一來討伐，就跑掉了。淡水以北的所有番人中，以這個地方最難治理。」

---

30. 此段文字，不見於臺銀版《裨海紀遊》，應摘錄自：周鍾瑄，《諸羅縣志》〈卷八・風俗志〉，頁173。原文爲：「麻少翁、內北投，隔干豆門巨港，依山阻海，划蟒甲以入。地險固，數以眭眥殺漢人，因而蠢動；官軍至則竄。淡水以北諸番，此最難治。」

「武嘮灣、大浪泵等處，地廣土沃，可容萬夫之耕。」[31]

「八里分社，舊在淡水港西南之長豆溪，[32] 荷蘭時，後壠最悍，殲之幾無遺種，移社港之東北。」[33]

「淡水各社土官，有正副頭目之分。」[34]（裨海紀遊）

「哆囉滿產金，淘沙出之，與瓜子金相似。番人鎔成條，藏巨覽中；客至，每開覽自炫，然不知所用。近歲，始有攜至雞籠、淡水易布者。」[35]

「斗尾龍岸番，[36] 皆偉岸多力，文身文面，狀同魔鬼，出則焚掠殺人。土番聞其出，皆號哭走避。鄭經[37]統兵往勦，深入不見一人；時亭午酷暑，軍士皆渴，競取甘蔗啖之。劉國軒守半線，率

---

31. 此段文字，不見於臺銀版《裨海紀遊》，應摘錄自：周鍾瑄，《諸羅縣志》〈卷十二・雜記志〉，頁288。
32. 長豆溪，又名長道溪，今名紅水仙溪，位於今新北市八里區、林口區。
33. 此段文字，不見於臺銀版《裨海紀遊》，應摘錄自：周鍾瑄，《諸羅縣志》〈卷八・風俗志〉，頁173。原文為「八里坌社舊在淡水港西南之長豆溪；荷蘭時後壠番殲之，幾無遺種，乃移社港之東北。吞霄以上諸番，後壠最悍。」
34. 郁永河，《裨海紀遊》，頁24。

「武嘮灣、大浪泵等地區，地方廣闊，土地肥沃，可以容得下萬人耕種。」

「八里分社，舊址在淡水港西南的長豆溪。荷蘭時代，後壠社最強大，幾乎殲滅了八里分社的番人，八里分社只好移到港口的東北方。」

「淡水各社的土官，有正頭目與副頭目的分別。」（節錄自《裨海紀遊》）

「哆囉滿生產黃金，用淘沙的方法取得，和小金礦瓜子金相同。番人會把金子融成條狀，收藏在磚壁中。客人到了，常常起開磚壁來炫耀，然而卻不知道要如何使用這些金子。近年來才開始有人把金子帶到雞籠、淡水交換布匹。」

「斗尾龍岸番，都長得高大有力，紋身又紋面，形狀如同魔鬼，一出來就燒殺搶劫。土番一看到他們，就哭嚎著避開。鄭經曾經率領軍隊去討伐，深入了他們的居地，卻不見一人。時當正午，天氣酷熱，軍士都感到口渴，競相砍取甘蔗來吃。劉國軒本來守在半線，率領數百個人來支援，見到鄭經，大叫說：『為什麼來到這個危險的地方？』叫三軍趕緊割草做成營壘，亂動的人就斬頭。話

---

35. 郁永河，《裨海紀遊》〈番境補遺〉，頁55。
36. 斗尾龍岸番，岸番可能指岸裏社群。
37. 鄭經（1642-1681），福建泉州府南安人，鄭成功長子，延平王，在位十九年。

數百人至；見經，大呼曰，何爲至此？令三軍速刈草爲營，亂動者
斬。言未畢，四面火發，文面五、六百人奮勇挑戰，互有殺傷，餘
皆竄匿深山，竟不能滅，僅燬其巢而歸。」

「阿蘭番[38]近斗尾龍岸，狀貌亦相似。」[39]

「雞距番足趾楂枒如雞距，性善緣木，樹上往來跳躑，捷同猴
犹；[40]食息皆在樹間，非種植不下平地。其巢與雞籠山相近，常深
夜獨出，出海濱取水；遇土番，往往竊其首去。土番亦追殺不遺餘
力，蓋其足趾楂枒，不利平地，多爲土番追及；既登樹，則穿林度
棘，不可復制矣。」（番境補遺）[41]

「雞籠山土著，種類繁多，秉質驍勇，槪居山谷。按其山川，
則形勝奇秀；論其土地，則千里饒沃，溪澗深遠，足以設立州縣。
惟少人工居址，荒蕪未闢，皆爲鳥獸蛇龍之窟，惜哉！」[42]

38. 阿蘭番，不詳。
39. 郁永河，《裨海紀遊》〈番境補遺〉，頁56。
40. 犹，音同「右」，黑色長尾猴。
41. 此段文字，不見於臺銀版《裨海紀遊》〈番境補遺〉。

還沒有說完，四面的火已經燃燒起來了，五、六百個紋面番人奮勇前來挑戰鄭軍，雙方互有殺傷，剩下的番人都藏到深山之中，最後還是消滅不了他們，只有毀掉他們的居處回來。」

「阿蘭番住在斗尾龍岸番的附近，狀貌也相似。」

「雞距番的腳指頭岔出好像雞爪，本性善於攀爬樹木，在樹上往來跳躍，快速如同猴類。吃飯和休息都在樹間，如果不種植作物就不到平地來。他們的根據地和雞籠山靠近，常常在深夜時單獨來海濱取水。土番遇到他們時，往往被獵去人頭。土番也追殺他們不遺餘力，這是因為他們的雞爪腳趾不利於在平地行走，大半都被土番追到。不過一旦他們攀上樹木以後，就穿越樹林，再也無法制服他們了。」（節錄自《番境補遺》）

「雞籠山土番，種類繁多，天性質樸勇敢，都住在山谷裡。從他們住的山川看起來，形勢險要秀奇，提到他們所擁有的土地，可以說沃野千里，溪水河流深遠，足以在這裡設立一個州或縣；只是很少人住在這裡，荒蕪的土地都未開闢，都是鳥獸龍蛇的巢穴，可惜！」

---

42. 此段文字未見於臺銀版《裨海紀遊》〈海上紀略〉，出處不明；但江日昇《臺灣外記》有類似記載，文為：「陛奉令至雞籠，見其形勢奇秀、峰巒高聳；而且土地饒沃，溪澗深遠，是未闢荒蕪之膏腴，暫為鳥獸之藏窟。其土番種類繁多，無相統屬，性甚健勇。」參見：江日昇，《臺灣外記》〈卷八（康熙戊午年至康熙庚申年共三年）〉，文叢60（臺北：臺銀經研室，1960），頁375。

「僞鄭時，上淡水通事李滄愿取金自效，希受一職。僞監紀陳福偕行到淡水，率宣毅鎮兵并附近土著，未至卑南覓社，土番伏莽以待曰：『吾儕以此爲活，唐人來取，必決死戰！』福不敢進；回至半途，遇彼地土番泛舟別販，福率兵攻之，獲金二百餘，并繫其魁令引路，刀鋸臨之，終不從。按出金乃臺灣山後，其地土番皆傀儡種類，未入聲教，人跡稀到。自上淡水乘蟒甲從西徂東，返而自北而南，溯溪而進，市月方到。其出金之水流，從山後之東海，與此溪無與。其地山枯水冷，巉巖峻峭，洩水下溪，直至返流之處，住有金沙。土番善泅者，從水底取之，如小豆粒巨細；藏之竹簏，或秘之瓿甎，間出交易。彼地人雖能到，不服水土，生還者無幾。」[43]（海上事略）

龜崙、霄裏、坑仔諸番，體盡矲矮，趨走促數。又多斑癬，狀如生番。[44]

---

43. 江日昇《臺灣外記》（頁408）、夏琳《海紀輯要》（文叢22，臺北：臺銀經研室，1958，頁73）有類似記載。

　　「偽鄭的時候，上淡水的通事李滄愿曾拿金子來自我推薦效勞，希望能擔任一官半職。偽監紀陳福同他一起到淡水，就率領了宣毅鎮的士兵和附近的番人出發，還未走到卑南覓社，土番埋伏在草叢裡面等待他們，放話說：『我們就靠著這個地方來存活，唐人如果要來佔領這個地方，必定和他們決一死戰！』陳福就不敢再前進；回到半路，遇到該地的土番划著船叛亂，陳福率著士兵進攻他們，獲得兩百多的金子，並且抓住了他們的首領，雖然用刀刑威逼他帶路，到最後還是不屈服。提到黃金的生產地，是在臺灣山後，那裡的番人都是魁儡番，從未受到聲威教化，人跡罕到，假如從淡水駕著蟒甲舟，從西向東走，再從北向南走，溯溪前進。經過一個月就可以抵達該地。那條出產黃金的水流從山後流到東邊的海洋，和淡水這條溪無關。那地方山上草木枯萎、水流冷涼，巉巖高峻，山水排入溪中，直到迴流的地方，金子就沉澱在那裡。有些善於游泳的番人，能夠從水底把金子取出來，就像小豆粒大小；先藏在竹簍裡，或者祕密藏在陶器裡，再拿出來交易。那地方的人雖然能夠抵達該地，但是因為水土不服，能生還的沒有幾個。」（節錄自《海上事略》）

　　龜崙、霄裏、坑仔的番人，身材都屬矮小，腳步急促；同時身上又有很多的癬癖，形狀好像生番。

---

44. 周鍾瑄，《諸羅縣志》〈卷八・風俗志〉，頁155。原文為：「竹塹、南嵌、龜崙、霄裏、坑仔諸番，多斑癬；狀如生番，然矮而小。」相較於〈番俗六考〉引文，原文增列了竹塹社，但竹塹社能否與南嵌四社合併一談，存疑。

　　康熙壬寅，[45]五月十六至十八三日大風，漳州把總朱文炳帶卒更戍。船在鹿耳門外為風飄至南路山後；歷三晝夜至蛤仔難，船破登岸。番疑為寇，將殺之；社有何姓者，[46]素與番交易，力為諭止。晚宿番社，番食以麂；朱以片臠飼番，輒避匿不食。借用木罌瓦釜，番惡其污也，洗滌數四。所食者生蟹、烏魚，略加以鹽，活嚼生吞，相對驩甚。文炳臨行，犒以銀錢，不受；與以藍布舊衣，欣喜過望，兼具蟒甲以送。蟒甲，獨木挖空，兩邊翼以木板，用藤縛之；無油灰可艌，水易流入，番以杓不時把之。行一日至山朝，次日至大雞籠，又一日至金包裏。

　　蛤仔難有金井，[47]水極寒。番掏金，先置火及酒於井旁，懸藤縺入，取井底泥沙，口含手掏，急挽而上；寒不可支，飲酒向火，良久乃如常。有得一、二錢者，有數分者，亦有一無所得者；既非兼金，且散碎難鎔，冒死求利，番人每苦為之。或云：後山倒咯滿南有金沙溪，[48]金沙從內山流出，近溪番婦淘沙得金，後為蛤仔難番所據。

---

45. 壬寅為康熙61年（1722）。
46. 此一何姓人士，應為在當地交易的漢人。
47. 未知何指，或許與產金的「哆囉滿」混為一談。

　　康熙壬寅年，五月十六到十八三日颳大風，漳州把總朱文炳帶著士兵登上換防的船隻，在鹿耳門的外面被風吹漂到南路山後；經過三天三夜才到蛤仔難，船體破了，上岸逃生。這裡的番民懷疑他們是強盜，準備殺了他們。社裡有一個姓何的人，向來都與番人做買賣，就盡力勸阻番人。晚上他們就住在番社裡，番人請他們吃豬肉；朱文炳拿了一片切割整齊的肉給他們吃，番人避開不吃。借給他們使用的木桶、鍋子，歸還後番人嫌骯髒，洗了三、四次。番人所吃的生蟹、烏魚，都稍微加了一點點鹽巴就活嚼生吞，彼此都很高興。朱文炳要離開的時候，賞他們銀錢，番人不願接受；送給他們藍色布與舊衣服，他們則喜出望外，又備好蟒甲舟送他們一程。蟒甲這種小舟，是一根木頭，中間挖空，兩邊再裝上兩個木板翼，用藤綁牢；因為沒有桐油石灰可以塗抹木板的縫隙，水容易滲入蟒甲舟裡面，番人沿路不停用杓舀水。走了一天就到三貂，第二天到大雞籠，又經過一天，就到了金包裏。

　　蛤仔難一帶有出產黃金的井，水溫極寒。番人掏金，必須先放置火與酒在井的旁邊，攀著吊掛的藤進入井中，取井底的泥沙，用嘴含著或用手去掏取，很快地就爬上來，井水的寒冷實在使人受不了，趕快在井邊飲酒、烤火，要經過相當久才會恢復體溫。有掏到一、二錢價值的金子，也有一無所獲的人。有一些非但不是價值倍於平常的好金，反倒是容易破碎難以融化，卻冒著生命的危險苦苦

---

48. 倒咯滿，即哆囉滿，社名與區域名，今花蓮縣和平鄉立霧溪出海口一帶。立霧溪因含有金沙，亦稱「金沙溪」。

蛤仔難三十六社：礁轆軒社、宇馬氏社、期班女懶社、八知美簡社（一作巴抵女簡）、嘮拔丹社、基密丹社、八知買驛社（一作巴抵馬悅）、礁仔壠岸社（一作礁礁人岸）、麻里陳轆社（一作貓里藤角）、辛也罕社（一作新仔羅罕）、其沓沓社、須老員社（一作思老完）、八陳雷社、奇武煖社、抵密密社（一作芝密）、倒麥倒麥社、礁嘮貓社、巴老鬱社、賓耶知懶社、脾螯社、奇直扳社、賓仔貓力尾社、沈美閣社、歪阿歪阿社（一作歪仔歪）、陳雷女簡社、削骨削骨社、礁嘮密社、巴嘮辛仔員社（一作巴老臣那浮）、毒龜晚社（一作搭龜滿）、奇武流社、佳笠苑社（一作交里苑）、冬仔爛社（一作徵也難懶）。其餘四社：一作肉生、打鄰、里劉、簡了喏；一作期尾笠、毋罕毋罕、貓嘮府偃、污泥肴，未知孰是？[49]

---

49. 蛤仔難地區有眾多村社，〈番俗六考〉為首度以漢文詳記各社名稱的文獻。對照荷蘭文獻，蘭陽平原村落實不只36個，但漢文獻皆以「三十六」作為集稱。由於村落繁多，此處不一一註記，社名與地名對照表，請參看附錄四。

入井去掏金，番人每每感到痛苦。也有人說：倒咯滿南邊有一條金沙溪，金沙是由內山流出來的，靠近溪邊的番人婦女就淘沙取得黃金；後來這條溪被蛤仔難的番人佔據了。

蛤仔難有三十六社：礁轆軒社、宇馬氏社、期班女懶社、八知美簡社（一作巴抵女簡）、嘮拔丹社、基密丹社、八知買驛社（一作巴抵馬悅）、礁仔壠岸社（一作礁礁人岸）、麻里陳轆社（一作貓里藤角）、辛也罕社（一作新仔羅罕）、其沓沓社、須老員社（一作思老完）、八陳雷社、奇武煖社、抵密密社（一作芝密）、倒麥倒麥社、礁嘮貓社、巴老鬱社、賓耶知懶社、脾釐社、奇直扳社、賓仔貓力尾社、沈美閣社、歪阿歪阿社（一作歪仔歪）、陳雷女簡社、削骨削骨社、礁嘮密社、巴嘮辛仔員社（一作巴老臣那浮）、毒龜晚社（一作搭龜滿）、奇武流社、佳笠苑社（一作交里苑）、冬仔爛社（一作徵也難懶）。其餘四社：一作肉生、打鄰、里劉、簡了嗒；一作期尾笠、毋罕毋罕、貓嘮府偃、污泥肴，不知道哪個是正確。

陳湄川中丞[50] 淡水各社紀程：「淡水港水路十五里至干豆門，南港[51] 水路四十里至武嘮灣，此地可泊船；內雞心礁陸路六里至雷裏，六里至了阿，[52] 八里至秀朗，三十里至里末，三里至擺接。北港水路十里至內北投，四里至麻少翁，十五里至大浪泵，此地可泊船；三里至奇武仔，十五里至答答悠，五里至里族，六里至麻里即吼，二十里至峰仔嶼。上灘，水路七十里至嶺腳，上嶺、下嶺十里，渡海十二里至雞籠。」[53]

又淡水港北過港，坐蟒甲上岸至八里分，[54] 十五里至外北投，十二里至雞柔山，十五里至大屯，三十里至小雞籠，七十里至金包裏，跳石[55] 過嶺，八十里至雞籠社。

番人逐鹿，曾至磺山；絕頂有水如池，澄然一泓。[56]

---

50. 陳璸（1656-1718），字文煥，號眉川，廣東海康縣人。康熙41年（1702），調知臺灣縣。康熙49年（1710），任臺灣廈門道兼理學政。康熙53年（1714），調福建巡撫。康熙55年（1716），攝閩浙總督；次年（1717）奉命巡海至臺，北及上淡水，此文記錄其行程。
51. 南港，指大漢溪與新店溪匯流後的淡水河；北港，指基隆河。
52. 了阿，社名，今臺北市萬華區。
53. 由陳璸的路程可知，當時臺北盆地的番社可分為南港、北港兩條路線：南港沿途有武嘮灣、雷裏、了阿、秀朗、里末、擺接，大致分布於新店溪、大漢溪流域。

　　陳湄川中丞的〈淡水各社紀程〉如是記載：「由淡水港出發，經由水路十五里就到干豆門。向南港的淡水河前進，經水路四十里就到武嘮灣，在這裡可以泊船。由內雞心礁出發，經由陸路六里就到雷裏，六里就到了阿，八里就到秀朗，三十里就到里末，三里就到擺接。如果朝北港的基隆河前進，經由水路十里就到內北投，四里就到麻少翁，十五里就到大浪泵，在這裡可以泊船；三里就到奇武仔，十五里就到答答悠，五里就到里族，六里就到麻里即吼，二十里就到峰仔嶼。如果由上灘出發，經由水路七十里就到嶺腳，上嶺、下嶺各十里，如果渡海十二里就到雞籠。」

　　又從淡水港的北岸越過港口，坐蟒甲舟上岸就到八里分，十五里就到外北投，十二里就到雞柔山，十五里就到大屯，三十里就到小雞籠，七十里就到金包裏；由跳石出發越過山嶺，八十里就到雞籠社。

　　番人追逐鹿群，曾經到了礦山；在絕頂上面，有一個水池，是很清澈的一泓水。

　　北港沿途有內北投、麻少翁、大浪泵、奇武仔、答答悠、里族、麻里即吼、峰仔嶼，大致屬於基隆河流域。過汐止後，溯基隆河流路可到的嶺腳，以及上、下的「嶺」，即為獅頭嶺。至於渡海所至的雞籠，則指今和平島。
54. 此處的八里分，已非荷蘭人、郁永河時期的淡水河南岸，而在北岸今關渡小八里坌一帶。
55. 跳石，新北市金山區與石門區交界處一帶的海岸。
56. 此處所指礦山，應為產硫磺的大屯山區。至於絕頂水池，可能指位於臺北市北投區七星山、今稱夢幻湖的堰塞湖。

南路鳳山番一[1]

上淡水（一名大木連）、[2]

下淡水（一名麻里麻崙）、[3]

阿猴、[4] 搭樓、[5] 茄藤（一名奢連）、[6]

放縤（一名阿加）、[7]

武洛（一名大澤機，一名尖山仔）、[8] 力力[9]

---

1. 南路鳳山番一，指鳳山縣轄境屏東平原的八社。荷蘭東印度公司為了管理與宣教，在1644-1648年間，將屏東平原大約二十幾個大小村落整併成八個部落，形成清代所謂的「鳳山八社」。參見：康培德，〈部落整併──荷蘭東印度公司治下的聚落人口政策〉，收於氏著，《殖民想像與地方流變：荷蘭東印度公司與臺灣原住民》（臺北：聯經出版事業公司，2016），頁115-117。

   八社因長於農耕，盛產米穀，不同於諸羅縣境番社繳納陸餉，繳交的是人頭稅──丁口米；其中，教冊、公廨番有97名，每名徵米1石，計97石；壯番1,395名，每名徵米1石7斗，計2,371石5斗；少壯番256名，每名徵米1石3斗，計332石8斗；壯番婦1,844口，徵米1石，計1,844石；八社男婦合計3,592口，共徵得4,645石3斗。參見：陳文達，《鳳山縣志》，文叢124（臺北：臺銀經研室，1962），頁65。八社之外，鳳山縣還有繳納陸餉的「土番」四社：加六堂社、嫏嬌社（即瑯嶠社）、琉球社、卑南覓社，共徵銀179兩2錢2分2釐4毫。其中，加六堂社，徵銀49兩3錢9分2釐，編入「鳳山傀儡番二」；瑯嶠社，徵銀51兩1錢5分6釐，即「鳳山

　　瑯嶠十八社番三」；琉球社，徵銀9兩8錢7分8釐4毫，是以該島林木資源作為承包採收標的；卑南覓社，徵銀68兩7錢9分6釐，分別記錄於「鳳山傀儡番二」、「鳳山瑯嶠十八社番三」的「附載」。

2. 上淡水，又名大木連，社名，今屏東縣萬丹鄉社皮村，共501口，徵米643石6斗。參見：施添福，〈國家與地域社會——以清代臺灣屏東平原為例〉，收於潘英海、詹素娟編，《平埔族群與臺灣歷史文化論文集》（臺北：中研院臺史所籌備處，2001），頁45-46。

3. 下淡水，又名麻里麻崙，社名，今屏東縣萬丹鄉香社村，共558口，徵米720石9斗。參見：施添福，〈國家與地域社會——以清代臺灣屏東平原為例〉，頁46。

4. 阿猴，社名，今屏東縣屏東市華山里、歸心里一帶，共326口，徵米426石1斗。參見：施添福，〈國家與地域社會——以清代臺灣屏東平原為例〉，頁45。

5. 搭樓，社名，今屏東縣九如鄉後庄村，共499口，徵米643石8斗。參見：施添福，〈國家與地域社會——以清代臺灣屏東平原為例〉，頁45。

6. 茄藤，又名奢連，社名，今屏東縣崁頂鄉園寮村社尾、社皮一帶，共574口，徵米740石1斗。參見：施添福，〈國家與地域社會——以清代臺灣屏東平原為例〉，頁46。

7. 放練，又名阿加，社名，今屏東縣林邊鄉水利村，共619口，徵米789石9斗。參見：施添福，〈國家與地域社會——以清代臺灣屏東平原為例〉，頁46-47。

8. 武洛，社名，舊志則稱大澤機，今屏東縣高樹鄉南華村舊南勢，共153口，徵米253石5斗。參見：施添福，〈國家與地域社會——以清代臺灣屏東平原為例〉，頁45。〈番俗六考〉首度出現「武洛」一稱，但有學者認為「武洛」與「大澤機」其實是不同的社，參見：簡炯仁，〈《臺海使槎錄》記載「武洛（一名大澤機，一名尖山仔）」之初探〉，《臺灣史蹟》38（2001），頁181-211；學者李國銘對「武洛社」又稱「尖山仔」的說法亦存疑，參見：李國銘，〈鳳山八社舊址初探〉，收於氏著《族群、歷史與祭儀——平埔研究論文集》（臺北：稻鄉出版社，2004），頁22。

9. 力力，社名，今屏東縣崁頂鄉力社村，共332口，徵米427石4斗。參見：施添福，〈國家與地域社會——以清代臺灣屏東平原為例〉，頁46。

居處

屋名曰朗：築土爲基；架竹爲楹，葺茅爲蓋，編竹爲墻，織蓬爲門。每築一室，眾番鳩工協成；無工師匠氏之費，無斧斤鋸鑿之煩，用刀一柄，可成眾室。正屋起脊，圈竹裹草標左右，如獸吻狀，名曰律武洛，名曰打藍，示觀美也。社四圍植竹木。貯米另爲小室，名曰圭茅；或方或圓，或三五間、十餘間毗連；亦以竹草成之，基高倍於常屋。下木上簟，積穀於上，每間可容三百餘石；正供[10]收入，遞年輪換。夜則鳴鑼巡守，雖風雨無間也。

飲食

種杭稻、黍糯、白豆、菉豆、番薯。又有香米倍長大，味醇氣馥，爲飯逾二、三日，香美不餲；每歲種植只供一年自食，不交易，價雖數倍不售也。[11] 歲時宴會，魚肉雞黍，每味重設。大會則用豕一，不治別具。飲酒不醉，興酣則起而歌而舞。舞無錦繡被

---

10. 正供，即地方官府依「等則」（上中下）、「每甲額度」，向業主徵收的田賦，是國家最主要的稅收來源。清初的田賦規則，上則田每甲徵粟8石8斗、中則田每甲徵粟7石4斗、下則田每甲徵粟5石5斗，上則園每甲徵粟5石、中則園每甲徵粟4石、下則園每甲徵粟2石4斗。參見：陳文達，《鳳山縣志》，頁69。鳳山縣徵收的正供稻穀，部分儲存在八社修築的穀倉，由社人協助監管。

居處

　　房屋叫做「朗」；先堆土做地基，架起竹子當屋樑，用茅草編成屋蓋，再用竹子編成牆壁，把茅草編織成門。每當要蓋一個房子，招集番人們共同協助完成，因此他們既不必給工匠師父費用，也沒有用斧頭、鋸子、鑿子的麻煩，只要一把刀，就可以蓋好所有的房子了。把竹圈用草包裹起來，放在正中央的房子的屋脊兩頭，形狀像獸嘴，名叫「律武洛」，也叫做「打藍」，以表示美觀。番社的四周圍種植竹木。若要收藏米糧，就另築小穀倉，名叫「圭茅」，有的方形，有的圓形，有的三、五間或者十幾間毗連；也用竹子、茅草搭構，地基的高度比平常房子要高一倍，底襯木板，上鋪竹蓆，把穀子堆在上頭，每個小穀倉可以容納三百餘石官府收納的正供，每年輪流換穀倉。夜間敲鑼巡守，雖然遇到風雨也不間斷。

飲食

　　種植的作物有粳稻、黍、糯、白豆、菉豆、番薯。又有一種香米，比一般的米長大一倍，味道醇美香氣濃郁，煮成飯後，經過兩、三天，氣味還是不變。他們種植這種米，只供應自己整年的食用，不與別人交易；雖然有人想用好幾倍的價格購買，也不願意賣。過年時請客，有魚肉雞黍，每道菜都很隆重。大會的時候，只

---

11. 荷蘭時代的鳳山八社，即以種稻聞名。公司的臺灣議會在1648年訂定贌社交易物價表時，多以獸皮、鹿肉等獵產作為實物交換基準，只有鳳山八社是以稻穀做為基準。跨入清代後，屏東平原的鳳山八社，更以精湛農作技術、年可二種的收成，在賦稅體制中成為全臺獨一無二、以丁口米繳納賦稅的番社。

體，或著短衣，或袒胸背，跳躍盤旋，如兒戲狀；歌無常曲，就見在景作曼聲，一人歌，群拍手而和。捕鹿，除鹿臟外，筋肉悉呈土官。近番以鹿易酒。將捕鹿，先聽鳥音占吉凶。鳥色白，尾長，即華雀也（番曰蠻任），音宏亮，吉；微細，凶。食物餕敗生蟲，欣然食之。酒以味酸爲醇。漢人至，則酌以待；歡甚，出番婦侑酒，或六七人、十餘人，各酌滿椀以進。客逐椀皆飲，眾婦歡然而退；倘前進者飲，後進者辭，遂分榮辱矣。客惟盡辭不飲爲善。

衣飾

男裸全體，女露上身。自歸版圖後，女著衣裙，裹雙脛。男用鹿皮蔽體，或氈披身，名卓戈紋；青布圍腰下，即桶裙也，名鈔陰，武洛曰阿習。俱赤腳，土官有著履者。男女喜簪野花，圍繞頭上，名蛤網。插雞羽，名莫良；武洛曰伊習，力力曰馬甲奴蔿，猶漢言齊整也。性好潔，冬夏男女日一浴，赤體危立，以盂水從首淋下，拭以布，或浴於溪。用鹿豕脂潤髮，名奇馬。恐髮散垂，各以青布纏頭，或以草，冬夏不除；近亦有戴帽者、剃頭編辮者。拔髭鬚，名心力其莪莪；愛少惡老，長鬚者雖少亦老，至頭白不留一鬚。每日取草擦齒，愈黑愈固。項懸螺錢，名興那。手帶銅鐲或

用一隻豬，不必有其他的東西。喝酒不醉，興致高昂時，就起來唱歌跳舞。跳舞的人不穿華麗的衣服，有的穿短衣，有的袒胸露背，盤旋地跳起他們的舞，好像小孩子遊戲。唱歌並沒有一定的曲調，就看當時的情景，先發出舒緩的長聲，由一個人領唱，大家一起拍手附和。捕到鹿，只留下內臟，筋、肉都要呈送給土官。近來，番人用鹿換酒。當他們要去捕鹿時，先聽鳥叫聲占卜吉凶；鳥羽色白，長尾巴，就是轟雀（番人叫做「蠻任」）。當這種鳥的叫聲宏亮，就是吉；聲音微細，就是凶。食物敗壞生了蟲子，仍然吃得很高興。酒的味道如果是酸的，就是醇酒。漢人來了，就酌酒款待；高興時，會叫番婦出來勸酒，有六、七人或十多人，每人的碗都酌滿酒，端出來請喝酒。當客人逐碗把酒喝完，所有的番婦都歡然而退。但假如喝了前面婦女敬的酒，卻拒喝後面婦女的酒，就讓人感到有榮、辱的差別了。所以，只有全都不喝，才是上上之策！

衣飾

　　男性全裸，女性露上半身。自從歸入版圖以後，女性開始穿著衣裙，包裹雙腳小腿；男性則以鹿皮遮體，或用名叫「卓戈紋」的毯子披身；用青色的布圍覆腰部，就是所謂的「桶裙」，名叫「鈔陰」，武洛社叫做「阿習」。都打赤腳，土官中有人穿鞋。男女都喜歡簪戴野花，在頭上環繞，名叫「蛤網」；插帶雞毛，名叫「莫良」，武洛社叫做「伊習」，力力社叫做「馬甲奴葛」，就像漢人說「齊整」的意思。性情喜愛乾淨，無論冬夏，男女每天洗澡一次，裸身站立，用盆子裝水從頭上淋下，再用布擦拭乾淨，或者就在溪流中沐浴。用鹿或豬的油潤髮，叫做「奇馬」。怕頭髮散落下

鐵環，名圭留；力力社曰勞拔。腳帶鐵鐲，名石加來；皆以飾美，故男女並帶之。又麻達用咬根任（即薩豉宜）擊鐲鳴聲，另用鐵片繫腰間以助韻，傳送文移，行愈疾，聲愈遠；謂暮夜有惡物阻道，恃以不恐。穿耳，惟茄藤、放練、力力三社；[12] 或以木貫之，名勞宇。

婚嫁

不擇婚，不倩媒妁，女及笄構屋獨居，番童有意者彈嘴琴逗之。琴削竹為弓，長尺餘，以絲線為絃，一頭以薄篾折而環其端，承於近弰，弦末疊繫於弓面，鼓其背，爪其弦，自成一音，名曰突肉。意合，女出而招之同居，曰「牽手」。逾月，各告於父母，以

---

12. 東港溪將屏東平原分隔為二，學者認為溪北的五社（上淡水、下淡水、阿猴、搭樓、武洛），與溪南的力力、茄藤、放練三社，語言、文化頗有差異；「只有茄藤、放索、力力三社有穿耳習俗」的說法，即為學者舉證的史料。參見：康培德，〈荷蘭文獻中的屏東平原南島語族村社、集稱考訂與人群區劃〉，《臺灣文獻》71.4（2020.12），頁1-34。

來，每個人都用青布纏裹頭部，也有用草，冬天夏天都不拿下來。近來，也有戴帽子的人，甚至有剃頭髮、編辮子的人。鬍鬚都要拔掉，叫做「心力其莪莪」。喜愛年輕的樣貌、嫌惡老樣，鬍子長的人，就算年輕也被視為老人，即使一頭白髮，也不肯留一點鬍子。每天都拿草來塗黑牙齒，愈黑就表示愈堅固。頸子上掛著螺錢，名叫「興那」。手臂戴著銅鐲或鐵環，名叫「圭留」，力力社叫做「勞拔」。腳脛戴著鐵鐲，名叫「石加來」。這些都是用來裝飾美化自己的，男女都有配戴。另外，麻達用「咬根任」（就是「薩豉宜」）擊打鐲子發出聲音，另外用鐵片繫在腰間合音；當他們為官府傳送公文時，奔跑得愈快，聲音就傳得愈遠；據說夜晚時會有怪物阻擋道路，奔跑時發出這些聲音，就可以不用害怕了。穿耳洞，只有茄藤、放緣、力力三社有這種習慣；也用木條貫穿耳洞，名叫「勞宇」。

婚嫁

　　不由父母選擇結婚對象，也不請人做媒，女子到十五歲時，就搭建房子獨居；對她有意的少年，就彈奏口簧琴逗引。所謂的口簧琴，是削竹子做成弓的形狀，長大概一尺多，用絲線當弦，一頭把薄竹片折彎，弦繞在弓端，再繫在弓末端，弦的尾巴則疊繫在弓面上，用嘴咬著弓背，用手抓琴弦，就可以發出聲音，名叫「突肉」。如果女方也有意，就出來招呼他一起居住，叫做「牽手」。經過一個月，各自告訴他們的父母，用紗帕、青紅色布料當聘禮（富有的用紗帕，貧窮的只用青紅布）；女方父母準備牲、酒，宴請親友後，就招贅了這個女婿。他們叫兒子為「安六」，也如此叫

紗帕青紅布爲聘（富者用紗帕，貧惟青紅布）；女父母具牲醪，會諸親以贄焉。謂子曰安六，壻亦同之。既婚，女赴男家洒掃屋舍三日，名曰烏合。此後男歸女家，同耕並作，以偕終身。夫婦反目，夫出其婦，婦離其夫；不論有無生育，均分舍內什物，各再牽手出贄。近日番女多與漢人牽手者，媒妁聘娶，文又加煩矣。

喪葬

土官故，掛藍布旛竿，鳴鑼舉屍，徧遊通社，名曰班柔少里堂敎敎，通社閉戶。尸游歸家，用板合成一盦，置屍於內，殮以平日衣服什物各半。諸親各送青藍布一丈或鹿皮一張，同什物與盦葬所臥牀下，妻子遷居別室；本家及親友各酹以酒，奠畢，錮其戶歸。無論老少，仍別牽手。其子孫則胸背披藍布二片，謂之掛孝，約及期年去之。餘番有喪，悉如土官，惟不敢游屍耳。

器用

飲食用椰瓢，名奇麟；不用箸，以手攫取。近亦用粗椀，名其矢；竹箸，名甘直。竈支三木，泥以上或用石凳，名曰六難。鍋曰巴六。汲水用大葫蘆，曰大蒲崙；近亦用木桶。坐皆席地，或藉鹿皮。飲食宴會，蹲踞而食；近始製桌椅以待客，番眾仍架竹爲凳，而蹲踞席地之風少減矣。衣糧多貯葫蘆內，遠出亦擔以載行衣；近

女婿。結婚後，新娘到新郎的家打掃房子三天，名叫「烏合」。之
後，新郎就返歸新娘家，一同耕作，白首偕老。如果夫婦反目不
合，丈夫可以休掉妻子，妻子也可以離棄丈夫；不論有沒有生小
孩，都平分屋內的物品，此後，妻子可以再牽手，丈夫也可以再入
贅。近來，番人女子多招贅漢人男子，媒妁聘娶的禮節，就更加繁
文縟節了。

喪葬

土官死了，把藍布掛在旛竿上，敲鑼鳴響，扛著屍體，在社裡
遊行一趟，名叫「班柔少里堂敖敖」，整個社都掩門。遊行回來
後，用木板組合成一個小盒子，把屍體放在裡面，用平日的衣服雜
物陪葬。親友們各送來青藍布一丈或鹿皮一張，把雜物和盒子埋葬
在他睡臥的床底下，妻子就搬到其他房間住；家人和親友分別用酒
杯盛酒祭拜，祭拜結束，封鎖房子後離開。不論老少，都可再婚。
他的子孫就在胸背上披兩片藍布，叫做「掛孝」，經過一年才可以
除去。其他的番人如果死了，喪葬儀節都與土官相同；只是不敢扛
屍體遊行罷了。

器用

飲食時，使用椰殼做成的瓢，名叫「奇麟」；不使用筷子，用
手去抓取。近來也有使用粗碗的，名叫「其矢」；竹子做的筷子名
叫「甘直」。竈，是用三根木頭支撐，把泥巴糊在木頭上，或者
就拿石塊做成，名叫「六難」。鍋子名叫「巴六」。汲水使用大
葫蘆，名叫「大蒲崙」；近來也有使用木桶的。都席地而坐，或

行，用竹筒名斗籠，貯香米飯以禦飢。又編竹爲霞籃，其制圓小者容一、二斗，大者可三、四石；番無升斗，以此概米粟黍豆多寡，與北路大肚諸社同。藤籠以藤爲之，有底無蓋，或方或圓，或似豬腰形，用以貯物。至弓矢鏢槊，亦與北路同。刀長止尺許，或齊頭，或尖葉，函以木鞘；男婦外出，繫於腰間。以堅木爲木牌，高三尺餘，濶二尺，繪畫雲鳥以蔽身。

附番歌

上淡水力田歌

咳呵呵里慢里慢那毛阿埋（此時係畊田之候），
唭哻老唭描嗄咳（天今下雨）；
唭吧伊加圭朗烟（及時畊種），
唭嘛列唭阿女門（下秧鋤草）。
唭描螺螺嗄連（好雨節次來了），
唭嘛萬列其嘻列（播田明白好來飲酒）！

者鋪著鹿皮。飲食宴請客人時，都蹲在地上吃；最近才開始製造桌椅招待客人，但大部分番人是架著竹子做爲椅凳，所以蹲踞吃飯、席地而坐的習慣慢慢減少了。衣服、糧食多貯藏在葫蘆裡，遠行的時候，就挑著內裝衣物的葫蘆。如果只是近程外出，就用名叫「斗籠」的竹筒，裝塡香米飯充飢。又用竹子編成籃子，叫做「霞籃」；形制圓小的，可以容納一、二斗米；大的，可以三、四石。番人沒有升、斗這種量制，就用霞籃來大概計算米、粟、黍、豆的多寡，與北路大肚一帶的番社相同。藤籠，是用藤編製，有底部卻沒有蓋子，有的方形，有的圓形，有的好像豬腰子的形狀，好用來裝東西。至於弓、箭、鏢槍、長矛，也與北路番社相同。刀的長度只有一尺多，有的齊頭形、有的尖葉形，用木鞘裝著；男人婦人外出時，就繫放在腰間。用堅硬的木板做成盾牌，高三尺多、寬二尺，在上面繪製雲鳥，以遮擋身體。

附 番 歌

| 上淡水力田歌 |

咳呵阿里慢里慢那毛呵埋（此時是耕田的時候），
唭哊老唭描嘎咳（天今下雨）；
唭吧伊加圭朗煙（及時耕種），
唭麻列唭阿女門（下秧鋤草）。
唭描螺螺嘎連（好雨的時節來了），
唭麻萬列其嘻列（播田明確了好來飲酒）！

| 下淡水頌祖歌 |

巴干拉呀拉呀留（請爾等坐聽）！
礁眉咖咖漢連多羅我洛（論我祖先如同大魚），
礁眉呵干洛阿連（凡行走必在前），
阿吱媽描歪阿連刀（何等英雄）！
哰嗎礁卓舉呀連阿吱嗎（如今我輩子孫不肖），
無羅嘎連（如風隨舞）！
巴干拉呀拉呀留（請爾等坐聽）。

| 阿猴頌祖歌 |

咳呵阿咳仔滴哰老（論我祖），
振芒嘅糾連（實是好漢）；
礁阿留的乜乜（眾番無敵），
礁留乜乜連（誰敢相爭）！

| 搭樓念祖被水歌 |

咳阿阿咳阿嘎（此係起曲之調）！
加斗寅（祖公時），
嗎搏嘅嘮濃（被水沖擊），
搭學嘅施仔捧（眾番就走）；
磨葛多務根（走上山內），
佳史其加顯加嘬（無有柴米），
佳史嘅哰嗎（也無田園），
痳踏堀其搭學（眾番好艱苦）！

| 下淡水頌祖歌 |

巴干拉呀拉呀留（請你等坐聽）！
礁眉呬呬漢連多羅我洛（論我祖先如同大魚），
礁眉阿干洛阿連（凡行走必在前），
阿吱媽描歪阿連刀（何等英雄）！
唦嗎礁卓擧呀連阿吱嗎（如今我輩子孫不肖），
無羅嘎連（如風隨舞）！
巴干拉呀拉呀留（請你等坐聽）。

| 阿猴頌祖歌 |

咳呵呵咳仔滴唦老（論我祖），
振芒嘖糾連（實是好漢）；
礁阿留的乜乜（眾番無敵），
礁留乜乜連（誰敢相爭）！

| 搭樓念祖被水歌 |

咳呵呵咳阿嘎（此是起曲之調）！
加斗寅（祖公時），
嗎搏嘖嘮濃（被水沖擊），
搭學嘖施仔捧（眾番就走）；
磨葛多務根（走上山內），
佳史其加顯加嚙（沒有柴米），
佳史嘖唦嗎（也無田園），
麻踏堀其搭學（眾番好艱苦）！

| 茄藤飲酒歌 |

近阿欵其歪（請同來飲酒）！
礁年臨萬臨萬其歪（同坐同飲），
描阿那哆描阿欵（不醉無歸）！
代來那其歪（答曰：多謝汝）！
嘻哆萬那阿欵其歪（如今好去游戲），
龜描阿滿礁阿欵其歪（若不同去游戲便回家去）。

| 放緤種薑歌 |

粘粘到落其武難馬涼道毛呀覓其唦嗎（此時是三月天，好去犁
園）！
武朗弋礁拉老歪礁嗎嘆（不論男女老幼），
免洗溫毛雅覓刀嗎林唭萬萬（同去犁園好種薑）；
嗎咪唭萬萬吧唎陽午涼藠米唭唎阿（俟薑出後再來飲酒）。

| 武洛頌祖歌 |

嘻阿浩孩耶嗄（此句係起曲之調）！
乜連糾（先時節），
鎮唎烏留岐跌唧（我祖先能敵傀儡），
那唎平奇腰眉（聞風可畏）；
鎮仔奇腰眉（如今傀儡尚懼），
唭耳奄耳奄罩散嗄（不敢侵越我界）！

｜茄藤飲酒歌｜

近阿欸其歪（請同來飲酒）！
礁年臨萬臨萬其歪（同坐同飲），
描阿那哆描阿欸（不醉不歸）！
代來那其歪（答曰：多謝你）！
嘻哆萬那阿欸其歪（如今好去遊戲），
龜描阿滿礁阿欸其歪（若不同去遊戲便回家去）。

｜放緜種薑歌｜

粘粘到落其武難馬涼道毛呀覓其唥嗎（此時是三月天，好去犁
園）！
武朗弋礁拉老歪礁嗎嘆（不論男女老幼），
冤洗溫毛雅覓刀嗎林唭萬萬（同去犁園好種薑）；
嗎咪唭萬萬吧唎陽午涼藕米唭唎阿（俟薑出後再來飲酒）。

｜武洛頌祖歌｜

嘻阿浩孩耶嗄（此句是起曲之調）！
乜連糾（先時節），
鎮唎烏留岐跌唧（我祖先能敵傀儡），
那唎平奇腰眉（聞風可畏）；
鎮仔奇腰眉（如今傀儡尚懼），
唭耳奄耳奄罩散嗄（不敢侵越我界）！

| 力力飲酒捕鹿歌 |

文嘮嘆啞奢（來賽戲）！
丹領嘆漫漫（種了薑），
排裏嘆黎唉（去換糯米）；
伊弄嘆嘮力（來釀酒）！
麻骨裏嘆嘮力（釀成好酒），
匏黍其麻因刃臨萬嘆嘮力（請土官來飲酒）；
媽良嘆嘮力（酒足後），
毛丙力嘆文蘭（去捕鹿）；
毛里居嘆丙力（捕鹿回），
文嘮嘆啞奢（復來賽戲）！

附載

　　「土官有正副，大社五、六人，小社三、四人，各分公廨（管事頭目亦稱公廨）。有事，則集眾以議。能書紅毛字者號曰教冊，掌登出入之數；削鵝毛管濡墨橫書，自左而右。」「由淡水入深山，番狀如猿猱，長僅三、四尺；語與外社不通，見人則升樹杪，人視之，則張弓相向。」（鳳山志）[13]

　　鳳山一邑，倉穀多於淡水；各社堆貯，修蓋倉廠，悉令土番繕

---

13. 陳文達，《鳳山縣志》〈卷七 風土志〉，頁82。

| 力力飲酒捕鹿歌 |

文嘮嘆啞奢（來賽戲）！
丹領嘆漫漫（種了薑），
排裏嘆黎唉（去換糯米）；
伊弄嘆嘮力（來釀酒）！
麻骨裏嘆嘮力（釀成好酒），
匏黍其麻因刀臨萬嘆嘮力（請土官來飲酒）；
嫣良嘆嘮力（酒足後），
毛丙力嘆文蘭（去捕鹿）；
毛里居嘆丙力（捕鹿回來），
文嘮嘆啞奢（再來賽戲）！

附 載

「土官有正土官、副土官，大社有五、六位，小社也有三、四位，各自分管公廨（管事頭目也稱作公廨）。有事的時候，就集合眾人到公廨商量。能書寫紅毛字的人叫做「教冊」，掌管登錄支出收入的數目。教冊削鵝毛管做筆，沾上墨汁書寫的文字，從左到右。」「由淡水進入深山，番人的形狀如同猿猴，身高只有三、四尺；語言無法與外面的番社相通，看到人就爬到樹梢，有人看他，就拉開弓箭相向。」（節錄自《鳳山志》）

鳳山縣邑的倉糧，多堆貯在淡水各社；修蓋穀倉一類的事，都命令土番修繕治辦，已經屬於過度勞累的派遣了。至於有司對稻穀出入的管理，本來就有社房、對差與經管的僕役，番人原本不需參

治，已屬派累。至司納出入，有社房、有對差或經管僕役，諸番原不與聞；及遇徵顆，兼之猴鼠侵耗，或官吏侵盜缺少，俱責令各番賠補。從前有司總利番民蚩愚，剝削侵吞，苦累實甚。余飭所司倉廒，祗許令土番在外協同看護；至倉內穀石及修理倉房，不得混派一粟一木，稍知警惕。

　　小琉球社，[14] 對東港，[15] 地廣約二十餘里，久無番社，餉同瑯嶠、卑南覓，皆邑令代輸。山多林木，採薪者乘小艇登岸；水深難於維繫，將舟牽拽岸上，結寮而居。近因偵緝餘孽，所司絕其往來矣。

　　南路番童習漢書者，曾令背誦默寫。上淡水施仔洛讀至離妻；人孕礁、巴加貓讀左傳鄭伯克段于鄢，竟能默寫全篇；下淡水加貓礁、加里文郎讀四書、毛詩，亦能摘錄；加貓讀至先進，礁恭讀大學，放絴社呵里莫讀中庸，搭樓社山里貓老讀論語，皆能手書姓名；加貓於紙尾書「字完呈上、指日榮陞」數字，尤為番童中善解事者。[16]

14. 小琉球社，社餉單位，年徵銀9兩8錢7分8釐4毫。小琉球，屏東縣東港鎮西南方海上的島嶼，今屏東縣小琉球鄉。當地原住有南島民族，但經1636年荷蘭人屠村事件後，除部分存活者被強制遷往公司屬地做苦力或新港社等處定居外，公司也將小琉球出贌給商人；故清領之後，儘管小琉球已沒有原住民，官府仍視為社餉單位，出贌給社商，收取餉銀。參見：康培德，〈離島淨空與平原移住──荷蘭東印度公司的臺灣原住民聚落遷移政策〉，刊於《殖民想像與地方流變：荷蘭東印度公司與臺灣原住民》，頁81-89。

與；但遇到稻穀發黴變黑、猴鼠偷吃消耗，或官吏侵偷盜取以致減少，卻都叫番人補賠。從前官方總是利用番民愚昧，剝削侵吞，實在苦累了番人。我飭令負責的單位，只允許他們讓土番在外協同看管防護，至於倉庫內的稻穀或倉房的修理，一粟一木都不得含混要求番人賠補修繕，各單位才稍稍知道警惕！

小琉球社隔著洋面與東港相望，地廣大約二十餘里；已經很久沒有番社的存在了，它的社餉與瑯嶠、卑南覓一樣，都由知縣令社商承包納繳。小琉球的山上有許多樹木，砍伐樹木的人乘坐小船靠岸；但由於水深難以綁繫船隻，只好將舟船拖到岸上，在那裡搭蓋草寮居住。近來，因為偵捕通緝朱一貴叛亂的餘孽，官方已經斷絕民眾與小琉球島之間的往來了。

南路的番童學習漢人書籍，曾叫他們背誦或默寫。上淡水的施仔洛，讀到《孟子》〈離婁篇〉；人孕礁、巴加貓，讀了《左傳》〈鄭伯克段于鄢〉，竟能將全篇默寫下來；下淡水的加貓礁、加里文郎，讀了《四書》、《毛詩》，也能摘錄裡面的文字；加貓讀了《論語》〈先進篇〉，礁恭讀了《大學》，放綵社的呵里莫讀《中庸》，搭樓社的山里貓老讀《論語》，都能手寫自己的姓名；加貓在紙張的結尾還寫了「字完呈上、指日榮陞」幾個字，尤其是番童中最善於理解懂事的人。

---

15. 屏東平原以東港溪為界，溪以東地區稱為「港東」，以西則為「港西」。此處指離島小琉球，正對著東港溪口。
16. 施仔洛、人孕礁巴加貓、加貓、礁加里文郎、阿里莫、山里貓老，皆番童名。

武洛社，八社中最小；性驚悍，逼近傀儡山。先是傀儡生番[17]欺其社小人微，欲滅之；土官糾集社番往鬥，大敗生番，戮其眾無算。由是傀儡懾服，不敢窺境。其子孫作歌以頌祖功；冬春捕鹿採薪，群歌相和，音極亢烈。生番聞之，知爲武洛社番，無敢出以攖其鋒者。余詩云：「發聲一唱競嘻呵，不解腰眉語疊何。傀儡深藏那取出，爲聞武洛採薪歌！」[18]

黃吳祚〈詠上淡水八社〉二首：

「初冬出草入山深，先向林間聽鳥音；
　華雀飛來音較亮，諸番競奮逐前禽。」

「社中留客勸銜杯，諸婦相將送酒來；
　誤進一杯須盡飲，漫分辭受起嫌猜！」

---

17. 傀儡山，屏東縣境群山總稱，非指特定的某座山；傀儡生番，指分佈於傀儡山區的「生番」，即今排灣族與魯凱族。
18. 此即黃叔璥詩作〈聞武洛社採薪歌〉。

武洛社，是八社中最小的社；但性格強悍，社址逼近傀儡山。以前傀儡生番藐視武洛社小人少，想要消滅它。土官就組織眾番前往戰鬥，終於大敗生番，殺了對方無數人。因此，傀儡番害怕屈服，從此不敢再來窺視邊境。武洛社的子孫作曲歌頌祖先武功，在冬春捕鹿採薪的時候，群體競相歌誦唱和，聲音極為高亢。生番一聽，就知道是武洛社番人，不敢出來挑釁。我寫詩讚揚他們說：「當武洛社的人發聲競相頌唱『嘻呵』時，外人並不了解他們的表情和語音涵意；但傀儡番卻深藏山林不敢現身，只因為他們聽到的是武洛社的採薪歌。」

黃吳祚〈詠上淡水八社〉中的兩首，這麼寫：

「當初冬出草捕鹿準備進入深山時，必先在林中聽一聽鳥叫聲；飛來的鷺雀如果聲音比平常明亮，所有的番人就競相奮勇去追逐前面的飛禽。」

「番社勸酒留客，眾番婦一一端酒杯上前送酒；如果不小心喝了一杯，就得喝完所有人的杯中酒，千萬不要只喝這杯而不喝那杯，以致引起嫌隙誤會。」

南路鳳山傀儡番二[1]

北葉安、[2] 心武里（北葉分出）、[3]
山豬毛、[4] 加蚌（一作泵）、[5] 加務朗、[6]
勃朗（一名錫干）、[7] 施（一作系）汝臘、[8]
山里老（一名山里留）、[9] 加少山、[10]
七齒岸（一云即施汝臘，未知孰是）、[11]
加六堂、[12] 礁嘮其難（一名陳那加勿）、[13]
陳阿修（一名八絲力，以上熟番）；[14]
加走山、[15] 礁網曷氏[16] 系率臘、[17]
毛系系、[18] 望仔立、[19] 加籠雅、[20]
無朗逸、[21] 山里目、[22] 佳者惹葉、[23]
擺律、[24] 柯覓、[25] 則加則加單[26]（以上新
附番）

1. 傀儡番，為漢人對傀儡山區原住民族的稱呼，泛指屏東縣大武山區的原住民村落群，今排灣族、魯凱族；文獻記載，最早可追溯到17世紀荷蘭文獻與郁永河的《裨海紀遊》。儘管「傀儡」二字的語源有各種說法，但在漢人的異族觀中，係與獵首、難以教化等社會想像連結。這裡記錄的「傀儡番」有25社，其中13社是已徵餉銀的「熟番」，包含舊額社餉的加六堂社，年徵銀49兩3錢9分2釐；以及康熙54年（1715）「聞風來效貢職」的山豬毛、八絲力、加蚋、加無郎、礁勝其難、加少山、北葉安、山里留、施汝臘、錫干等十社，年輸鹿皮50張、折銀12兩，以及北葉安分出的心武里、同社不同名的施汝臘與七齒岸。另12社，則是雍正1-2年（1724-25）先後新附的生番。參見：國立故宮博物院，《宮中檔雍正朝奏摺‧卷三》（臺北：國立故宮博物院，1977），頁72。參見附錄三。

2. 北葉安，社名，今屏東縣瑪家鄉北葉部落舊址。參見：臺灣總督府警務局理蕃課著、中研院民族所編譯，《高砂族調查書‧蕃社概況》，頁297-298。

3. 心武里，或新武里，社名，屏東縣瑪家鄉排灣部落舊址。雍正元年（1723）遭客民殺死的蘭雷，即為心武里社的女土官。

4. 山豬毛，社名，今屏東縣三地門鄉三地門部落舊址。參見：臺灣總督府警務局理蕃課著、中研院民族所編譯，《高砂族調查書‧蕃社概況》，頁271-272。

5. 加蚋，又名加泵，社名，今屏東縣泰武鄉佳平部落舊址。參見：葉高華編著，《十八世紀末御製臺灣原漢界址圖解讀》（臺南：國立臺灣歷史博物館；臺北：南天書局，2017），頁171。

6. 加務朗，社名，不詳。

7. 勃朗，又名錫干，社名，侯錦郎藏「御製臺灣原漢界址圖」、中研院史語所藏「清乾隆中葉臺灣番界圖」、北京故宮藏「臺灣田園分別墾禁圖說」（即「紫線番界圖」），均合稱「勃朗錫干」，不詳。

8. 施汝臘，又名系汝臘，社名，今屏東縣泰武鄉安平部落舊址。參見：臺灣總督府警務局理蕃課著、中研院民族所編譯，《高砂族調查書‧蕃社概況》，頁286-287。

9. 山里老，又名山里留，社名，今屏東縣瑪家鄉佳義部落舊址，當時土官為珍里覓。參見：拉夫琅斯‧卡拉雲漾主編，《瑪家鄉志》（屏東：瑪家鄉公所，2014），頁131。

10. 加少山，又名加查清難社，今屏東縣瑪家鄉佳義部落舊址。參見：拉夫琅斯‧卡拉雲漾主編，《瑪家鄉志》，頁131。

11. 七齒岸，社名，有說另名施汝臘，未能確定。

傀儡生番，動輒殺人割首以去；髑髏用金飾以爲寶，志言之
矣。被殺之番，其子嗣於四箇月釋服後，必出殺人，取首級以祭。
大武、[27] 力力[28] 尤摯悍，以故，無敢輕歷其境。

飲食居處，傳說不一。有云：若輩在深山中，首蒙鹿皮，胸背
間用熊皮蔽之。喜食大龜，用火炙熟，刀劈啖之，以殼爲什器；龜
卵剝去靭皮，和鹽少許而食。麞鹿取其肉，用石壓去血水曬乾，出

---

12. 加六堂，社名，今屏東縣枋山鄉加祿堂，徵銀49兩3錢9分2釐。參見：簡炯仁，
   〈「加六堂」地名考〉，收於氏著，《屏東平原先人的開發》（屏東：屏東縣政府
   文化局，2015），頁251-259。
13. 礁嘮其難，一名陳那加勿，又名礁朥加物，漢人稱內社；日治時代，依內社之閩南
   語發音轉譯為rai社，戰後再譯為來義，今屏東縣來義鄉來義部落舊址。參見：臺
   灣總督府警務局理蕃課著、中研院民族所編譯，《高砂族調查書・蕃社概況》，頁
   299-230。
14. 陳阿修，又名八絲力，社名，今屏東縣來義鄉丹林部落舊社。陳阿修，可能是通
   事名。參見：臺灣總督府警務局理蕃課著、中研院民族所編譯，《高砂族調查
   書・蕃社概況》，頁300。
15. 加走山，社名，今屏東縣泰武鄉萬安部落舊址。參見：葉高華編著，《十八世紀
   末御製臺灣原漢界址圖解讀》，頁169。
16. 礁網曷氏，社名，今屏東縣泰武鄉萬安部落舊址。參見：葉高華編著，《十八世
   紀末御製臺灣原漢界址圖解讀》，頁169。
17. 系率臘，社名，不詳。
18. 毛系系，社名，今屏東縣泰武鄉瑪仕部落舊址，當時女土官為弟勞里阮。參見：
   臺灣總督府警務局理蕃課著、中研院民族所編譯，《高砂族調查書・蕃社概
   況》，頁279-280。
19. 望仔立，社名，今屏東縣來義鄉望嘉部落舊址。參見：臺灣總督府警務局理蕃課
   著、中研院民族所編譯，《高砂族調查書・蕃社概況》，頁302-303。
20. 加籠雅，社名，不詳。
21. 無朗逸，又名務郎逸，社名，不詳。

　　傀儡生番，動不動就殺人，把頭割去；髑髏頭用金裝飾，視爲寶物，地方誌已經這麼說過。被殺的番人，他的子嗣在服完四個月喪期後，必然出來報仇殺人，取對方的首級回去祭拜。大武、力力尤其強悍，因此沒有人敢輕易經過他們的境地。

　　飲食居處，到底如何，傳說不一。有人說：這些番人在深山中，頭蒙著鹿皮，胸背間用熊皮遮蔽。喜歡食用大龜，以火烤熟後，再用刀劈開吃食，並用龜殼做器物；龜卵剝掉軟皮後，和著一些鹽巴吃食。麞、鹿就取牠們的肉，用石頭壓去血水曬乾後，拿到山外交易鹽、布、米、珠這類東西。遇到有人賣鐵、鉛子、火藥，

---

22. 山里目，社名，不詳。
23. 佳者惹葉，社名，今屏東縣瑪家鄉瑪家部落舊址，蘭朗當時是該社又稱公廨的管事頭目。參見：臺灣總督府警務局理蕃課著、中研院民族所編譯，《高砂族調查書‧蕃社概況》，頁294-295。
24. 擺律，又名白鷺，社名，彩文是該社當時的副土官。依日治時代資料，擺律社可分為上、下白鷺社，上白鷺社指屏東縣瑪家鄉白露部落舊址，參見：臺灣總督府警務局理蕃課著、中研院民族所編譯，《高砂族調查書‧蕃社概況》，頁296。下白鷺社為屏東縣來義鄉南和村白鷺部落，參見：臺灣總督府警務局理蕃課著、中研院民族所編譯，《高砂族調查書‧蕃社概況》，頁304-305。
25. 柯覓，又名瓜覓、柯律、割肉，社名，今屏東縣春日鄉古華部落舊址。參見：臺灣總督府警務局理蕃課著、中研院民族所編譯，《高砂族調查書‧蕃社概況》，頁312-313。
26. 則加則加單，社名，可能為七腳亭社，今屏東縣春日鄉七佳部落舊址，礁鹿子卓當時是該社又稱公廨的管事頭目。參見：臺灣總督府警務局理蕃課著、中研院民族所編譯，《高砂族調查書‧蕃社概況》，頁307-308。
27. 大武，社名，魯凱族最古老部落之一，今屏東縣霧台鄉大武部落舊址。
28. 力力，又名歷歷、力里，社名，今屏東縣春日鄉力里部落舊址。參見：臺灣總督府警務局理蕃課著、中研院民族所編譯，《高砂族調查書‧蕃社概況》，頁305-306。

山易鹽布米珠。遇鐵及鉛子火藥，雖傾其所有以易，不顧也。芋極長大而細膩，番以爲糧；熟後陰乾，每食少許，以水下之，可終日不食。

　　或云：武力社、[29] 率芒社、[30] 瓜覓社、[31] 歷歷社、[32] 七腳亭社、[33] 擺律社、加籠雅社、無朗逸社、望仔立社、勃朗社、陳那加勿社、陳阿修社、加務朗社、董滴社、[34] 加蚌社、加少山社、毛系系社、礁岡曷氏社、龜嘮律社，[35] 爲港東里十九社：加走山社、系汝臘社、系率臘社、七齒岸社、北葉社、心武里社、山里老社、八歹社、[36] 加者膀眼社、[37] 拜完社、[38] 山豬毛社、山里目社、力力喇社，[39] 爲港西里十三社。[40]

---

29. 武力社，社名，不詳。
30. 率芒社，又名萃芒、士文，今屏東縣春日鄉士文部落舊址。參見：臺灣總督府警務局理蕃課著、中研院民族所編譯，《高砂族調查書‧蕃社概況》，頁309-310。
31. 瓜覓社，又名柯覓、柯律、割肉，社名，今屏東縣春日鄉古華部落舊址，余基卯是當時該社又稱公廨的管事頭目。參見：臺灣總督府警務局理蕃課著、中研院民族所編譯，《高砂族調查書‧蕃社概況》，頁312-313。
32. 歷歷社，又名力里、力力，社名，今屏東縣春日鄉力里部落舊址。參見：臺灣總督府警務局理蕃課著、中研院民族所編譯，《高砂族調查書‧蕃社概況》，頁305-306。
33. 七腳亭社，社名，今屏東縣春日鄉七佳部落舊址。參見：臺灣總督府警務局理蕃課著、中研院民族所編譯，《高砂族調查書‧蕃社概況》，頁307-308。
34. 董滴社，社名，不詳。
35. 龜嘮律社，又名君崙留、崑崙樓，社名，今屏東縣來義鄉古樓部落舊址。參見：臺灣總督府警務局理蕃課著、中研院民族所編譯，《高砂族調查書‧蕃社概況》，頁300-302。

即使傾盡所有的東西去換取，他們也願意。芋頭極為長大、質地細膩，番人拿來當糧食；煮熟後放在陰涼處乾燥，每次吃一些，和水吃下，可以整天不再吃其他東西。

　　有人說：武力社、牽芒社、瓜覓社、歷歷社、七腳亭社、擺律社、加籠雅社、無朗逸社、望仔立社、勃朗社、陳那加勿社、陳阿修社、加務朗社、董滴社、加蚌社、加少山社、毛系系社、礁罔曷氏社、龜嘮律社，就是「港東里十九社」；加走山社、系汝臘社、系率臘社、七齒岸社、北葉社、心武里社、山里老社、八歹社、加者膀眼社、拜完社、山豬毛社、山里目社、力力喇社，就是「港西里十三社」。

---

36. 八歹社，又名八歹因，社名，今屏東縣瑪家鄉高燕部落舊址。參見：臺灣總督府警務局理蕃課著、中研院民族所編譯，《高砂族調查書·蕃社概況》，頁293-294。八歹因，是排灣族、魯凱族、卑南族等共同的源流地，保有特別的發源傳說，其舊社遺址於2019年8月1日公告登錄為文化資產聚落建築群。
37. 加者膀眼社，又名古茶柏安，今屏東縣霧臺鄉舊好茶。參見：臺灣總督府警務局理蕃課著、中研院民族所編譯，《高砂族調查書·蕃社概況》，頁270-271。
38. 拜完社，即排灣社。依日治時代資料，排灣社可分別為上、下排灣社；上排灣社指今屏東縣三地門鄉德文村境內（臺灣總督府警務局理蕃課著、中研院民族所編譯，《高砂族調查書·蕃社概況》，頁253-254）；下排灣社，指今屏東縣瑪家鄉排灣部落舊址（全書，頁290-291）。
39. 力力喇社，社名，不詳。
40. 此段落所指的港東里、港西里，是以東港溪為界，溪南稱為港東，溪北稱為港西。從社餉徵收來看，東港溪以南的山區番社（即港東里十九社），可能為一組地方通事的交易網絡；東港溪以北的山區番社（即港西里十三社），可能為另一組交易網絡。

　　鳳山通事外委鄭宇云：礁巴覓曾轄六社：山豬毛社、山里目社、賓唠龜臘社、大解懷社、毛邦難社、加知務難社；加務朗社轄三社：柯覓社、擺律社、君崙留社；擺灣社轄十二社：礁巴覓工社、山唠老社、加查青難社、陳阿少里社、加力氏社、加則難社、八歹因社、礁來搭來社、加老律社、加者膀眼社、知唠日氏社、君云樓社；佳者惹葉社轄十一社：山里留社、加少山社、陳阿難益難社、[41]擺也也社、加走山社、則加則加單社、大文里社、[42]貓美加社、思里思里莫社、施汝臘社、卒武里社；加蚌社轄九社：礁網曷氏社、施率臘社、毛系系社、唠律目社、施羅滿社、礁唠其難社、八絲力社、加籠雅社、勃朗錫干社；望仔立社轄二社：無朗逸社、七腳亭社。[43]

　　又，歷歷社、董底社、萬屢屢社，屬山後卑南覓社，[44] 社轄共六十八社。又見別圖有黎嶺社、懷仔社、加人工社、山務諧社、山卓考社；或又云，共七十二社。層巖疊岫，人跡罕經，得之傳聞，無所證據；茲盡為錄出，以俟後之留心採訪者。

---

41. 陳阿難益難社，社名，今屏東縣瑪家鄉佳義部落舊址。參見：葉高華編著，《十八世紀末御製臺灣原漢界址圖解讀》，頁169。

42. 大文里社，社名，今屏東縣泰武鄉德文部落舊址。參見：葉高華編著，《十八世紀末御製臺灣原漢界址圖解讀》，頁168。

43. 鄭宇描述的社屬關係，可能為社商團體的貿易網絡與責任區分工。其中，有若干社重複出現，如君崙留社/君云樓社，施汝臘社/施率臘社，則加則加單社/七腳亭社，可能指同一番社的交易權，由不同社商團體瓜分；社名，則因漢字表音，而有書寫的差異。

　　鳳山縣通事外委鄭宇說：「礁巴覓曾轄有六社：山豬毛社、山里目社、賓嘮龜臘社、大解懷社、毛邦難社、加知務難社。加務朗社轄有三社：柯覓社、擺律社、君崙留社。擺灣社轄有十二社：礁巴覓工社、山嘮老社、加查青難社、陳阿少里社、加力氏社、加則難社、八歹因社、礁來搭來社、加老律社、加者膀眼社、知嘮曰氏社、君云樓社。佳者惹葉社轄有十一社：山里留社、加少山社、陳阿難益難社、擺也也社、加走山社、則加則加單社、大文里社、貓美加社、思里思里莫社、施汝臘社、卒武里社。加蚌社轄有九社：礁網曷氏社、施率臘社、毛系系社、嘮律目社、施羅滿社、礁嘮其難社、八絲力社、加籠雅社、勃朗錫干社。望仔立社轄有二社：無朗逸社、七腳亭社。

　　又有人說：歷歷社、董底社、萬屢屢社，歸屬於山後的卑南覓社；卑南覓社約轄有六十八社。又見其他的地圖，繪有黎嶺社、懷仔社、加人工社、山務諧社、山卓考社；所以也有人說：共七十二社。總之，這些番社在層巖疊岫中，人跡罕到，我們的聽聞都得自傳說，沒有證據。因此，這裡把它們全數記錄列出，以待日後有心採訪的人參考。

---

44. 卑南覓，社餉單位，既是社商的交易村落群，也指特定的空間概念；而依納入村落的數量差異，可以指涉不同的空間範圍，如卑南覓68社、72社等，年徵銀68兩7錢9分6釐。

雍正癸卯[45]秋，心武里女土官蘭雷爲客民殺死。八歹社、加者
膀眼社率領番衆數百，暗伏東勢莊，[46]殺死客民三人，割頭顱以
去；文武宣示兵威，勒緝兇番，兩社遯逃，僅得二髑髏以歸。[47]維
時附近生番加走山社、礁網曷氏社、系率臘社、毛系系社、望仔立
社、加籠雅社、無朗逸社、山里目社，呈送番豕、卓戈紋、番籃
蓋，願來歸化，計七百餘口，各社歲輸鹿皮五張。

不衣不袴，惟於私處以布圍繞；土官衣狀如毼毼，風吹四肢畢
露。毛系系社女土官弟勞里阮頭帶竹方架，四圍用紅雨纓織成，中
有黃花紋，遠望如錦，纏繞竹上，名達拉嗎；亦有飾以孔雀毛者
云。非土官，不敢加首。

甲辰[48]四月，舊歸化山里留社土官珍里覓，挈佳者惹葉社公廨[49]
蘭朗、則加則加單社公廨礁鹿子卓、擺律社副土官彩文、柯覓社
公廨余基卯等，獻送戶口冊共五百二十名口，附貢迦喇巴（篾籃
蓋）八、咿洞(即卓戈紋)四、番豕二。據稱聖天子愛養黎元，下逮

---

45. 雍正癸卯，即雍正元年（1723）。
46. 東勢莊，地名，今屏東縣內埔鄉新東勢。參見：葉高華編著，《十八世紀末御製
臺灣原漢界址圖解讀》，頁168。
47. 心武里女土官蘭雷為客民殺死事，可參考：杜曉梅，〈清代臺灣原住民女性人物
與形象研究〉，國立臺灣師範大學臺灣史研究所碩士論文，2017年。

　　雍正癸卯年秋天，心武里女土官蘭雷被客家人殺死。八歹社、加者膀眼社就率領幾百個番人，暗中埋伏在東勢莊，殺死客家人三個，割去頭顱後離開了。官方文武展現兵力，緝拿凶惡的番人，導致兩社的番人全都逃跑了，只獲得二個髑髏回來。當時附近的生番，包括加走山社、礁網曷氏社、系率臘社、毛系系社、望仔立社、加籠雅社、無朗逸社、山里目社，都獻出番豬、卓戈紋、番籃蓋這些東西，願意前來歸順，總計有七百多個人口，各社一年獻出鹿皮五張。

　　這些番人不穿衣服褲子，只有在私處用布圍繞起來；土官衣服的形狀有如袈裟，風一吹，四肢畢露。毛系系社女土官弟勞里阮頭上戴著竹子做的方形架子，四周圍用紅雨纓織成，中間有黃花紋，遠遠望去好像錦布，纏繞在竹架上，名叫「達拉嗎」；也有用孔雀毛來做裝飾的。假如不是土官，就不敢在頭上這麼戴。

　　甲辰年四月，舊日歸順的山里留社的土官珍里覓，帶著公廨主管蘭朗、則加則加單社的公廨主管礁鹿子卓、擺律社的副土官彩文、柯覓社的公廨主管余基卯等，獻送戶口冊總共五百二十口，附帶獻上迦喇巴（筊籃蓋）八個、咿洞（就是卓戈紋）四匹、番豬二隻；據他們說，因為如今的聖天子愛護天下人民，向下推及番民，

---

48. 雍正甲辰，即雍正2年（1724）。
49. 依《鳳山縣志》，公廨除指集會所外，管事頭目也稱為「公廨」。參見：陳文達，《鳳山縣志》〈卷七・風土志〉，頁82。

番庶，聞風歸化。土官內有戴豹皮帽者，名力居樓大羅房，如豹頭形，眼中嵌玻璃片，週圍飾以朱英，帽後綴以豹尾；亦有戴頭箍者，名奧曼，插以鳥羽十餘枝，參差排列，垂髮二縷，云係其妻之髮；衣熊豹皮，名曰褚買；內披短衣，曰鴿覓；下體盡露，惟於私處圍烏布一片，曰突勿；亦有胸前搭紅綠卓戈紋者，名曰噶拉祿。用紅嗶吱折碎，間以草絲，番婦用口染成青綠，經緯錯綜，頗為堅致。各佩一刀，名曰奪佳；另有網袋名細敲，皮袋名落母，皆以貯行裝者。

鳳山令楊毓健[50]令鄭宇[51]撫和生番，往來傀儡山，風土性情，言之極詳，因述其略。鳳邑東南一帶，嶄巖蔘嵯，足跡不至。山前，則加蚌、山豬毛、望仔立等七十二社，上連諸羅之務來優，下及鳳山之謝必益。山後，則卑南覓七十二社，北通崇爻，南極琅嶠，悉為傀儡番巢穴。每社各土官一，仍有副土官、公廨；小社僅一土官。大社轄十餘社或數社不一，共五十四社。他如謝必益轄四社，琅嶠轄十四社，卑南覓轄六十八社，崇爻轄四社。山前、山後社百四十有奇。

---

50. 楊毓健，字力人，湖廣長陽人，貢生。清康熙61年（1722）秋，由臺灣府海防捕盜同知調任鳳山知縣。雍正元年（1723）月離任。參見：劉良璧，《重修福建臺灣府志》〈卷十三・職官〉，頁356。
51. 鳳山縣通事。

所以他們就趕來歸順。土官裡面有戴豹皮帽的人，名叫「力居樓大羅房」，他的頭部裝飾成豹頭形，在豹頭的眼中嵌入了玻璃片，周圍再裝飾紅色的羽毛，帽子後面繫上豹尾。也有戴著頭箍的人，名叫「奧曼」，他插著鳥的羽毛十餘枝，參參差差排列在頭上，二絡頭髮垂下來，說是他妻子的頭髮；外衣穿熊豹皮的人，名叫「褚買」；裡面披著短衣的人，名叫「鴿覓」；露出下體，只在私處圍著一片黑布的人，名叫「突勿」；還有胸前搭著紅綠卓戈紋的人，名叫「噶拉祿」，他胸前的卓戈紋布是把紅嗶吱布折碎後，雜入草絲，番人婦女用嘴將它染成青綠色，織成經緯錯綜的布，頗爲堅韌美觀。他們每人都佩帶一把刀子，稱爲「奪佳」；另有網袋，稱爲「細敲」；皮袋就稱爲「落母」，都是用來貯藏旅外的服裝用的。

鳳山縣令楊毓健曾經命令鄭宇去安撫生番，往來於傀儡山一帶，對於那裡的風土民情，說得非常清楚，現在我說個概要：鳳邑東南方一帶，危巖蔘差地聳立，一般人的足跡難以到達。山前就有加蚌、山豬毛、望仔立等七十二社的存在，北邊連接了諸羅縣的務來優，南邊連接著鳳山的謝必益。山後就是卑南覓七十二社，北邊通到崇爻，南邊通到琅嶠，都是傀儡番的巢穴。每社各有土官一人，還有副土官、公廨主管；小社只有一個土官。大社統轄十幾個社或是幾個社，總共五十四社。其他好比說謝必益統轄四社，琅嶠統轄十四社，卑南覓統轄六十八社，崇爻統轄四社。山前、山後的番社總計有一百四十多社。

其居處，悉於山凹險隘處，以小石片築爲牆壁，大木爲梁，大枋爲桷，鑿石爲瓦，不慮風雨，惟患地震。大枋大石爲牀，番布爲裀。

食用器具，以藤篾爲筐、爲椀、爲鉢、爲杓、爲箸。種薯芋黍米以充食。種時，男婦老幼偕往；無牛隻犁耙，惟用鐵錐鋤鑿栽種。芋熟，置大竹扁上，火焙成乾，以爲終歲之需，外出亦資爲餱糧。農事之暇，男則採藤編籃、砍木鑿盆，女則績苧織布；惟土官家織紅藍色布及帶頭織人面形，餘則不敢。

各社生番持與熟番交易珠布鹽鐵，熟番出與通事交易。土官畜雞犬，卻不食。餘番，則以竹木及蔘豕、捕獸爲活。下山則腰佩短刀，手執鏢槊、竹箭、木牌等械，背負網袋，内貯貨物。

披髮裸身，下體烏布圍遮。隆冬，以野獸皮爲衣，熊皮非土官不敢服；天雨，則以機榔葉爲衣爲笠。天旱亦祈禱，通社男女五日不出門，不舉火，不食煙，惟食芋乾；得雨後，亦不出門五日謝雨，名曰起向。

各社頭皆留髮，翦與眉齊，草箍似帽。以野草黑齒。兩耳穿孔，用篾圈抵塞。土官、副官、公廨，至娶妻後即於肩、背、胸膛、手臂、兩腋，以鍼刺花，用黑煙文之；正土官刺人形，副土

他們居住在山凹險要的地方，用小石片堆疊築成牆壁，再用巨大的木頭當樑柱，大木頭架屋頂，劈鑿石頭當瓦，蓋的房子不怕風雨，只怕地震。用大木頭、大石塊造床，用番布當墊褥。

食用的器具，用藤條和竹片編成籮筐、椀、缽、杓、箸。種薯、芋、黍、米來充飢。耕種時，一家男女老幼都一起前往，既無牛隻耕種也無犁耙助耕，只有用鐵錐除草挖地栽種東西。芋頭成熟後，放在大的竹片上，用火焙乾，一整年可以食用，外出時也可以當成乾糧。農事之餘若有空閒，男人就採籐編織籃子，砍伐樹木做成盆子；女人則用苧麻織布。如果是土官之家，就織紅藍色的布以及在帶頭上織人面形狀，其餘的番民則不敢如此做。

各社生番拿珠、布、鹽、鐵與熟番交易，熟番拿出去和通事交易。土官養雞養狗，卻不吃雞、狗。其餘的番民則砍伐竹子木頭，養豬、捕獸過活。下山時則腰際佩帶短刀，手執鏢槍、竹箭、木牌等等武器，背著網袋，裡面放著貨物。平常披髮裸身，下體用黑布圍遮，隆冬的時候用野獸皮為衣；如果不是土官就不敢以熊皮當衣服。下雨的時候，就用椶櫚葉做衣服和斗笠。天旱不雨的時候也會祈雨，全社男女五天不出門，也不點火，不煮飯，只吃芋乾；等到得雨之後，也是五天不出門，表示謝神，就叫做「起向」。

各社都留髮，剪到眉際，頭戴草箍很像帽子。用野草塗黑牙齒。兩個耳孔用竹圈塞住。土官、副官、公廨負責人到娶妻之後，就在肩、背、胸膛、手臂、兩腋上刺花，再用黑煙塗抹。正土官就

官、公廨衹刺墨花而已，女土官肩臂手掌亦刺墨花，此即尊卑之別。捕鹿、射獵，以鹿皮爲袴、爲履；鏢刀弓矢，皆所自製。最喜鼎鐺、銅鐵、米珠、鹽布、嗶吱、梳枇。

親朋相見，以鼻彼此相就一點，小番見土官，以鼻向土官項後髮際一點。凡所轄社，小番栽種黍米薯芋，土官抽取十分之二；至射獵麕鹿山豬等獸，土官得後一蹄。凡嫁娶，則以鼎珠刀布爲聘，土官取其半。

山前、山後諸社，例於五年，土官暨眾番百十圍繞，各執長竹竿，一人以藤毬上擲，競以長竿刺之，中者爲勝；番眾捧酒爲賀，名曰託高會。酒酣，各矜豪勇，以殺人頭多者爲雄長；故殺人之案，歲不絕書。今歸化生番，習已盡易。番婦俱以秋千爲戲；各社戶前，因大樹縛藤，縱送爲樂，日夕歌唱不絕口。散髮鬅松，短衣跣足。外出掘薯收芋，衣物俱於網袋貯之；行戴於首。

未婚時，男女歌唱相合，男隨女肩水負薪；意既投，始告父母聘之。反目，即時分離，男再娶，女別嫁。土官彼此結姻，不與眾

刺人形，副土官、公廨負責人只刺墨花而已；至於女土官，肩、臂、手掌也刺墨花：這就是尊卑的分別。捕鹿、打獵時，鹿皮做成褲子穿上、鹿皮做成鞋子穿上；鏢槍、腰刀、弓、箭，都自己製造。最喜歡鍋、鐺、銅、鐵、米珠、鹽、布、嗶吱、梳子與篦子。

親朋相見面，以鼻子彼此相觸一下，小番見到土官，以鼻子向土官頸項後的髮際觸一下。凡是土官所領轄的番社，小番栽種的黍、米、薯、芋，土官抽取十分之二；至於獵到麞、鹿、山豬等獸類，土官則取得後蹄中的一蹄。嫁娶的時候，使用鍋、珠、刀、布當聘禮；土官拿一半。

山前、山後的諸番社，每五年例行一個比賽，土官以及眾番百、十人圍繞在一起，各人拿了長竹竿，一個人把藤毬向上擲，大家就競相用長竿去刺它，刺中的人就是勝利的人；番眾就捧著酒祝賀他，名叫「託高會」。酒一旦喝得起勁，各人就開始誇口自己的豪勇，以殺人頭最多的人為英雄；所以殺人案每年都有。如今歸化的生番，習慣已經完全改變了。番人婦女都用鞦韆來遊戲；各社的門前，在大樹繫綁藤索，盡力往前往後送來作樂；太陽下山時，就歌唱不停。他們習慣散髮，讓頭髮鬤鬆，穿短衣，赤腳。外出時，掘了番薯，挖收芋頭，和衣物都用網袋裝起來；行走時就戴放在頭上。

未結婚時，男女用歌唱相互尋找適合的對象，男子隨著女子挑著水、背著薪柴；等到雙方已經情投意合，才告訴父母送聘。夫妻

番婚娶。歸化番女，亦有與漢人為妻室者，往來倍親密。土官故，無論男女總以長者承嗣；長男則娶婦，長女則贅婿，家業盡付之，甥即為孫，以衍後嗣。無姓氏，三世外即互相嫁娶。孫祖或至同名，子多者名或與伯叔同。

　　父母兄弟故，家業器用，一家均分，死者亦一分。埋葬，於屋內挖穴，四圍立石；先後死者，次第坐葬穴中；無棺木，只以番布包裹，其一分物件置死側；大石為蓋，米粥和柴灰黏石罅，使穢氣不泄。婦產死，山頂另開一堀埋之。本社有喪，通社男女為服二十餘日，親屬六月。土官死，則本社及所屬各社老幼，亦服六月。其服身首纏披烏布；通社不飲酒，不歌唱。父母之服，長男長女身披烏布，頭荷斗笠，謂不敢見天也。服滿，射鹿飲酒，除烏布，謂之撤服。

　　歲時：以黍米熟為一年，月圓為一月。語與八社異。有事他出，聽鳥音；吉則趨，凶則返。酒以黍米合青草花同舂，草葉包煮，四、五日外，清水漉之，貯甕一、二日即有酒味。聚飲以木椀盛酒，土官先酌，次及副土官、公廨，眾番相繼而飲。社番間有

雙方反目不合就馬上離婚，男方再娶，女方別嫁。土官們彼此互通婚姻，不和一般的番民結婚。歸化後的番人女子，也有與漢人結爲夫妻的，兩家相互往來，加倍親密。土官死了，家庭不論男或女，總是以年紀最大的那個人繼承家業；長男就娶妻子，長女就招贅，家業都託付給他（她），外甥就是孫子，用以繁衍後代。沒有姓氏，三個世代之後就相互嫁娶。孫子和祖父可能同一個名字；兒子多的人，名字可能和伯父、叔父相同。

父母、兄弟亡故，家裡的器物，由一家人平均分得，死者也分得一份。埋葬時，在屋內挖洞，四周圍豎立石頭；按照先死、後死的順序，次第坐葬在墳穴裡；沒有棺木，只用番布包裹起來，那一份死者所分到的東西放置在死者旁邊；用大石頭當墳蓋，再用米粥和柴灰黏糊石隙，使屍體的臭氣不致外洩。婦人難產死了，必須在山頂另外挖一個墳埋她。本社如果有喪事，通社的男男女女必須爲死者服喪二十幾天，親屬則服喪六個月。土官死了，那麼本社以及所屬的各社老老幼幼，都要服喪六個月。喪服是在身體和頭部纏著披著黑布；通社不喝酒，不唱歌。服父母喪，長男或長女必須身體披黑布，頭上戴斗笠，意思是不敢見到天。喪期服滿後，獵鹿，喝酒，除掉黑布，叫做「撤服」。

計算歲月的方法是：以黍米成熟爲一年，月圓爲一月。語言與鳳山八社不同。有事外出，先聽鳥叫聲；如果是吉利就出去，如果是凶兆就回來。製酒的方法是：用黍米和青草花一起舂，再用草葉包起來煮，四、五日後，用清水濾清它，放在甕中一、二日就會有

角口，一相毆者；有犯，土官令公廨持竹木橫擊，將其器物盡爲棄擲。

卑南覓社，有犯及獲獸不與豚蹄，以背叛論，即殺之。

番貧，莫如傀儡；而負嵎蟠踞，自昔爲然。紅毛、僞鄭屢思勦除，居高負險，數戰不利，率皆中止。近則種類漸多，野性難馴；且幼習鏢刀、拈弓矢，輕禽狡獸，鏢箭一發無逸；兇頑嗜殺，實爲化外異類。今聖朝臨御，惠澤廣被，有血氣莫不尊親，雖蠻夷悍輕，亦知向化，源源來歸，非強致也。

酒味。一起喝酒時，就用木碗盛酒，土官先喝，然後副土官、公廨主管、一般番民相繼喝。社番間如果有口角，一旦發生彼此互毆，犯了的人，土官就命令公廨主管拿竹子、木棍攔腰打他，將他的器物都盡量丟掉。

如果是卑南覓社，犯了的人以及獵到獸類不給土官豬蹄子，以背叛罪論處，就殺了他。

番人之中，再也沒有比傀儡番更貧窮的了；然而，他們困守盤據在一個角落裡，不與外人往來，自古以來就是如此。紅毛人、偽鄭政權時，屢次想要剿除他們，但是他們住在高山險要地方，好幾次征討都失敗，導致中途停頓了。近年來種類漸漸多起來，野性難以馴服；而且幼年就學習如何運用鏢槍短刀，能夠拉箭張弓，遇到飛禽走獸，鏢箭一發，沒有能逃逸的；他們兇頑嗜殺，實在是教化之外的不同人類。現在換我大清皇朝來統御這裡，在恩惠廣被下，凡是有血氣的人類沒有不想尊敬親近的，雖然傀儡番是蠻夷凶悍，也知道要前來受教，源源不絕都來歸順了，我們並沒有強迫他們啊。

南路鳳山瑯嶠十八社三[1]

謝必益、[2] 豬嘮鍊（一名地藍松）、[3]
小麻利（一名貓籠逸，一名貓蘭）、[4]
施那格、[5] 貓裏踏、[6] 寶刀、[7] 牡丹、[8]
蒙率、[9] 拔蟯、[10] 龍鸞、[11] 貓仔、[12]
上懷、[13] 下懷、[14] 龜仔律、[15] 竹、[16]
猴洞、[17] 大龜文（或云傀儡）、[18] 柯律[19]

---

1. 瑯嶠十八社，指屏東縣恆春地區的原住民村落群，而「瑯嶠社」則為社餉單位，是鳳山縣四個舊額納餉「土番社」之一，徵銀51兩1錢5分6釐。
2. 謝必益，又名謝不一，社名，今屏東縣獅子鄉楓港溪流域。參見：葉高華編著，《十八世紀末御製臺灣原漢界址圖解讀》，頁181。
3. 豬嘮鍊，即豬勝束，又名地藍松，社名，今屏東縣滿州鄉里德村。參見：葉高華編著，《十八世紀末御製臺灣原漢界址圖解讀》，頁182。
4. 小麻利，又名貓籠逸、貓蘭，社名，今屏東縣車城鄉保力村。參見：中華綜合發展研究院應用史學研究所主編，《車城鄉志》（屏東：車城鄉公所，2004），頁87。
5. 施那格，又名四林格，社名，今屏東縣牡丹鄉四林部落舊址。參見：臺灣總督府警務局理番課著、中研院民族所編譯，《高砂族調查書・番社概況》，頁354-355。
6. 貓裏踏，又名萬里得，社名，今屏東縣滿州鄉長樂部落舊址。參見：葉高華編著，《十八世紀末御製臺灣原漢界址圖解讀》，頁181。
7. 寶刀，應為「寶力」之誤，社名，今屏東縣車城鄉保力村。參見：葉高華編著，《十八世紀末御製臺灣原漢界址圖解讀》，頁182。

8.　牡丹，社名，今屏東縣牡丹鄉牡丹村。參見：陳梅卿主編，《牡丹鄉志》（屏東：牡丹鄉公所，2000），頁131、163-164。

9.　蒙率，又名「蚊蟀」，社名，屏東縣滿州鄉滿州村。參見：臺灣總督府警務局理蕃課著、中研院民族所編譯，《高砂族調查書·蕃社概況》，頁309-310。

10.　拔蟯，又名八瑤，社名，今屏東縣滿州鄉長樂村八瑤部落舊址。參見：臺灣總督府警務局理蕃課著、中研院民族所編譯，《高砂族調查書·蕃社概況》，頁359。

11.　龍鑾，社名，屏東縣恆春鎮龍水里龍鑾潭東方。參見：葉高華編著，《十八世紀末御製臺灣原漢界址圖解讀》，頁182。

12.　貓仔，又名貓仔坑，社名，屏東縣恆春鎮仁壽里。參見：葉高華編著，《十八世紀末御製臺灣原漢界址圖解讀》，頁181。

13.　上懷，又名上哆囉快社，社名，屏東縣獅子鄉竹坑村快子部落舊址。參見：臺灣總督府警務局理蕃課著、中研院民族所編譯，《高砂族調查書·蕃社概況》，頁322-323。

14.　下懷，又名下哆囉快社，社名，屏東縣獅子鄉竹坑村快子部落舊址。參見：臺灣總督府警務局理蕃課著、中研院民族所編譯，《高砂族調查書·蕃社概況》，頁322-323。

15.　龜仔律，又名龜子角，社名，屏東縣恆春鎮墾丁里。參見：郭素秋，〈從羅妹號事件到南岬之盟：誰的衝突？誰的和解？〉，《原住民族文獻》41（2019），頁13-18。

16.　竹，即竹社，又名德社，社名，今屏東縣車城鄉保力溪上游。參見：臺灣總督府警務局理蕃課著、中研院民族所編譯，《高砂族調查書·蕃社概況》，頁360。

17.　猴洞，社名，清末恆春即建城於猴洞，今屏東縣恆春鎮城西里。參見：葉高華編著，《十八世紀末御製臺灣原漢界址圖解讀》，頁182。

18.　大龜文，又名傀儡社、內文社，社名，今屏東縣獅子鄉內文部落舊址。參見：臺灣總督府警務局理蕃課著、中研院民族所編譯，《高砂族調查書·蕃社概況》，頁340-343。

19.　柯律，又名柯覓、瓜覓、割肉，社名，今屏東縣春日鄉古華部落舊址。參見：臺灣總督府警務局理蕃課著、中研院民族所編譯，《高砂族調查書·蕃社概況》，頁312-313。

居處

　　築厝於巖洞，以石爲垣，以木爲梁，蓋薄石板於厝上，厝名打包，前後栽植檳榔、蔞藤。至種芋藝黍時，更於山下豎竹爲牆，取草遮蓋，以爲棲止；收穫畢，仍歸山間。

飲食

　　諸番傍巖而居，或叢處內山，五穀絕少。斫樹燔根以種芋，魁大者七、八觔，貯以爲糧。收芋時，穴爲窖，積薪燒炭，置芋灰中，仍覆以土，聚一社之眾發而噉焉；甲盡則乙，不分彼此。日凡三餐，不食雞。有傳紅毛欲殺生番，俱避禍遠匿，聞雞聲知其所在，逐而殺之；番以爲神，故不食。深山捕鹿，不計日期。饑則生薑嚼水，佐以草木之實，云可支一月。或以煨芋爲糧；無火，則取竹木相鋸而出火。海邊多石，各番於空洞處傾曬海水成鹽。收米三次爲三年，則大會；束草爲人頭擲於空中，各番削竹爲槍，迎而刺之；中者爲麻丹畢，華言好漢也。各番以酒相慶，三日乃止；與傀儡略同。

居處

把房子築在巖洞裡，以石頭構築牆垣，用木頭當樑木，把薄石板蓋在房屋上；房子的名稱叫做「打包」，房前、房後栽種檳榔、蔞藤。到了要種芋、黍的時候，就在山下豎起竹子當圍牆，拿草遮蓋房子，當成居住休息的地方；收穫完畢，仍然回到山裡。

飲食

所有的番民都靠著山巖旁邊居住，或者雜處在內山，五穀很少。砍倒樹，焚燒草根來種芋頭，大的芋頭可達七、八斤，貯藏起來當糧食。收穫芋頭的時候，就會挖個地洞，先堆積薪柴、木炭，然後焚燒，再把芋頭放入灰燼中，再用土覆蓋起來，然後招呼整個番社的人來，掘開覆蓋的土，一起吃食；某甲的芋頭吃完了，就換某乙，不分彼此。日常三餐，不吃雞。以前聽說紅毛人想殺生番，番人就避禍逃得遠遠的，紅毛人一聽雞聲，就知道他們逃到哪裡，最後殺了他們；因為番人把雞當成神明，所以不吃雞。一旦進入深山裡捕鹿，從不計算日期；饑餓的時候，就用生薑配水吞嚼，再佐以草、木的果實，據說可以撐過一個月。也有用煨熟的芋頭當糧食；如果沒有火種，就拿竹子、木頭擦鋸，就會出火。海邊有許多石頭，番人在空洞的地方傾倒海水曬乾，就有鹽了。收穫稻米三次就是三年，那麼就舉行一次大會：把草綁成人頭形狀，擲向空中，各番先劈削竹子當成長槍，向空中刺；刺中者叫「麻丹畢」，華語的意思就是「好漢」；各番再用酒相互慶祝；三天之後大會停止。這個習俗與傀儡番大略相同。

衣飾

　　男婦用自織布圍繞，曰張面；婦短衣曰鴿肉，男短衣曰瑯袍。翦紙條垂首，曰加篤北；或爲草箍束髮，曰臘。手足亦用銅鐲，名打臘。或以鹿尾束脛曰打割。出入負鹿皮，日藉以坐，夜則寢之。

婚嫁

　　各番結婚，不問叔伯之子，自相配偶，惟土官則不與眾番爲婚。男女於山間彈嘴琴，歌唱相和，意投則野合，各以佩物相貽；歸告父母、土官，另期具豕酒會土官、親戚，贅入婦家。反目，男再娶，婦將所生子女別醮。其俗重母不重父，同母異父俱爲同胞，同父異母直如陌路。呼父曰阿媽，稱叔伯母舅如之；呼母曰惟那，稱孀母及姈亦如之。夫婦相稱以名。產後，同所生子浴於溪中，與北路同。一產二男爲不祥，將所產子縛於樹梢至死，並移居他處。瑯嶠一社，喜與漢人爲婚，以青布四匹、小鐵鐺一口、米珠劬許爲聘；臨期，備牲醪，白之所親及土官成婚。番無姓名，以父名爲姓，以祖名爲名：如祖名甲，父名乙，即以乙爲姓、甲爲名。眾番呼曰乙礁巴、甲礁巴者，番人口吻語。

衣飾

男人、婦女用自己織的布圍繞身子，叫做「張面」；婦女的短衣叫做「鴿肉」，男人的短衣叫做「瑯袍」。剪紙條讓它從頭上垂下來，叫做「加篤北」；也有人用草箍束髮，叫做「臘」。手、腳也戴銅鐲，叫做「打臘」。或用鹿的尾巴束在腳脛，叫做「打割」。外出、回家都攜帶著鹿皮，白天可以坐在上面，夜晚睡在上面。

婚嫁

番人結婚，不避是否為叔叔、伯伯的子女，自己選擇配偶；只有土官不與其他一般番人結婚。一般男女在山間彈吹嘴琴，用歌唱相應和，情投意合就在一起，彼此用佩帶的物件相贈送；回去後，告訴父母、土官，另外選擇日期，準備豬、酒宴請另一個土官和親戚，入贅到女家。如果夫婦反目不合，男方可以再娶，女方帶著所生的子女另嫁他人。風俗上重母不重父，同母異父所生的子女都算是同胞，同父異母所生的子女形如陌路。父親叫做「阿媽」，叔、伯、母舅一樣如此稱呼；母親叫做「惟那」，嬸母阿姈也是這樣稱呼。夫婦彼此用名字相稱呼。生產後，與所生的小孩到溪中沐浴；與北路的番人相同。一次生產二個男孩是不祥之兆，必須將所生的小孩子綁在樹梢至死，並且移居到其他地方住。瑯嶠社喜歡與漢人結婚，用青布四匹、小鐵鐺一口、米珠一斤左右當成聘禮；結婚日子到了，就準備牲、酒，告訴所有親戚與土官，就成婚了。番人沒有特殊的姓名，以父親的名字為姓，以祖父的名字為名；比如祖父名叫甲，父親名叫乙，就以乙當為姓、甲當為名。番人稱呼乙叫做礁巴或甲叫做礁巴，只是番人口頭上簡便的稱呼。

喪葬

番死，厝內築石洞以葬；石板封固，生者不別遷。喪服，則衣白褂、圍白布；與別社以烏布爲服，又不同。

器用

社內有製黹者，名曰篤篤，亦設而不用。與漢人交易鐵器火藥，以爲捕鹿之具。鏢曰武洛，刀曰礁傑，弓箭曰木拉；鍋曰巴六，魚網曰下來。

附番歌

| 瑯嶠待客歌 |

立孫阿網直（爾來瑯嶠），
六呷阿談眉談眉（此處不似內地），
那鬼阿網直務昌哩阿郎耶（爾來無佳物供應），
嗎疏嗎疏（得罪得罪）！

附載

瑯嶠各社，俱受小麻利番長約束；代種薯芋、生薑爲應差。小麻利，即瑯嶠一帶主番也。番長及番頭目，男女以長承襲。所需珠米、烏青布、鐵鐺，漢人每以此易其鹿脯、鹿筋、鹿皮、卓戈紋。路多險阻，沿海跳石而行；經傀儡山，非數十人偕行，未敢輕踐其境。瑯嶠諸社隙地，民向多種植田畝；今有司禁止，悉

喪葬

番人死了，在屋內挖築石洞埋葬死者；用石板封固，家人不遷到別處住。服喪就穿白褂、圍白布；與別社用黑布當喪服不一樣。

器用

社內有製造床舖的人，叫做「篤篤」，床是擺設在家裡而不用。與漢人交易鐵器、火藥，當成捕鹿的工具。鏢槍叫做「武洛」，刀子叫做「礁傑」，弓箭叫做「木拉」；鍋子叫做「巴六」，魚網叫做「下來」。

附番歌

| 瑯嶠待客歌 |

立孫阿網直（你來瑯嶠），
六呷阿談眉談眉（此處不似內地），
那鬼阿網直務昌哩阿郎耶（你來沒有佳物供應），
嗎疏嗎疏（得罪得罪）！

附載

瑯嶠各社，都受小麻利這位番長的約束；番民都是他的僱工，替他種植薯、芋、生薑。小麻利，就是瑯嶠一帶的番主。提到番長以及番頭目，不論男女，都以長子當繼承人。漢人知道他們需要珠、米、烏青布、鐵鐺這些物品，常常用這些東西來交換他們的鹿脯、鹿筋、鹿皮、卓戈紋。由於路途有許多險阻之處，只好等海水

為荒田。[20] 沿海如魚房港、[21] 大綉房[22] 一帶，小船仍往來不絕。
或云十八社外，尚有高士港社、[23] 是人傑社、[24] 佳諸來社、[25] 懷裏
社、[27] 咬人土社、[27] 滑事滑社。[28]

　　卑蘭覓係番社總名，在傀儡山後沿海一帶；地與傀儡山相連，
中有高山聳起。相傳七十二社（與前異），各社名不能盡記。璞社
貿易，每在山腳沿海處所；約行程四、五日，始窮其境。自卑蘭覓
而北，有老郎社、[29] 美基社、[30] 八里捌社、[31] 農仔農社（一名南仔
郎）、[32] 須嘮宰社、[33] 獨馬煙社、[34] 株栗社、[35] 貓武骨社、[36] 佳嘮

---

20. 瑯嶠一地，早有漢民入墾、形成聚落。閩浙總督覺羅滿保平定朱一貴事件後，
    官府在康熙61年（1722）確立「立石禁入番地」政策，並在臺灣南北54處「立
    石」為界，瑯嶠自此劃在界外，成為禁地，漢民的已墾田園也成為荒田。
21. 魚房港，地名，車城溪（或稱四重溪）入海口一帶，自古稱龜璧灣、琅嶠灣或車
    城灣，今屏東縣車城鄉福安村。參見：中華綜合發展研究院應用史學研究所主
    編，《車城鄉志》，頁75。
22. 大綉房，又名大繡房，地名，今屏東縣恆春鎮大光里。參見：屏東縣恆春鎮公所全
    球資訊網https://www.pthg.gov.tw/townhengchuen/cp.aspx?n=7E8F2DFEBF8BDC06
23. 高士港社，社名，屏東縣滿州鄉港仔村。參見：中華綜合發展研究院應用史學研
    究所主編，《滿州鄉志》（屏東：滿州鄉公所，1999），頁115-116。
24. 是人傑社，社名，不詳。
25. 佳諸來社，又名加芝來，社名，今屏東縣牡丹鄉石門村。參見：陳梅卿主編，
    《牡丹鄉志》，頁130-131、162-163。
26. 懷裏社，社名，不詳。
27. 咬人土社，可能為女仍社，社名，今屏東縣牡丹鄉牡丹村。參見：臺灣總督府
    警務局理蕃課著、中研院民族所編譯，《高砂族調查書‧蕃社概況》，頁356-
    357；陳梅卿主編，《牡丹鄉志》，頁131、163。

退後，沿著海邊，踏著石頭而行；如果經過傀儡山，非要數十人同行不可，因為不敢隨便踏入他們的領域。瑯嶠幾個社之間有空地，漢人移民曾開闢成田，種植作物；當今官方已經禁止這麼做，所以都變成荒田。沿海地方，譬如魚房港、大綉房一帶，小船仍然往來不停。有人說，十八社外，還有高士港社、是人傑社、佳諸來社、懷裏社、咬人土社、滑事滑社的存在。

卑蘭覓是許多番社的總名，地理位置在傀儡山後面，靠近海邊一帶；當地與傀儡山相連在一起，當中有高山聳立。相傳共有七十二社（與前文的七十二社不相同），各社的名稱無法都記錄下來。贌社、貿易，常常在山腳下的沿海處所進行；大概要走四、五天，才能走完它的疆界。從卑蘭覓向北走，有老郎社、美基社、

---

28. 滑事滑社，又名高士或高士佛，社名，今屏東縣牡丹鄉高士村。參見：臺灣總督府警務局理蕃課著、中研院民族所編譯，《高砂族調查書・蕃社概況》，頁357。
29. 老郎社，又名大巴六九社，社名，今臺東縣卑南鄉泰安村。參見：夏黎明主編，《臺灣地名辭書・卷三・臺東縣》（南投：臺灣省文獻委員會，1999），頁211。
30. 美基社，社名，不詳。
31. 八里捫社，又寫作八里芒，社名，今臺東縣東河鄉興昌村。參見：黃宣衛、羅素玫纂修，《臺東縣史・阿美族篇》（臺東：臺東縣政府，2001），頁97-98。
32. 農仔農社，一名南仔郎、郎阿郎，可能為日後的叭翁翁社，社名，今成功鎮和平里豐田。參見：孟祥瀚，〈清代臺東成廣澳的拓墾與發展〉，《興大人文學報》32（2002），頁885、891-892。
33. 須嶗宰社，社名，不詳。
34. 獨馬煙社，社名，不詳。
35. 株栗社，又名都歷，社名，今臺東縣成功鎮信義里。參見：黃宣衛、羅素玫纂修，《臺東縣史・阿美族篇》，頁88-89。
36. 貓武骨社，又名馬武窟，社名，今臺東縣東河鄉東河村。參見：黃宣衛、羅素玫纂修，《臺東縣史・阿美族篇》，頁96。

突社、[37] 貓蠻社、[38] 白逸民社、[39] 佳落社、[40] 甕繰社；[41] 離北路崇爻社地界百有餘里，人煙斷絕。自卑蘭覓而南，有呂家莽社、[42] 謝馬干社、[43] 知本社、[44] 朝貓籬社、[45] 咬嚼蘭社、[46] 宵蠻社、[47] 謝巳宵社、[48] 幹仔彌社、[49] 幹仔崙社、[50] 壳只岺社、[51] 打早高社、[52] 大鳥萬社；[53] 離瑯嶠地界六、七十里，亦鮮人跡。

貨，則鹿脯、鹿筋、鹿皮、麞皮、麂皮、荖藤。果，則蕉實、鳳梨、蔗桃、柑柚、檳榔、毛柿。土番日食薯芋、黍秫、金瓜。鹽自曝用。鹿豕魚酒，則上珍矣。

---

37. 佳嘮突社，又名加老突、姑仔律，社名，今臺東縣長濱鄉樟原村。參見：黃宣衛、羅素玫纂修，《臺東縣史·阿美族篇》，頁54。
38. 貓蠻社，社名，不詳。
39. 白逸民社，社名，不詳。
40. 佳落社，社名，不詳。
41. 甕繰社，社名，不詳。
42. 呂家莽社，又名呂家望、呂家罔，社名，舊址在呂家溪左岸山麓，今臺東縣卑南鄉利嘉村。參見：臺灣總督府警務局理蕃課著、中研院民族所編譯，《高砂族調查書·蕃社概況》，頁376。
43. 謝馬干社，又名射馬干，社名，舊址在呂家溪右岸山麓，今臺東縣臺東市建和里。參見：臺灣總督府警務局理蕃課著、中研院民族所編譯，《高砂族調查書·蕃社概況》，頁376。
44. 知本社，社名，今臺東縣臺東市知本里。參見：臺灣總督府警務局理蕃課著、中研院民族所編譯，《高砂族調查書·蕃社概況》，頁376；陳文德纂修，《臺東縣史·卑南族篇》（臺東：臺東縣政府，2001），頁101-119。
45. 朝貓籬社，又名太麻里，社名，今臺東縣太麻里鄉大王村。參見：臺灣總督府警務局理蕃課著、中研院民族所編譯，《高砂族調查書·蕃社概況》，頁375-376。
46. 咬嚼蘭社，又名猴仔蘭社，社名，今臺東縣太麻里鄉香蘭村。參見：臺灣總督府警務局理蕃課著、中研院民族所編譯，《高砂族調查書·蕃社概況》，頁376。

八里捫社、農仔農社（一名南仔郎）、須嘮宰社、獨馬煙社、株栗社、貓武骨社、佳嘮突社、貓蠻社、白逸民社、佳落社、甕繚社，距離北路崇爻社的地界有百多里，人煙斷絕。從卑蘭覓向南走，有呂家莽社、謝馬干社、知本社、朝貓籬社、咬嚼蘭社、甯蠻社、謝已甯社、幹仔弼社、幹仔崙社、壳只嘮社、打早高社、大鳥萬社，距離瑯嶠的地界六、七十里，也是人跡稀少。

貨物包括鹿脯、鹿筋、鹿皮、麞皮、麂皮、荸藤等等。水果包括香蕉、鳳梨、蔗樣、柑柚、檳榔、毛柿等等。土番日常吃薯、芋、黍、秔、金瓜等等。鹽則是自己曝曬的。鹿、豬、魚、酒，就算是上等珍饈了。

---

47. 甯蠻社，社名，不詳。
48. 謝已甯社，社名，不詳。
49. 幹仔弼社，又名甘那壁，社名，舊址在今臺東縣大武鄉加津林部落北方約3公里處，後移住臺東縣大武鄉大竹村之富山、富南社區，南興村。參見：臺灣總督府警務局理蕃課著、中研院民族所編譯，《高砂族調查書‧蕃社概況》，頁368-369。
50. 幹仔崙社，又名虷仔崙社，社名，今臺東縣太麻里鄉金崙村金崙部落。參見：臺灣總督府警務局理蕃課著、中研院民族所編譯，《高砂族調查書‧蕃社概況》，頁373-374。
51. 壳只嘮社，又名鴿子籠社，社名，今臺東縣大武鄉大竹村加津林部落。參見：臺灣總督府警務局理蕃課著、中研院民族所編譯，《高砂族調查書‧蕃社概況》，頁369-370。
52. 打早高社，又名大竹高社，社名，今臺東縣大武鄉大竹村大竹本部落。參見：臺灣總督府警務局理蕃課著、中研院民族所編譯，《高砂族調查書‧蕃社概況》，頁367-368。
53. 大鳥萬社，社名，今臺東縣大武鄉大鳥村大鳥部落。參見：臺灣總督府警務局理蕃課著、中研院民族所編譯，《高砂族調查書‧蕃社概況》，頁362-365。

　　服飾，富者烏布爲衣，嗶吱爲抄陰、爲方襠，如平埔熟番之制，衣著更短；貧者以鹿皮、苧衣蔽體。

　　耕作無牛，亦無銚耒；僅用一鋤，濶三寸、柄長一尺，屈足伏地而鋤。捕鹿用獵犬、弓矢、鏢刀、網羅。

　　婚嫁，男女十餘歲時，男以鏢爲定，迄成婚略無聘禮。反目，男女各擇匹偶方離。產兒用冷水浴；雙胎爲不吉，委道旁，即徙居。父母亡，視若路人；惟爲兄弟姊妹服，亦僅除草珠而已。

　　赴社水路，僅容杉板船；懸崖石壁，無可泊處。農仔農社有阮溝一道，船至，土番群立岸上，船梢抛索，土番接索挽進，即泊溝內；若無接挽，溝外無可泊處。大龜文、謝必益諸社，俱有路可通。或云自糞箕湖入傀儡山，行二日可至；鳥道盤旋，跋履匪易。外此則穿荊度莽、越嶺攀藤，尤難施步矣。（拔貢施世榜 [54] 説）

_____

54. 施世榜（1671-1743），字文標，號澹亭，福建省泉州府晉江縣安平人。康熙36年（1697），鳳山縣拔貢生，以修築八堡圳著稱。

　　服飾方面：富有的人穿著黑布衣，用嗶吱布做成「抄陰」，做四方形的方襬，如同平埔熟番的式樣，只是衣著更短罷了；貧窮的人就用鹿皮、苧麻衣來遮蔽身體。

　　耕作沒有牛，也沒有大鋤頭和除草的鑱子，只用一把鋤頭，闊三寸、柄長一尺，彎屈著腳、靠近地面鋤土耕作。捕鹿的時候，用獵犬、弓矢、鏢刀、網羅當工具。

　　婚嫁方面：男女十餘歲的時候，男子用鏢槍當定禮，到成婚為止大概沒有聘禮。夫婦反目不合，男方、女方各自選擇新配偶後，再離婚。生產小孩後，洗冷水浴；雙胞胎是不吉利的，必須棄之路旁，並且馬上遷居。父母死，當成不相識的路人來看；唯有替兄弟姊妹服喪，但也只是身上不佩戴花草、珠子而已。

　　如果走水路到番社，只能乘杉板船前去；因為四面都是懸崖峭壁，沒有船可以停泊的地方。只有農仔農社有一道坑溝，船到的時候，土番們都群立在岸上，從船尾拋出繩索，土番在岸上接到繩索後，就拉著前進，就能停泊在溝內；假如沒有人接索拉繩就不行，因為溝外沒有停泊的地方。大龜文、謝必益這些番社，都有路可通。有人說從糞箕湖進入傀儡山，走二天就可到了；然而羊腸小道盤旋，行走不易；除了這些小路外，假如還想去，那就要穿過荊莽，用藤越嶺，很難行走了。（這段文字是拔貢施世榜說的）

紅頭嶼番[55]在南路山後；由沙馬磯[56]放洋，東行二更至雞心嶼，[57]又二更至紅頭嶼。小山孤立海中，山內四圍平曠，傍岸皆礁，大船不能泊，每用小艇以渡。山無草木，番以石爲屋，卑隘不堪起立。產金，番無鐵，以金爲鏢鏃、槍舌。昔年臺人利其金，私與貿易；因言語不諳，臺人殺番奪金。後復邀瑯嶠番同往，紅頭嶼番盡殺之，今則無人敢至其地矣。

或云：瑯嶠山後行一日至貓丹，[58]又二日過丹哩溪[59]口至老佛，[60]又一日至大鳥萬社，又三日過加仔難社、[61]朝貓籬社[62]，至卑南覓社。[63]番長名文吉，轄達里、[64]武甲[65]等七十二社，歲輸正供銀六十八兩零；南仔郎港[66]可以泊船。由卑南覓一日至八里捆，[67]又一日至加老突，[68]文吉所屬番界止此。至打水安[69]一日，又二日至芝母蘭，[70]共五社；又行五日至直加宣社，[71]俱係北路山後生番，

---

55. 紅頭嶼番，今臺東縣蘭嶼鄉的達悟族。
56. 沙馬磯，又稱沙馬磯頭，即今屏東縣恆春半島的貓鼻頭。
57. 雞心嶼，今屏東縣綠島鄉。
58. 貓丹，可能為牡丹之誤。
59. 丹哩溪，溪名，不詳。
60. 老佛，社名，今屏東縣滿州鄉響林村、滿州村之間。參見：中華綜合發展研究院應用史學研究所主編，《滿州鄉志》，頁108。
61. 加仔難社，社名，不詳。
62. 朝貓籬社，又名太麻里，社名，今臺東縣太麻里鄉大王村。
63. 此處所指的卑南覓社，不同於區域概念的卑南覓72社，應為荷蘭文獻中的Pimaba社。參見：中村孝志著、許賢瑤譯，《荷蘭時代臺灣史研究（上卷）——概說‧產業》（臺北：稻鄉出版社，1997），頁179。

　　紅頭嶼番人的居住地在南路的山後；由沙馬磯用船走，東行二更就到雞心嶼，再行二更就到紅頭嶼。有小山孤立在海中，山內的四周圍平坦空曠，沿岸都是礁石，大船不能停泊，每每必須用小艇來渡過。山上沒有草木，番人用石頭搭構屋子，低矮而不能站起來。生產黃金，番人無鐵可用，就用金子做鏢槍的鏃、槍舌。從前臺灣人貪圖番人的金子，私下和他們貿易；因爲言語不熟，臺灣人就殺害番人奪取黃金。後來漢人又請來了瑯嶠的番人一同前往，紅頭嶼的番人把他們都殺光了；現在就沒有人敢再到那地方去了。

　　也有人說：從瑯嶠山後，走一天到貓丹，再走二天經過丹哩溪口到老佛，再一天就到大鳥萬社，再三天經過加仔難社、朝貓籬社，就到卑南覓社。該社番長的名字叫做文吉，統轄達里、武甲等共七十二社，每年納稅銀六十八兩零；在南仔郎港那裡可以停泊船隻。從卑南覓一天至八里捫，再一日到加老突，文吉所屬領域界線就到這裡爲止。到打水安一天，再二日到芝母蘭，共計有五個番

---

64. 達里，可能爲斗里斗里，社名，今臺東縣金峰鄉正興村。參見：臺灣總督府警務局理蕃課著、中研院民族所編譯，《高砂族調查書‧蕃社概況》，頁389-390。
65. 武甲，社名，不詳。
66. 南仔郎港，今成功鎮和平里豐田的四郎橋溪。參見：孟祥瀚，〈清代臺東成廣澳的拓墾與發展〉，頁891-892。
67. 八里捫社，又寫作八里芒，社名，今臺東縣東河鄉興昌村。
68. 加老突，又名佳嘮突社、姑仔律，社名，今臺東縣長濱鄉樟原村。
69. 打水安，社名，不詳。
70. 芝母蘭，又名芝舞蘭，社名，今花蓮縣豐濱鄉港口村。
71. 直加宣社，又名竹腳宣、七腳川，社名，原在今花蓮縣吉安鄉太昌村，日治時代因七腳川事件而流遷四散。

另詳本社之下。凡此山後綿互，聲息鮮通，野番種類無可查據；姑
附識於此。

社；再走五天到直加宣社，都是北路山後的生番，另外詳記在本社底下。山後都是山脈綿亙，一向聲息不通，野番的種類沒有辦法查考；姑且就附記在這裡。

番俗雜記

生番

　　諸羅鳳山番，有土番、野番之別。野番在深山中，疊嶂如屏，連峰插漢，深林密箐，仰不見天；棘刺藤蘿，舉足觸礙。蓋自洪荒以來，斧斤所未入。野番巢居穴處，血飲毛茹，種類實繁；其升高陟巔、越箐度莽之捷，可以追驚猿、逐駭獸。平地諸番恆畏之，無敢入其境。客冬有賴科[1]者，欲通山東土番，與七人爲侶，晝伏夜行；從野番中越度萬山，竟達東面。東番導遊各社，禾黍芃芃，比戶殷富；謂苦野番間阻，不得與山西通，欲約西番夾擊之。又曰：寄語長官，若能以兵相助，則山東萬人鑿山通道，東西一家，共輸貢賦，爲天朝民矣。有當事者能持其議，與東番約期夾擊，剿撫並施，烈澤焚山，夷其險阻，則數年後未必不變荊棘爲坦途，而化盤瓠獉狉爲良民也。（裨海紀遊）[2]

---

1. 賴科，清初臺灣北部著名墾戶，擔任大雞籠社通事。康熙34年（1695），曾偕同潘冬等人前往後山，以崇爻八社附阿里山社繳納餉銀155兩2錢3分2厘。參見：藍鼎元，〈紀臺灣山後崇爻八社〉，頁90。康熙51年（1712），賴科鳩衆在干豆門（關渡）建天后廟。翌年（1713），與鄭珍、王謨、朱焜侯等立「陳和議」墾號，請墾海山莊（新北市新莊區）、内北投（臺北市北投區）與坑仔口（不詳）等三處草地，以四股均分，賴科得一股。參見：尹章義，〈臺灣北部拓墾初期「通事」所扮演之角色及其功能〉，《臺北文獻》直字59、60合刊（1982.6），頁97-251。
2. 郁永河，《裨海紀遊》，頁32-33。

生番

　　諸羅縣和鳳山縣的番人，有土番、野番的分別。野番活動在深山中，層層疊疊的山巖如同屏風豎立，連綿的山峰插入了河漢；在深深的樹林、密密的竹叢籠罩之中，仰起頭來，看不見天日；地面上遍佈荊棘籐蘿，一舉起腳，就遇到阻礙。這是因為自從洪荒以來，從沒有人拿著刀子、斧頭到這裡開發的緣故。一般來說，野番都居住在山洞裡，茹毛飲血，種類實在太多了。他們攀爬山嶺、越過竹林草叢十分快速，可以追上驚慌逃竄的猿猴，也能追上任何受到驚嚇的野獸。平地的番人總是非常害怕他們，不敢進入他們的疆界。我旅居在這裡的冬天，有一個叫做賴科的人，想要和山脈東面的土番聯絡，就和七個人作伴，白天躲藏，夜晚行走；從土番的疆界中越過萬山，竟然到了山脈的東邊。在東邊的土番引導下，他們遊歷各個番社，只見禾、黍茂盛，每一戶人家都很富有。東邊的土番說，由於野番從中阻隔，不能與西邊的土番聯絡，很想要兩邊相約日期，共同夾擊野番。東邊的土番又說：希望能告訴官方，假如能派兵力相助，那麼東邊山脈的萬人土番一定能打穿山脈，通到西邊；到時，東邊、西邊成為一家人，一起貢獻賦稅，都成為天朝的子民了。假如有主政的人接受這個建議，與山脈東邊的土番約定日期夾擊野番，剿撫並用，焚山燒澤，把阻擋除掉，那麼幾年以後，未必不能把荊棘之地變成平坦大道；同時，也可以教化那些野生的番人變成良民了。（節錄自《裨海紀遊》）

　　諸羅山以上，皆在深溪峻嶺之間。惟知採捕麏鹿，聽商貿易，鮮食衣毛，所異於禽獸者幾希矣！番之性雖剛而狠；但見小而善疑，故無非分之求。其技善奔走，穿藤攀棘，捷於猿猱。所用之器，鏢鎗最利，竹弓竹箭雖不甚競，而射飛逐走，發無不中。倘使稍有知識，偶或蠢動，亦非易制之眾也。（諸羅雜識）[3]

　　臺灣生番，素喜為亂，苟有不足，則出山屠殺商民。然撫此類也，若專以威，則難搗其穴；或柔以惠，則難飽其貪。要當示之以威武，懷之以德意，駕馭有術，不敢背叛。且各社自樹其黨，不相統轄，力分則薄，較易繩束。又其俗尚殺人，以為武勇；所屠人頭，挖去皮肉，煮去脂膏，塗以金色，藏諸高閣，以多較勝，稱為豪俠云。（海上事略）[4]

熟番

　　平地近番，不識不知，無求無欲，日遊於葛天無懷之世，有擊壤鼓腹之遺風。往來市中，狀貌無甚異；惟兩目坳深，瞪視似稍

---

3. 摘錄自《諸羅雜識》，由於原書佚失，無法確知引用情形。
4. 此段文字，未見於臺銀版《裨海紀遊》〈海上紀略〉，出處不明。

　　諸羅山以北的地區，都在深深溪流與叢山峻嶺之間。他們只知採集果實、捕獵麞鹿，拿來和商人交易，生吃食物，穿毛皮衣，和野獸有多少差別呢？番人的性格雖然剛強兇狠；但是識見狹小，善於猜疑，並無非分的貪求。他們精於奔走，穿過藤蘿，攀越荊棘，比猿猴更加快捷。所用的器物，以鏢鎗最為銳利，竹弓竹箭雖然不太強勁，但是只要發射，沒有不射中的。倘然讓他們稍有知識，偶有動作，就不是那麼容易制伏了。（節錄自《諸羅雜識》）

　　臺灣生番，一向喜歡作亂；假如有不滿足的地方，就出來屠殺商人、百姓。然而，要安撫此輩，若是專門使用武力，實難以直搗他們的巢穴；假如只用恩惠感化，也難以滿足他們的貪求。必須一方面展示武力給他們看，一方面用恩惠感化他們，控制他們必須要有恰當的方法，讓他們不敢叛亂。而且，他們各社都各自獨立，不相互統轄，力量分散，也就薄弱了，比較能夠拘束他們。他們的風俗崇尚殺人，認為這是武勇的行為；把砍來的人頭刮掉皮肉，煮掉脂肪，塗上金色，集中收藏，擁有髑髏頭多的人最了不起，稱為豪俠等。（節錄自《海上事略》）

熟番

　　平地的番民，沒有知識，沒有欲求，每日彷彿都生活在葛天氏與無懷氏的時代，有太古之民遺留下來的風尚習慣。他們在市集中出入往來時，面貌、身形和我們並沒有什麼差別；只是兩隻眼睛深陷，瞪視的時候稍有差別罷了。他們的語言有很多都、盧、嚙、轆的聲音。酒叫做「打喇酥」；煙就叫做「篤木固」。相傳元朝滅了

別。其語多作都盧嗢轆聲：呼酒曰打喇酥，煙曰篤木固。相傳元人滅金，金人有浮海避元者，爲颶風飄至，各擇所居，耕鑿自贍；數世之後，忘其所自，而語則未嘗改。[5]

終歲不知春夏，老死不知年歲。有金錢無所用，故不知蓄積。秋成納稼，計終歲所食有餘，則盡付麴蘖，無男女皆嚐酒。屋必自搆，衣必自織。績麻爲網，屈竹爲弓，以獵以漁，罔非自爲而用之。腰間一刀，凡所成造，皆出於此。惟陶冶不能自爲。得鐵，則取澗中兩石自槌之，久亦成器。[6]

社推一、二人爲土官，非滇廣徵賦稅、操殺奪、擁兵自衛者比。（裨海紀遊）[7]

土番非如雲、貴之貓獠猱獞，各分種類，聚族而居者也。社之大者，不過一、二百丁；社之小者，止有二、三十丁。見在各社，有正、副土官，以統攝番眾；然亦文項蒙頭，無分體統；考其實，即內地里長、保長之役耳。（東寧政事集）[8]

---

5. 郁永河，《裨海紀遊》，頁33。
6. 郁永河，《裨海紀遊》，頁35。
7. 郁永河，《裨海紀遊》，頁36。
8. 季麒光，〈詳止土官給劄文〉，《蓉州詩文稿選輯‧東寧政事集》，頁194。

金人後，有些金人就進入海中躲避元朝的統治，後來被颶風颳到臺灣，於是各人選擇居住地，耕種土地謀生；幾代以後，就忘記原鄉，只是語言沒有改變。

一年到頭不知道什麼是春天、冬天，老了、死了，也不知道年齡。有金錢沒有用處，因此也就不知道儲蓄金錢。秋天收成農作物後，計算一年所吃的數量，剩下的都拿去釀酒，無論男女都愛喝酒。房屋必須自己搭構；布匹也必須自己紡織；用麻編織網子，把竹子折彎做成弓箭，好用來捕魚、打獵；東西無非都是自己製造、自己使用。腰間佩帶一把刀子，凡是製作器物，都仰賴刀子；只是無法自己冶製陶器。拿到鐵以後，在溪谷找來兩顆石頭，槌它，久了就做成器物。

番社有一兩個人擔任土官，權力不大，不是滇、廣一帶那種可以徵收賦稅、擁有生殺審判權、擁兵自重的土官可以比擬。（節錄自《裨海紀遊》）

土番不像雲南、貴州一帶的貓、獠、猺、獞，那樣分種類聚居在一起。番社大的，不過一、兩百人；番社小的，只有二、三十人。如今各社有正、副土官的設立，好用來領導眾番人；但是仍然在頸子上刺青，用布蒙著頭，沒有什麼階層體制；事實上，就彷彿是內地的里長、保長那種服務的人員罷了。（節錄自《東寧政事集》）

社商

紅毛始踞時，平地土官悉受約束：犯法殺人者，剿滅無孑遺。鄭氏繼至，立法尤嚴；誅夷不遺赤子，併田疇廬舍廢之。諸番謂：鄭氏來，紅毛畏逃；今鄭氏又剿滅，帝真天威矣。故其人既愚，又甚畏法。[9]

郡縣有財力者，認辦社課，名曰社商。社商又委通事、夥長輩，使居社中。凡番一粒一毫，皆有籍稽之。射得麋鹿，盡取其肉為脯，并取其皮：二者輸賦有餘。然朘削無厭，視所有不異己物。平時事無巨細，悉呼男婦孩稺供役；且納番婦為妻妾，有求必與，有過必撻，而番人不甚怨之。苟能化以禮義，風以詩書，教以蓄有備無之道，制以衣服、飲食、冠婚、喪祭之禮，遠在百年、近則三十年，將見風俗改觀，率循禮教，寧與中國之民有異乎！[10]

余謂欲化番人，必如唐韋皋、宋張詠[11]之治蜀，久任數十年，不責旦暮之效然後可。噫！蓋亦難言矣！然又有暗阻潛撓於中者，則社棍是也。謀長、夥長、通事熟識番情，復解番語，父死子繼，

9. 郁永河，《裨海紀遊》，頁36。
10. 郁永河，《裨海紀遊》，頁36-37。
11. 唐代的韋皋（745-805），陝西人；宋朝的張詠（946-1015），山東人，都曾入川任官。

社商

　　紅毛人開始佔領臺灣時，平地土官都受到約束；犯法殺人者，一律剿滅不留。等到鄭氏佔領臺灣，立法特別嚴厲；犯法者，誅殺到不留後代的地步，田產房舍通通都毀掉。許多番民都說：「鄭氏來臺灣，紅毛人畏懼逃離；如今鄭氏又被滿清剿滅，皇帝真是具有天神的威力啊。」所以說，番人不但愚昧，又很怕王法。

　　郡縣中有財力的人，認購承辦番社的包稅業務，就叫做「社商」。社商再派通事、夥長等辦事的人，居住在番社中。凡是番人的任何東西，都造冊清查。當番人獵到麑、鹿，社商就把所有的鹿肉拿去做成肉脯，還拿走鹿皮；只要拿這兩種東西，社商付給官方的稅額就足夠了。然而，社商剝削無厭，把番社所有的東西都看成自己的財產。平常有事情，不分大小，都叫社裡的男女孩童出差服役，還娶番人女子為妻妾；妻妾有所求就給她，做錯了就打她，還好番人並沒有太大的怨恨。假使能夠教導番人禮義，教他們讀詩書，再給他們制定衣服、飲食、冠、婚、喪、祭這些禮制，最多百年，最少三十年，就可以看到番人風俗改觀，遵循禮教，和中土的人民還有差別嗎？

　　我說假如想同化番人，一定要像唐朝的韋皋、宋朝的張詠之治理四川，長久在那裡待個幾十年，不必要求一朝一夕有成效，就能成功了。啊，這種事是很難說清楚的！然而，番社裡總潛藏一些阻礙治理的人，那就是所謂「社棍」的存在了。這些社棍，包括謀長、夥長、通事等熟識番社情況的人，他們懂得番人語言；同時，父親死了，兒子接替他的職位，流傳的遺毒不能停止。凡是社商有虧折耗損，就是這些人坐享其利的結果。社商大概一、二年就

流毒無已。社商有虧折耗費，此輩坐享其利。社商率一、二歲更易，此輩雖死不移。利番人之愚，又欲番人之貧；愚則攫奪惟意，貧則力不敢抗。即有以冤訴者，番語咮離不能達情，通事顛倒以對，番人反受呵譴。是舉世所當哀矜者，莫番若矣！乃以其異類，且歧視之；見其無衣，曰是不知寒；見其雨行露宿，曰彼不致疾；見其負重馳遠，曰若本耐勞。噫！若亦人也！馬不宿馳，牛無偏駕，否則致疾；牛馬且然，而況於人乎！抑知彼苟多帛，亦重綈矣，寒胡為哉！彼苟無事，亦安居矣，暴露胡為哉！彼苟免力役，亦暇且逸矣，奔走負戴胡為哉！異其人，何必異其性。[12]（裨海紀遊）

社餉

贌社之稅，在紅夷即有之。其法，每年五月初二日，主計諸官集於公所；願贌眾商，亦至其地。將各社港餉銀之數，高呼於上，商人願認則報名承應；不應者減其數而再呼，至有人承應而止。隨即取商人姓名及所認餉額書之於冊，取具街市鋪戶保領。就商徵收，分為四季。商人既認之後，率其夥伴至社貿易。凡番之所有，

---

12. 郁永河，《裨海紀遊》，頁37-38。

更換，但這些社棍就算死亡，仍有後代可以繼承。他們利用番人愚昧，又蓄意要番人貧窮；因為番人愚昧，就可以讓他任意奪取，貧窮就不敢反抗。有番人受到冤屈，但因使用難以明瞭的番語陳情，通事居然把事情始末顛倒報告給長官，番人反而受到譴責。當今世界，最可憐的人，再也沒有像番人這樣了。漢人不但認為他們是不同種類的人，並且歧視他們；看他們不穿衣服，就說他們不知道什麼叫做寒冷；見到他們在雨中行走，在野地就寢，就說他們不會生病；見到他們扛著很重的東西，奔走很遠的路，就說他們本性能夠耐勞。唉！他們本來就是人啊！縱使是馬兒，當牠不睡覺奔走遠路；縱使是牛，也同樣不能有不正確的駕駛，否則就都生病了；牛馬尚且如此，何況是人！他們也知道布帛的用處，也很看重絲織品，受寒又為了什麼？假如他們能沒有事情，也知道安居的好處，暴露自己於大自然之中又為了什麼？假如能夠免勞役，就會有閒而安逸，負重奔走又為了什麼？人類只有表面的不同，哪有本性的差異？（節錄自《裨海紀遊》）

社餉

官方把番社的交易權發包給商人，再由商人代番社輸納餉額；這種「贌社」制度，從紅毛人開始就存在了。它的發包方法是：每年五月初二日，主計官員聚集在公所，想要贌社的商人就到公所來。主計官員把官方想要發包的番社、溪流銀兩額度公開而大聲地報出來，有願意承包的商人，就報出名字承包下來；如果沒有人承包，就把銀兩數額逐漸減少，直到有人承包為止。商人承應後，官方馬上把該位商人的姓名和他同意付出的銀兩數額登記在冊子上，

與番之所需，皆出於商人之手；外此無敢買，亦無敢賣。雖可裕
餉，實未免於累商也。

　　臺灣南北番社，以捕鹿爲業。贌社之商，以貨物與番民貿易；
肉則作脯發賣，皮則交官折餉。日本之人，多用皮以爲衣服、包裹
及牆壁之飾，歲必需之；紅夷以來，即以鹿皮興販。有麚皮、有牯
皮、有母皮、有麛皮、有末皮；麚皮大而重，鄭氏照觔給價；其下
四種，俱按大小分價貴賤。一年所得，亦無定數。僞冊所云，捕鹿
多則皮張多，捕鹿少則皮張少；蓋以鹿生山谷，採捕不能預計也。
（諸羅雜識） 13

　　交納鹿皮，自紅毛以來，即爲成例。收皮之數，每年不過五萬
張，或曰萬餘張。牯皮、母皮、末皮、麛皮、麚皮，分爲五等，大
小兼收。僞冊報部，並未有止用大鹿皮及山馬皮之說。（東寧政事
集） 14

---

13. 摘錄自《諸羅雜識》，由於原書佚失，無法確知引用情形。
14. 季麒光，〈申覆糖皮文〉，《蓉州詩文稿選輯・東寧政事集》，頁216。

並要他找街市上的商店來擔保。每年分成四季，向社商徵收同意付出的銀兩。商人在取得權利後，就率領夥伴去番社貿易。凡是番人所有的東西、番人日常所需的東西，都掌握在商人手上；除了該包商，沒有人敢到他的番社買東西，也不敢賣東西。這種方法，當然可以讓官方拿到足夠的稅收，但實際上不免累及這些商人。

臺灣南北兩路的番社，都以捕鹿作為主要的生計。瞨社商人，用貨物和番人交換鹿；將鹿肉做成肉脯，自行販售，鹿皮就交給官方抵折賦稅。日本人多半用鹿皮做成衣服、包裹或裝飾牆壁，每年都有需求。紅毛人來臺灣，就是以買賣鹿皮獲利。皮的種類包括醫皮、牯皮、母皮、麛皮、末皮；當中以醫皮最大也最有重量，鄭氏的時候是依照皮的斤數給價；其他四種，則按照皮的大小給價，每年能買到多少並不一定。偽鄭的簿冊曾記載：捕鹿多，當然皮的張數就多；捕鹿少，皮的數量就少。這是因為鹿生長在山谷之間，能捕多少是事先無法預計的。（節錄自《諸羅雜識》）

繳納鹿皮，從紅毛人以來，已成慣例。臺灣能收到的鹿皮數量，每年不超過五萬張，有人說只有一萬多張。計有牯皮、母皮、末皮、麛皮、醫皮，分成五個等第，大小都收取。偽鄭時代呈到上級單位的清冊裡，並沒有只收大鹿皮或用山馬皮冒充的紀錄。（節錄自《東甯政事集》）

番俗醇樸，太古之遺。一自居民雜沓，強者欺番，視番爲俎上之肉；弱者媚番，導番爲升木之猱；地方隱憂，莫甚於此。社餉一項，鳳山下淡水八社番米，在僞鄭原數五千九百三十三石八斗，蕩平後酌減爲四千六百四十五石三斗。諸羅社餉共七千七百八兩零，未邀裁減。從前猶可支持，以地皆番有，出產原多；自比年以來，流亡日集，以有定之疆土，處日益之流民，累月經年，日事侵削。向爲番民鹿場蔴地，今爲業戶請墾，或爲流寓占耕，番民世守之業，竟不能存什一於千百。且開臺來，每年維正之供七千八百餘金，花紅八千餘金，官令採買蔴石又四千餘金，放行社鹽又二千餘金，總計一歲所出共二萬餘金；中間通事、頭家假公濟私，何啻數倍。土番膏血有幾，雖欲不窮得乎？今一切陋弊，革盡無餘；而正供應作何酌征，以蘇番黎之苦！（周鍾瑄上滿總制書）[15]

---

15. 本段文字，首見於《臺海使槎錄》，乾隆10年（1746）的范咸《重修臺灣府志》，乾隆29年（1764）余文儀的《續修臺灣府志》、王瑛曾的《重修鳳山縣志》等雖曾引用，但未能找到原文出處。惟根據連橫，《臺灣通史》〈卷十五・撫墾志〉，約知本文係「（康熙）五十三年，諸羅知縣周鍾瑄以社餉較重，上書總督覺羅滿保請豁減」（頁419-420）之文字。

　　番人的習俗純樸，乃是太古時代的遺留。自從漢人居民雜沓地到這裡後，有力量的人就欺負番人，把他們當成俎上的肉；沒有力量的人，就討好番人，還傳播他們是樹上猿猴的謬論；各地方因此有了許多隱憂，沒有比這個更嚴重了。提到番人必須繳社餉這件事，考察鳳山下淡水八社番人的米糧數目，在偽鄭的時候，原來的數目就有五千九百三十三石八斗，等到偽鄭被掃平後，減少到四千六百四十五石三斗。諸羅社餉總計七千七百八兩零，並沒有減少。從前還可以支持下去，因為土地都屬番有，出產本來就多；可是一年一年過去，流亡到臺灣的漢人日益增加，以有限的臺灣土地，為了要安頓日益增加的流亡漢人，經過了許多年歲，天天剝削番人，終致以前曾是番民的鹿場、麻地，現在被漢人業戶申請為開墾地，或被流亡的漢人強佔耕種，番民世守的祖業，竟無法存留百、千分之一。況且自我朝開拓臺灣以來，每年番人要給官方的稅，有法定稅收的正供七千八百餘金、雜稅花紅八千餘金、官方命令採買麻石的金額四千餘金、放行社鹽的關稅二千餘金，每年番人共計繳交二萬餘金；在徵收過程中，由於中間又經過通事、頭家，上下其手的結果，他們向番人徵收的金錢何止幾倍這種數額！土番的金錢本來就不多，如此一來，不變成窮人才怪！從此，一切的弊端，都應該革除；應該討論如何調整正供的數量，好來解除番民的困苦。（節錄自《周鍾瑄上滿總制書》）

捕鹿

鹿場多荒草，高丈餘，一望不知其極。逐鹿因風所向，三面縱火焚燒，前留一面；各番負弓矢、持鏢棃，俟其奔逸，圍繞擒殺。漢人有私往場中捕鹿者，被獲，用竹桿將兩手平縛，鳴官究治，謂爲誤餉；相識者，面或不言，暗伏鏢箭以射之。若雉兔，則不禁也。

番役

凡長吏將弁遠出，番爲肩輿；行笥襆被，皆其所任；疲於奔命久矣，曾爲嚴止。余巡視南北兩路，概不令任諸力役。惟過淡水、虎尾、大肚，溪深水漲，用五、六人擎扶笋輿，犒以錢煙；假宿社寮，及兵弁輿從棲止處，悉酬以煙布；諸番驩甚，謂爲從來未有。間以所食物予番，則驩然盡飽。問何故跣足？曰：非樂此，特無履耳。可見人性皆同。

土官饋獻

新官蒞任，各社土官瞻謁，例有饋獻；率皆通事、書記釀金承辦，羊、豕、鵝、鴨，惠泉包酒，從中侵漁，不止加倍。余初抵臺時，正值農忙，兼值溪漲，往來僕僕，必致廢時失業，檄行鳳、諸

捕鹿

鹿場大半長著荒草，高達丈餘，一眼望去，不知邊際。捕鹿時，順著風吹的方向，從三面縱火焚燒荒草，前頭只留一面不燒；各番人身上背負弓箭、拿著鏢槍，等到牠們奔逸逃到前面，就把鹿包圍起來，擒殺牠們。漢人有私底下前往鹿場捕鹿，如被番人發現，就用竹桿將他的兩手綁住，到官府鳴鑼辦他，就叫做「誤餉」；如果是認識的漢人，番人遇到時可能當面不說什麼，但會暗中用鏢箭射他。假如漢人獵雉雞、兔子，番人就不干涉他。

番役

凡是官吏要出差遠行，都由番民為他扛著小轎子前行；行旅箱、包袱、被子，都由番人背著；他們長久以來就疲於奔命，我嚴禁這麼做。當我巡視南北兩路，一概不叫番人服勞役。只有經過淡水、虎尾、大肚時，因為溪流深、水高漲，曾用了五、六個番人拿著我的行旅箱、扶著小轎子過溪，之後犒賞他們錢、煙；借宿社寮以及兵差隨從休息的地方，也都支付煙、布給他們；所有的番人都很愉快，說他們從來沒有見過這種事。偶而，我們會給番民食物，他們都高興得吃飽吃完。我曾問他們為什麼打赤腳？他們回答說：「我們不是願意的，只因為沒有鞋子穿。」可見人性都一樣。

土官饋獻

凡是新官上任，各社的土官都來謁見，按舊有的規例，一定要奉獻東西；大抵都由通事、書記湊集眾人的錢來承辦，包括購買羊、豕、鵝、鴨、惠泉酒、包酒，他們就從中侵吞，往往不止是加

二縣，禁止派勒赴府，呈送禮物；通事輩無可生發，亦不愻恝其來
也。

番界[16]

　　內山生番，野性難馴，焚廬殺人，視爲故常；其實，啓釁多由
漢人。如業主管事輩利在開墾，不論生番、熟番，越界侵佔，不奪
不饜；復勾引夥黨，入山搭寮，見番弋取鹿麂，往往竊爲己有，以
故多遭殺戮。又或小民深入內山，抽藤鋸板，爲其所害者亦有之。
康熙六十一年，官斯土者，議凡逼近生番處所相去數十里或十餘
里，豎石以限之，越入者有禁。鳳山八社，皆通傀儡生番。放縤社
外之大武力力、枋寮口、埔薑林、六根，茄藤社外之糞箕湖、東岸
莊，力力社外之崙仔頂、四塊厝、加泵社口，下淡水社外之舊檳榔
林莊、新東勢莊，上淡水社外之新檳榔林莊、柚仔林，阿猴社外之
揭陽崙、柯柯林，搭樓社外之大武崙、內卓佳莊，武洛社外之大澤
機溪口，俱立石爲界。自加六堂以上至瑯嶠，亦爲嚴禁。諸羅羅漢
門之九荊林、淡水溪墘（墘或墈字之訛），大武壠之南仔仙溪墘、
茄茇社山後，哆囉嘓之九重溪、老古崎、土地公崎，下加冬之大溪
頭，諸羅山之埔姜林、白望埔、大武巒埔、盧麻產內埔，打貓之牛
屎院口、葉仔院口、中院仔口、梅仔院山，他里霧之麻園山腳、庵

---

16. 有關番界之說明，請參照附錄五。

倍而已。我剛到臺灣的時候，正好碰到農忙時節，又加上溪水暴漲，如果番人風塵僕僕往來府城和居住地，必定導致錯過耕種時節或廢棄耕作，於是我下達公文給鳳山、諸羅二縣的官員，禁止他們派番人來府城呈送禮物；結果，通事之輩眼見無利可圖，也就不慫恿番民來奉獻東西了。

番界

內山裡有生番，野性難以馴服，燒屋殺人，成為常事。事實上，挑釁的都是漢人。比如說有些業主或管事的人想墾地圖利，不論他們面對的是生番或熟番，總是越過了界限去侵佔，永不滿足地奪取土地。還有人勾引同黨侵入山裡搭寮住了下來，當他們看到番民放箭獵鹿，往往將獵物據為己有，因此有許多人被番民殺害。又比如說，有小民深入內山，去抽取藤條、盜鋸木板，被害的也有。康熙六十一年，地方官曾經決議，凡是靠近生番居住地幾十里或十幾里，都豎立石碑來管制，使那些想越界的人有禁止的警示。鳳山八社，和傀儡生番都有來往。因此，放縤社外頭的大武力力、枋寮口、埔薑林、六根；茄藤社外的糞箕湖、東岸莊；力力社外頭的崙仔頂、四塊厝、加泵社口；下淡水社外頭的舊檳榔林莊、新東勢莊；上淡水社外頭的新檳榔林莊、柚仔林；阿猴社外頭的揭陽崙、柯柯林；搭樓社外頭的大武崙、內卓佳莊；武洛社外頭的大澤機溪口，都立了界碑做為邊界線。從加六堂以上到瑯嶠，也是嚴禁的地區。諸羅縣羅漢門的九荊林、淡水溪墘（墘或墈字之訛）；大武壠的南仔仙溪墘、茄茇社山後；哆囉嘓的九重溪、老古崎、土地公崎，下加多的大溪頭；諸羅山的埔薑林、白望埔、大武巒埔、盧

古院口,斗六門之小尖山腳外相觸溪口,東螺之牛相觸山、大里善
山,大武郡之山前及內莊山,半線之投揀溪墘,貓霧揀之張鎮莊,
崩山之南日山腳,吞霄、後壟、貓裏各山下及合歡路頭,竹塹之斗
罩山腳,淡水之大山頂、山前並石頭溪、峰仔嶼社口,亦俱立石為
界。由雞籠沿山後山朝社、蛤仔難、直加宣、卑南覓,民人耕種樵
採,所不及往來者鮮矣。

吞霄淡水之亂

　　康熙己巳[17]二月,吞霄通事黃申征派無虛日,社番苦之。會番
捕鹿,申約先納錢米而後許出。土官卓个、卓霧、亞生等大謀,殺
申及其夥十餘人。參將常泰[18]進剿,以新港、蕭壟、麻豆、目加溜
灣四社番為前部,死傷甚眾;復遣岸裏番繞出吞霄山後夾擊,設伏
殺之。[19]五月,淡水土官冰冷率眾射殺主賬金賢;及與賢善者,盡
殺之,與个、霧等通。水師把總(失其名)誘而執之。吞霄去半線

---

17. 此處所記之「己巳」(康熙28年)有誤,應為「己卯」——指康熙38年(1699)。
依《諸羅縣志》〈卷十二·雜記志〉記載:「三十八年春二月,吞霄土官卓个、卓
霧、亞生作亂。夏五月,淡水土官冰冷殺主賬金賢等。秋七月,水師襲執冰冷。
八月,署北路參將常太以岸裏番擊吞霄,擒卓个、卓霧、亞生以歸,俱斬於市(主
賬,番社通事管出入之賬者)」(頁279-280);再查核參將常泰在臺時間,為康
熙38年。
18. 常泰,陝西榆林衛,臺灣北路營參將,康熙38年(1699)8月在任。參見:鄭喜
夫編,《臺灣地理及歷史》〈卷九官師志·第二冊武職表〉(臺中:臺灣省文獻
委員會,1980),頁196。
19. 清軍先徵召諸羅縣的新港、蕭壟、麻豆、目加溜灣四社男丁北上,擔任前鋒助攻
失敗;遂徵調當時仍在淺山的岸裏社群協助,這是岸裡社首度登上歷史舞臺的一
役。

麻產內埔；打貓的牛屎阬口、葉仔阬口、中阬仔口、梅仔坑山；他
里霧的麻園山腳、庵古坑口；斗六門的小尖山腳外相觸溪口；東螺
的牛相觸山、大里善山；大武郡的山前以及內莊山；半線的投揀溪
墘；貓霧揀的張鎮莊；崩山的南日山腳；吞霄、後壠、貓里各山下
以及合歡路頭；竹塹的斗罩山腳；淡水的大山頂山前以及石頭溪、
峰仔嶼社口，也都豎立石碑做界線。從雞籠沿著山後山朝社、蛤仔
難、直加宣、卑南覓，人民耕種或樵採，無法往來的很少。

吞霄淡水之亂

康熙己卯年二月，吞霄社通事黃申每天征派番人服勞役，社番
感到痛苦。後來，黃申又通知凡是捕鹿，必須先納錢、米，才可以
去獵捕。番社的土官卓个、卓霧、亞生等大大不滿，就殺了黃申以
及他的夥伴十多人。參將常泰率領軍隊進剿番人，用了新港、蕭
壠、麻豆、目加溜灣四社的番人為前鋒，死傷很多人；繼而又派遣
岸里社番人繞到吞霄山後，夾擊吞霄社番人，設下埋伏襲殺番人。
五月，淡水的土官冰冷率領番人射殺主賬金賢，和金賢友好的人也
都被殺光，又與卓个、卓霧等番人互通聲氣。水師把總（失其名）
就設計引誘，並抓住冰冷。吞霄距離半線百里，夾在倒旗、太平兩
個山脈之間；有路可以通到內山，有險要地形可以依靠。往年防守
的駐兵據點，只設在牛罵，距離吞霄六十幾里，所以卓个、卓霧敢
於做亂。冰冷被官兵圍急了，整個社的人都逃到山上自保；他們削
尖竹子，浸泡在尿中，又用火烤了幾次，使它堅黑如鐵，遍插在山
的四周，官兵無法進入。後來冰冷終於被把總引誘抓住，和其他叛
亂的人一併斬了首級，準備抬屍遊行各社；有番人請求不要遊行，

百里,夾倒旗、太平二山之間;路通內山,有險可恃。昔年防汛,
止於牛罵,隔吞霄六十餘里,故卓个、卓霧等敢於爲亂。

　　冰冷爲官兵圍急,全社竄伏山上;削竹爲籤,以溺浸之,火炙
數次,堅黑如鐵,徧插於山,人不能前。後爲把總誘執,駢斬其
首,屍游各社;有請乞免游者,謂番頭過社,則一社皆瘟。後將冰
冷梟示,淡水海岸諸番遠望迂道而行,并不敢履其境。 [20]

馭番

　　生番殺人,臺中常事。此輩雖有人形,全無人理;穿林飛箐,
如鳥獸猿猴;撫之不能,勦之不忍,則亦末如之何矣!惟有於出沒
要隘必經之途,游巡設伏,大張礮火,虛示軍威,使彼畏懼而不敢
出耳。然此皆由於地廣人稀,不闢不聚之故;不盡由侵擾而然。蓋
生番所行之處,必林木叢茂、荊榛蕪穢,可以藏身;遇田園平埔,
則縮首而返,不敢過。其殺人割截首級,烹剝去皮肉,飾髑髏以
金,誇耀其眾;眾遂推爲雄長。野性固然,設法防閑,或可稍爲斂
戢,究未有長策也。然則將何以治之?曰:以殺止殺,以番和番;
征之使畏,撫之使順,闢其土而聚我民焉,害將自息。久之生番化
熟,又久之爲戶口貢賦之區矣。(東征集) [21]

---

20. 周鍾瑄,《諸羅縣志》〈卷十二·雜記志〉,頁279-280。
21. 藍鼎元,〈復呂撫軍論生番書〉,《東征集》,頁59-60。

他們說只要首級經過番社，整個社都會得瘟疫。之後，只好將冰冷的頭掛在高處示眾，淡水海岸的番人遠遠望見，都轉向其他的路而走，不敢進前到附近來。

馭番

　　生番殺人，在臺灣是常有的事。這些生番雖然具有人形，但是全然沒有人性；他們穿越森林竹叢，好像鳥獸猿猴；無法安撫他們，剿殺他們又不忍心下手，真是不知該如何才好。只好在他們出沒的險要地方或必經之路，往來巡查，設下埋伏，甚至大大展示砲火，表面上顯示軍威給他們看，使他們畏懼不敢出來作亂。然而，這都是由於臺灣還是地廣人稀，尚未開闢，不曾有移民聚居的緣故；不盡然是因為漢人侵擾，才引來他們的反抗。因為生番所走的地方，必定是林木茂盛、荊榛荒蕪的地方，可以藏起身子；如果遇到田園平地，就返回，不敢經過。他們殺人割取首級，烹煮後，剝掉皮肉，成為髑髏，再用金子裝飾，向番人誇耀；眾番就推他為英雄。他們的野性堅固，只好設法防備，也許還可以稍稍使他們收斂，然而畢竟不是長久之策。那麼，該如何才是長治久安的策略呢？那就是：以殺來止殺，用番人來招撫番人；征討就能使他們畏懼，招撫就能使他們歸順，然後，開闢他們的土地，招徠我國人民居住，禍害也就停止了。久了以後，生番就變成熟番，再更久，就變成可以按戶口徵收稅賦的地區了。（節錄自《東征集》）

臺灣歸化土番散處村落，或數十家爲一社，或百十家爲一社。社各有通事，聽其指使。所居環植莿竹。社立一公所，名曰公廨，有事則集。耕斂僅給家食，不留餘蓄；日事佃獵，取麋鹿麕鹿爲生。其俗，男女同川而浴，未婚娶者夜宿公廨，男女答歌相慕悅而後爲夫婦，拔去前齒。齒皆染黑，傳所謂黑齒、雕題者乎？性好勇尚力，所習強弩、鐵鏢、短刀，別無長刀、利戟、藤牌、鳥鎗之具。或與鄰社相惡，稱兵率眾，群然鬨鬥，然未嘗有步伐止齊之規。鬥罷散去，或依密林，或伏莽草，伺奇零者擒而殺之；所得頭顱，攜歸社內，受眾稱賀。漆其頭懸掛室內，以數多者稱爲雄長。要其戰爭，長於埋伏掩襲之謀，利於巉巖草樹之區，便於風雨冥晦之候；若驅之於平坂曠野之地，則其技立窮。且可以制其死命者有二：其地依山，並不產鹽，斷絕其鹽，彼將搖尾求食矣，一也；春夏之際，其地雨多而露濃，故一望翁蓊，至隆冬之日，則一炬可盡，彼將鳥獸散矣，二也。夫生之殺之，其權在於我，土番豈能爲吾患乎！若利其有而資之以鹽，任社商剝剋而不之禁，令鑿齒之倫，鋌而走險，乃復不察地勢、審利害，苟且動眾，而曰土番能戰也，豈不謬哉！大凡土番雖稱殊悍，而頗近信；儻招之以義，撫之以恩，明賞罰、善駕馭以導之，吾見耕者、獵者安於社，敬事赴公者服於途，其風猶可近古也。（理臺末議）[22]

---

22. 《理臺末議》一書，係雍正6年（1728）巡臺御史夏之芳的著作。夏之芳，字荔園，號筠莊，江南高郵州人。雍正6年（1728），擔任巡視臺灣御史兼理學政，又留任一年。所著《理臺末議》一書，主要收錄在臺爲官時的言論與理臺應興應革事宜。參見：湯熙勇，〈清代巡臺御史夏之芳的事蹟（1728-1729）〉，收於《臺灣史研究論文集》（南投：中華民國臺灣史蹟研究中心，1988），頁1-55。

　　在臺灣，歸順的土番散居在村落裡，有的幾十家合成一社，有的十家合成一社，有的百家合成一社。社裡有一個通事，什麼事都聽任他指使。住處四周，圍種著刺竹。社裡有一個公所，名叫「公廨」，社裡有事情的話，就集合到這裡來。番人耕作收穫只供給自己家用，不積蓄東西；平日打獵，獲取麏、鹿、麞、麂來生活。他們的風俗是，男女在同一條溪沐浴，還沒有結婚的人晚上住在公廨；男女互唱情歌，假如兩情相悅就結爲夫婦，結婚時就拔掉前面兩顆牙齒。他們的牙齒都染黑，不就像是傳說中的那種黑齒、雕題的人嗎？本性崇尚勇敢有力，所學是如何運用強弩、鐵鏢、短刀的技術，沒有長刀、利戟、藤牌、鳥槍之類的工具。假如和鄰社交惡，就帶著戰士、番眾，群體相互拚鬥，但是卻沒有軍隊那種步伐整齊、進退有節的訓練。拚鬥完畢後就散去，之後有的隱身在密林，有的埋伏在莽草，等待個別零星離隊的人，就抓住殺掉他。獲得的頭顱，就帶回番社，受到眾人的稱賀。然後，把骷髏頭上漆，懸掛在室內，以數量多的人爲英雄。一般來說，戰爭時番人的專長是埋伏、掩襲，有利於在山巖、荒草、樹林一帶作戰，也便於在風雨、昏暗的天候下進行；假如把他們趕到平疇曠野的地方，那麼他們的技巧就無效了。而且，還有致他們於死地的二個方法：他們的居處靠近山區，並不產鹽，如果斷絕鹽的供應，只好前來搖尾乞憐，這是一個方法。春夏時分，他們居住的地區多雨而有濃霧，所以一眼望去，草木蓊鬱，可以藏身；但是寒冬一到，一把火就可以燒光那些草木，他們只好作鳥獸散了，這是第二個方法。所以說：要他們活著或殺掉他們，權力掌握在我們手上，土番哪裡能成爲我們的憂患？如果只是送他們東西，給他們鹽，卻不禁止社商剝削他

　　社番不通漢語，納餉辦差皆通事爲之承理。而奸棍以番爲可欺，視其所有不異己物，藉事開銷，朘削無厭；呼男婦孩稚供役，直如奴隸，甚至略賣；或納番女爲妻妾，以至番民老而無妻，各社戶口日就衰微。尤可異者，縣官到任，有更換通事名色，繳費或百兩、或數十兩不等；設一年數易其官，通事亦數易其人，此種費用名爲通事所出，其實仍在社中償補。當官既經繳費，到社任意攫奪，豈復能鈐管約束！因與道府約，嗣後各社通事，俱令於各該縣居住，社中有應辦理事件，飭令前往，給以限期，不許久頓番社，以滋擾累。盜買盜娶者，除斷令離異，仍依律治之。至通事一役，如不法多事，即當責革；若謹愿無過，便可令其常充，不得藉新官更換，混行派費，違者計贓議罪。

們，這些番人最後就會鋌而走險；又加上不考察地勢、不明瞭利害之處，隨隨便便就興師動眾，導致吃了敗仗，到時候再說土番很能作戰，豈不是荒謬嗎？大致上，土番雖然強悍，但頗爲守信用；假如用義理來招呼他們，用恩惠來安撫他們，明訂賞則罰則、善於控制他們，再引導他們；那麼，我們將會見到農夫、打獵的人安居在番社裡，努力辦事的人和爲公服務的人奔走於道路上，風氣習俗將和古代相近了。（節錄自《理臺末議》）

　　社番不能說漢語，凡是納餉、辦理差役等事，都由通事處理。一些奸惡的通事因而認爲番人可以欺侮，把番社的所有東西都當成自己的，或藉一些理由要錢，剝削番人，永不知足；招來男女小孩服勞役，簡直把他們當成奴隸，甚至賣了他們；或者娶番女爲妻妾，導致番人到老都娶不到老婆，各社的人口也就日漸減少。特別奇怪的是：新縣官上任，往往藉機更換通事，想當通事的人就得上繳百兩或幾十兩銀子不等；假如一年換了幾任縣官，通事也因此換了許多人。這種費用，表面上是由通事支付，其實是由番社的公費支付。因爲通事的職位是用這種手段得到，一到番社，就會任意取財拿錢，哪裡還能管得住他們。因此，我現在特地和道、府官員約定，以後各社通事都命令他們住在縣裡，番社有事，才命通事前去處理，並給他一定的期限，不許在番社停留太久，造成擾累。凡是盜買番社東西、偷娶番女，除了命他離異，仍必須依照法律判罪。至於通事本人，如果在職務上有很多不法勾當，就應當究責開除；如果是敦厚老實、沒有過失的通事，就可以叫他長久任職，不能藉新官上任的理由就更換通事，胡亂收取派任的金錢。如果違反規

肄業番童，拱立背誦，句讀鏗鏘，頓革咮離舊習。陳觀察大輦[23]有司教之責，語以有能讀四子書、習一經者，復其身，給樂舞衣巾，以風屬之。癸卯[24]夏，高太守鐸[25]申送各社讀書番童，余勞以酒食，各給四書一冊、時憲書[26]一帙。不惟令奉正朔，亦使知有寒暑春秋；番不記年，或可漸易也。

附題詠

裸人叢笑篇·十五首（孫元衡著）[27]

1. 皇威懾海若，崩角革頑凶。昔從倭鬼役，今爲王者農。

   酋長加以冠，族類裸其躬。震驚鞭撻威，嬉戲刀劍鋒。

   臺郎出守羅星宿，云是大唐王與公（南夷類稱中國曰唐，官曰國公）。

   五十二區山百重（番社凡五十有二），南極蜈蜞（嶺名）北雞籠（山

---

23. 陳大輦，字子京，湖北江夏人，清康熙45年（1706）進士。康熙61年（1722）任福建分巡臺灣廈門道，雍正2年（1724）卒於任。參見：鄭喜夫編，《臺灣地理及歷史》〈卷九官師志·第一冊文職表〉（臺中：臺灣省文獻委員會，1980），頁196。

24. 癸卯，指雍正元年（1723）。

25. 高鐸，漢軍鑲黃旗，監生。康熙60年（1721）6月由汀州知府調任臺灣知府，雍正3年（1725）升任汀州道。參見：鄭喜夫編，《臺灣地理及歷史》〈卷九官師志·第一冊文職表〉，頁26。

定，將以收取贓物論罪！

還沒有畢業的番童，恭敬地站立著背誦詩書，讀聲鏗鏘有力，頓時改善了番人語言難懂的舊狀況。觀察使陳大輦負責教導任務，他曾說如果看到能讀四子書、研讀一經的番童，就免除他的勞役，給他樂舞的衣巾，以獎勵他。癸卯年夏天，太守高鐸把各社番童送來這裡讀書，我慰勞他們酒食，給每個人《四書》一冊、《時憲書》一卷。不但教他們遵行曆法上的重要日期，也使他們知道春夏秋冬的季節分別；番人一向不計算某某年，也許可以漸漸改善了。

附題詠

裸人叢笑篇・十五首（孫元衡著）

1. 大清皇帝的威勢簡直能震懾海域的神祇，一舉除掉這裡野蠻民族的暴虐統治，以及革除了他們頑劣凶蠻的本性。於是，從前充當倭寇奴隸的野蠻人，今天就變成了替吾王耕種的農夫了。皇上給這裡的酋長戴上冠冕，至於一般的族人就聽任他們赤身裸體了。他們在吾皇的撻伐威力下感到震驚，在吾皇的刀劍鋒芒裡無知嬉戲。當臺灣的官兵展開攻防隊形有如星羅棋布時，他們都說那些官兵是大唐的王公（注：南方的蠻夷都稱呼中國為唐，官員為國公）。總共有五十二個番社分布在一百座山裡頭，最南方到達了

---

26. 時憲書，即皇帝頒布的曆書，又稱皇曆、時憲曆。清乾隆時，為避諱帝名（弘曆）而改稱「時憲書」。黃叔璥的時代並未有避諱的問題，可見臺銀版的《臺海使槎錄》，係根據乾隆以後刻本。
27. 孫元衡，《赤嵌集》〈卷二・裸人叢笑篇〉，頁24-27。

名），渾沌不鑿天年終。

2. 衛鬢縵靡草，鬅鬙如植竿。獨辣兒薦立，兩岐斄角端。
不簪亦不弁，雜卉翼以翰。謂當祝髮從甌駱，爾胡不髡能自完。

3. 鑿囷貫竹皮括輪，象日月兮衛其身，圓景雙擔色若銀（番有造爲
大耳者，幼鑽囷，實以竹筒，自少至壯，漸大如盤，汙以土粉，取餙觀
云）。我聞無腸之東轟耳國，趨走捧持猶捧珍，又云一耳爲衾一
爲茵；非其苗裔強相效，嗚乎坎德胡不辰！

4. 齒耳夫何以皓爲？又奚取於漬汁而漆頤（雕題黑齒，非生而黑也，
取草實染成，能除穢惡）？屬骨辟穢芳其脂，墨氏毋寧悲染絲！

蜈蜞嶺，最北方到達了雞籠山。就像是從未雕鑿過的混沌老祖一樣，一直活到他們該活的那一年為止。

2. 用蘼草遮住了散亂的頭髮，頭髮向上綁起來，有如在頭上豎起了竿子。如果單獨只有一束，看起來彷彿犀牛獸站在那裡；如果綁上兩束，看起來就像有兩個角的大角羊。既不使用髮簪，也不戴帽，頭上逕自插著一些花朵和羽毛。有人說他們應該是追隨南方的甌駱族有了斷髮的習俗，否則如果都不剃髮，頭髮如何能如此齊整呢？

3. 番人會在耳朵鑿個圓洞，再放入圓竹筒，有時在耳垂掛上二個輪子，就像是太陽、月亮的二個環形物，用來保護自己的身體；二個圓形物有時垂到雙肩上，色調是銀色（注：想要塑造大耳朵的番人，幼年時會在耳朵鑽洞，塞入竹筒，由少年到壯年，耳朵逐漸大得像一個盤子，平常會塗上土粉，用來裝飾觀賞）。我曾聽說在無腸國的東方，有個國家叫做聶耳國，人民在走路奔跑的時候，就捧著耳朵好像捧著珍品一樣。又有人說他們有一個耳朵當成棉被用，另一個就當成草蓆；如今臺灣這些番人並不是聶耳國的後代，卻爭相效法聶耳國的習俗，這麼一來，謙恭柔順的德性就變成何等的不柔順了！

4. 如何才能教吾人的牙齒和耳朵變白呢？為什麼番民偏偏拿黑色的汁液往自己的兩頰塗抹呢（注：刺青和黑齒的番民，不是本來天生就是黑色的，是從植物萃取顏料染成的，說是能驅除汙穢）？他們也說塗

5. 倒懸覆臟，如繫羵羊。纖竹爲笰，約肚束腸。行犇登躍，食少力
   強。蜂壺猿臂，逐鹿踰岡。將刀斷之，挽手上堂（稚番利走，身乃
   倒懸，以竹爲笰，束腰使細，至婚時斷去。又男女結婚不以禮，惟挽手
   告諸父母云爾）。爲語楚宮休餓死，盡習此術媚其王？

6. 短布無長縫，尚玄戒施縞。桶裩本陋制，不異蠻犵狫。犵蠻鑿齒
   喪其親，爾蠻鑿齒媾其姻。雜俗殊風仁不仁（南海犵蠻，幅布圍下
   體，不施襞積，號曰桶裩；臺番似之。又犵狫親死鑿二齒以贈永訣，番
   結婚鑿二齒以訂終身）！

抹鹿的油脂可以強壯骨骼、遠離汙穢。這種說法，遠不如墨子先生見到染絲的人的感歎：「在青色中染就成青色，在黃色中染就成黃色。」

5. 番民能倒掛自己於樹木之間，也很善於在林木中隱藏自己，往往看起來就好像綁住的、似狗似羊的「土之精怪」。年輕人用竹子編成束物，從小就綁在腰際，不教自己的腰粗大，以方便行走。因此，能急速奔走，也能攀爬登高。吃得很少，力量卻很充沛。有蜂類一般的細腰以及猿猴那樣的長臂，攀越山崗，追逐著梅花鹿。到了結婚的時候，就把竹編的束物割斷，牽著手去告訴父母說要結婚了（注：番民為了善於奔跑，身子常常倒立，用竹子編成束物，束著腰部，使腰變細，到結婚的時候才砍斷它。同時，男女結婚的時候，沒有儀式，只有兩人挽著手去告訴父母而已）。從前楚王欣賞細腰的美女，導致許多人餓死，我倒要告訴那些愛美的人，何不學習番人這種方法來討好楚王呢？

6. 身上的布很短，不須縫合；喜愛黑色而不喜愛白色。用布塊遮圍住下體本來就是一種簡陋的穿著方法，和南海的犵蠻族完全一樣。南海的犵蠻族，在父母親死亡時，把前面的兩顆牙齒鑿掉，用來贈送給死者做為永別的紀念；此地的番民卻是在結婚的時候，把前面的兩顆牙齒鑿掉，做為訂定終身的紀念。南海和臺灣的蠻人風俗不同，南海是講道義的，臺灣是不講道義的（注：南海一帶的犵蠻族，以一片布圍住下體，沒有任何縫綴，就叫做「桶裙」；臺灣的番民也差不多是這樣。不過，犵蠻族的雙親死了，就鑿下兩顆牙齒贈送

7. 管承鼻息颺簫音，筠亞齒隙調琴心。女兒別居椰子林，雄鳴雌和終凡禽（女長構屋獨居，以鼻簫、口琴男女互相調和，久而意偕，乃告諸父母）。不顧耶娘回面哭，生男贅夫老而獨（俗以婿爲嗣，置所生不問）。但知生女耀門楣，高者爲山下者谷。貓女膩新相鬥妍（女多以貓名，幼曰膩新），醉歌跳舞驚鴻翻。酋長朝來易版籍，東家麻達西家仙（未婚名麻達，供力役；既婚名仙，納餉稅）。

8. 接飛軼走，縱行橫施。繡肌雕腋，勇者是儀。龜文蟬翼，蒙表貫肢。背屏鶡鶍，胸獐豹螭。跳脫臂釵，瓔珞項披。蠢然身首犁飄尸。

給死者，做爲永別的紀念；臺灣的番民卻鑿下兩顆牙齒，以代表婚約）。

7. 把竹管放在鼻下，用鼻子吹出簫聲；把竹口琴放在唇上，吹出自
己的心意。姑娘通常另外居住在椰子林裡。由於男女彼此以音樂
先唱和，最後確定兩個人不是普通的禽類，而的確是一對美好的
鳳鸞，就回去告訴父母說要結婚了（注：女子在外面築屋獨居，青年
男女彼此以鼻簫、口琴傳情，久而久之兩個人情合意偕，就去告訴父母，
說要結婚了）。兒子也管不了母親轉過臉哭泣——因爲所生的男
孩子就要入贅女方的家庭，父母年老不免就孤獨無依了（注：番
民的風俗以女婿爲後嗣，往往不照顧自己的親生兒子）。總之，番民只
知道生女兒是光大門楣的事，就像是山高谷低一樣地自然。許多
女子都以貓爲名字，在幼年的時候就競相鬥妍（注：女子多用貓這
個音來命名，幼女叫做「膩新」），往往在醉酒的時候跳舞，舞姿如
同驚起的鴻鳥，翩翩飛翔。酋長早上就來辦理戶籍，東家尚未結
婚就叫做麻達，有提供力役的義務；西家已婚就叫做仙，必須定
期繳納賦稅（注：未婚的年輕人叫做「麻達」，必須提供勞役；結婚的
男子叫做「仙」，必須提供賦稅）。

8. 急速飛跳，直行橫走，毫無障礙。在皮膚或肢體上刺青，是勇士
本色的打扮。因此，常有怪誕的圖紋，遍布在皮膚和四肢。在背
部雕刻鳥類，胸部刺上猛獸圖形。手臂上有皮革製成的袖套，珍
珠項鍊掛在頸間。蠢笨的身子，就像黑色石塊做成的半人半獸屍
體。

9. 海山宜鹿，依於樸樕。麌麌呦呦，群行野伏。諸番即之，長鈚勁鏃。毒珊橫噬，倍於殺戮。憑藉商手賦公局，獲車既傾罄有欲。犝犉猺食何苦辛，直朵頤於刵蹏而刳腹（番麌鹿爲輸將，所獲悉委社商，惟利蹏腸一飽而已）。

10. 爾之生也，懸刀代弧；爾之壯也，畜犬爲徒。柔笭以臥肉以脯，縱橫猛氣凌殷虞；奮狋狋犺不可呼，爭先奚翅當百夫。功多齒鈍棄匪辜，日暮纍纍嘷路隅！

11. 虎山可深入，傀儡難暫逢（有生番曰傀儡，踞大山中，見人則戮）。不競人肉競人首，殲首委肉於犯猺。驚禽飛，駭獸走，腰下血模糊，諸番起相壽！

9. 臺灣的山海很適合鹿群的生長，鹿通常棲居在小樹下。喔喔呦呦叫著，成群在野地棲息。番人追上牠們，用長長的鐵標槍和硬利的竹箭射殺牠們。有時凶暴的獵狗猛烈撕咬牠們，更甚於射殺。然而，這些番民擔心獵物被官府充公，就把獵物都交給社商，任憑社商去交涉。於是，滿載獵物的車子，就被充滿欲望的社商整個吞噬了。這些笨牛要吃一餐是何等辛苦，只能吃一些割下來的鹿蹄和鹿內臟而已（注：番民懷疑捕來的鹿會被充公，就把獵得的鹿都交給社商，所獲只不過是飽餐一頓鹿蹄和鹿腸而已）。

10. 這些番民幼年時，就懸刀拿弓；等到強壯的時候，開始畜養獵狗當他的幫手。常睡在柔軟的漁具上，等待捕魚；把鹿肉曬成鹿肉乾。橫衝直撞的氣勢勝過殷、虞時代的勇士，彷彿怒犬相鬥，無法叫他們停止。他們奮勇爭先，可以以一當百。然而，功業再大，當他們年老的時候，也會無辜地被拋棄。晚年時，成群地在馬路的角落哭泣！

11. 即使有老虎的山間，吾人也能平安進入；但是就怕遇到傀儡番，被他們獵去人頭（注：有一種叫做傀儡番的生番，盤據在大山中，看到人就殺）。這些傀儡番，不是要吃人肉，而是要奪取人頭，他們把頭割下來後，就把剩下的人肉丟給豬吃。他們所到之處，鳥禽都飛開了，獸類都走光了。當獵人頭的勇士腰下血跡斑斑的時候，所有的同伴都站起來替他祝賀。

12. 崩泉下澗三尺波，女兒沒水如群鵝。中官投藥山之阿，至今仙氣
留雲窩。生男洗滌意非它，無攣無靡無沈痾。他日縱浪有勳業，
為鯨為鯉為蛟鼉（明太監王三保出使西洋，到赤嵌[28]汲水，投御藥於澗
水中；至今番俗生兒即入水洗，謂有仙氣）。

13. 鼉鼓轟林人野哭，舉屍燖炙晞以煨。蠅蚋不敢侵，螻蟻漫相逐；
埋骨無期雨頹屋，安置鬼牛與鬼鹿。鬼殘日夜傷幽獨（番死，鳴鼓
而哭，火炙令乾，露置屋中，屋傾而後掩所遺，皆稱鬼物，無敢取者；
號其婦為鬼殘，眾共棄之）！

14. 金人竄伏來海濱（相傳臺番係金人遺種，避元居此），五世十世為天
民。花開省識唐虞春，阡陌雜作如無人。披草戴笠，鉗口合脣，
道路以目，爰契天真。華人侮之嘿不嗔，秕粒如豆其如薪（花開

---

28. 赤嵌，位於今臺南市中西區，荷蘭時代普羅民遮城（Provintia）所在。

12. 奔騰的溪水沖下溝澗，激起了巨大的水波；許多男男女女在水中頭出頭沒，好像一群鵝子。據說從前三保太監鄭和到赤嵌山澗提水，把藥投入水裡，那裡的水因此有了療效，導致男孩子一出生，就放到水裡洗滌，彷彿這種療效至今還保存在水中。所謂生了男孩就放到溪水去洗並沒有其他的意思，就是希望這個小孩將來不會有攣病、靡病或陳年不治的疾病。更希望他將來建立功勳偉業有如乘風破浪，就好比是鯨魚、鯉魚、蛟龍一樣（注：明朝三保太監下西洋的時候，到赤崁的山區取水，曾投入藥物在澗水中；到現在番民有個習俗，凡是生下兒子就放入澗水洗滌，說是水裡有仙氣）。

13. 逢到喪事，皮鼓在樹林中轟然作響，人們都在野地哭起來了；番民把屍體架高烤炙，再在太陽底下曬乾。於是，蚊蠅不來侵犯這個屍體，蟻類也不來了。他們把屍體擺在屋裡，沒有一定安葬的日期，只等到風雨把房屋吹倒，房屋就用來安置死者留下來的牛和鹿。至於死者的妻子，日夜都悲傷她不再有伴侶（注：番民如果死了，大家就擊鼓哭嚎，用火把屍體烘乾，放在屋裡，等到房屋倒塌了，就把所有的東西都掩埋起來，那些東西都算是死者的東西，因此沒有人敢拿任何的遺物。至於亡者的妻子就稱爲被死者遺棄的人，也被眾人拋棄了）！

14. 據說臺灣的番民原本是金人流竄到海邊的後代（相傳臺番是金人遺種，避元居此），經過了五個世代或十個世代以後變成天眞的民族。當花開的時候，他們歡然地欣賞著永遠不老的春天景色；在田裡工作時，渾然不看他人。身上穿戴草衣，頭上戴著笠子，平常在田裡工作的時候閉口不說話，只用眼睛示意，完全契合於大

始樹藝，不言不殺，及穫乃發口）。

15. 群嚼玉英粲，醨釀爲氤氳，屛五齊三事，而狄康不聞。準身準
口量餘粟，一榼一瓢萬事足。蚩蚩者無懷古民，白刃酣交醒觳
觫（番嗜飲，通計所食之餘，悉以釀酒。其釀法則聚男婦嚼米，納器爲
之，亦一奇也）。

秋日雜詩·三首（孫元衡著）29

1. 諸番多窟宅，深就瘴雲安；竹塢疑熊館，茅房結馬鞍。
   山荒朝獵豹，田熟夜防貙。此是羲皇上，文身似羽翰。

2. 信此飄零眼，浮觀別異同。四時無正候，百物有奇功。
   版籍翻稽婦，蠻邨渾賤翁。糟醨聊可啜，應笑學郫筒。

---

29. 〈秋日雜詩〉計有二十首，此處僅摘錄三首。參見：孫元衡，《赤嵌集》〈卷三·秋日雜詩二十首〉，頁51。

自然。甚至漢人辱罵他們，既不說話也不發怒，可是他們種出來的稻粒都像豆子那麼大，稻禾都像木材一樣粗（注：番民在春天時才開始栽植、播種，既不言語，也不殺生，等到收穫的時候才開口）。

15. 成群的番民吃著長生不老的好食物，美酒發出了芳香的味道。喝酒時完全沒有古代五齊三酒的分別，也不知道所謂祭酒造酒的始祖狄、康等故事。除了吃食所需外，盛夏的糧食都拿來釀酒，只要能有一杯一瓢的酒喝就萬事足了。這些無知愚昧的番民雖像上古時代無懷氏的人民，但有時喝得酣醉也會白刃交加，相互砍殺；等到醒來的時候，才渾身發抖（注：番民非常喜歡喝酒，除了日常所需的米糧外，若有所剩，都拿去釀酒。他們的釀法是男女聚在一起，把米嚼爛，裝入一個容器中，等它發酵成酒，也是人間的一件奇事）。

秋日雜詩・三首（孫元衡著）

1. 番人們都居住在洞穴的房屋裡，深密地安居在靠近有毒的雲霧裡；竹子的建築物叫人懷疑是熊的巢穴，茅房是養馬的地方。早上在荒山獵豹，當作物成熟的時候，夜裡就提防獾害。他們是上古時代的伏羲氏，刺青的身體好像鳥的翅膀。

2. 我憑著流徙各地的眼光，浮泛地看著各地的不同景觀。這裡的四季並沒有一定的氣候，萬物卻顯露了叫人驚奇的結果。戶籍盡屬於番婦所有，番社男人的地位輕賤。他們釀的粗酒還勉強可喝，請不要笑我也學著用竹筒喝酒。

3. 眼底天民在，熙熙共往來。忘年驚髮變，改歲待花開。
   即鹿群看箭，安家密咒灰。唱歌爭款客，喚取女郎回。

土番竹枝詞‧二十四首（郁永河著）[30]

1. 生來曾不識衣衫，裸體年年耐歲寒。
   犢鼻也知難免俗，烏青三尺是圍闌。

2. 文身舊俗是雕青，背上盤旋鳥翼形；
   一變又為文豹鞹，蛇神牛鬼共猙獰！

3. 胸背斕斑直到腰，爭誇錯錦勝鮫綃。
   冰肌玉腕都文徧，只有雙蛾不解描。

4. 番兒大耳是奇觀，少小都將兩耳鑽；
   截竹塞輪輪漸大，如錢如椀復如盤。

---

30. 竹枝詞，原為民歌，其體裁後為詩人引用。土番竹枝詞二十四首，收於郁永河，
    《裨海紀遊》，頁42-45。

3. 我看到樂天知命的人民住在這裡，熙熙攘攘地來來往往。他們不知道歲月變遷，只驚訝頭髮怎麼變白了，往往在時光的流逝中等待花開。看到鹿就放箭，用符咒求取居家的平安。唱著歌努力款待客人，在呼喚中娶了一個女子回家。

土番竹枝詞 · 二十四首（郁永河著）

1. 番人天生就不認識衣服，年年都裸體忍耐寒冬。他們也知道不能違背習俗，必須穿鼻戴環，只用三尺的布圍住下體。

2. 紋身、雕鏤皮膚是他們的一種習慣，在背部刺上鳥兒盤旋時的翅膀形狀；忽然又刺成文豹的表皮形狀，甚至蛇神牛鬼猙獰的形狀都有。

3. 胸膛、背部呈現一片斑爛的刺青，直到腰部，爭相誇讚紋彩交織的圖樣比薄紗的衣服還要好。管他冰肌玉腕，通通都刺滿了，可惜就是不會畫眉毛。

4. 番童的大耳朵成為一種奇觀，小小年紀就在兩邊耳朵鑽洞；之後用竹篾圈塞入耳洞，耳朵就一天天大起來，有的像一個錢幣、有的像一個碗，有的像一個盤子那麼大。

5. 丫髻三叉似幼童，髮根偏愛繫紅絨。
   出門又插文禽尾，陌上飄颻各鬪風。

6. 覆額齊眉繞亂莎，不分男女似頭陀。
   晚來女伴臨溪浴，一隊鸕鶿漾綠波。

7. 鐽貝雕螺各盡攻，陸離斑駁碧兼紅；
   番兒項下重重繞，客至疑過繡嶺宮。

8. 銅箍鐵鐲儼刑人，鬪怪爭奇事事新。
   多少丹青摹變相，盡圖那得似生成。

9. 老翁似女女如男，男女無分總一般；
   口角有髭皆拔盡，鬚眉都作婦人顏。

10. 腰下人人插短刀，朝朝摩礪可吹毛；
    殺人屠狗般般用，纏罷樵薪又索綯。

11. 耕田鑿井自艱辛，緩急何曾叩比鄰；
    構屋斲輪還結網，百工俱備一人身。

5. 少年人把頭髮綁成三叉的髮髻，偏愛在髮根部分繫上紅布；出門時又插上彩色鳥的羽毛，在阡陌上飄飄飛奔，相互競賽。

6. 頭髮剪到額頭與眉毛齊的地方，再用亂草綁起來，不分男女都像頭陀的樣子。晚間男子有女子一起陪伴在溪谷沐浴，好像一對鸂鶒在綠水裡嬉戲。

7. 磨好的貝殼、雕鏤的螺錢都用上了，光怪陸離各色斑駁；這些都纏繞在番少年的頸子上，外客一到，竟然懷疑來到了皇帝的行宮。

8. 用許多銅箍、鐵鐲戴在手腕上，就像是臨刑的人，彼此相互鬥奇爭怪，每件事情都顯得很新奇。不知道用了多少顏料描摩外表，畫出來的圖形哪裡像本來的樣子。

9. 老人看起來好像女人，女人看起來好像男人，男女彷彿沒有分別，差不多都相同；男人嘴上有鬍髭就拔掉，至於臉部打扮都像是女人。

10. 人人腰間都插著短刀，每天早上磨得無比鋒利；不論殺人殺狗都用得上，剛剛做完砍柴的工作，又要去做繩索了。

11. 耕田、鑿井都是很辛苦的工作，不論緩急都不願拜託鄰人來幫忙；搭構房子、劈造輪子、編織網子，百般的工作都一個人做。

12.輕身趫捷似猿猱，編竹爲箍束細腰；
　等得吹簫尋鳳侶，從今割斷伴妖嬈。

13.男兒待字早離孃，有子成童任遠颺；
　不重生男重生女，家園原不與兒郎。

14.女兒纔到破瓜時，阿母忙爲構室居；
　吹得鼻簫能合調，任教自擇可人兒。

15.只須嬌女得歡心，那見堂開孔雀屏；
　既得歡心纔挽手，更如鑿齒締姻盟。

16.亂髮鬖鬖不作綯，常將兩手自搔爬；
　飛蓬畢世無膏沐，一樣綢繆是室家。

17.誰道番姬巧解釀，自將生米嚼成漿；
　竹筒爲甕牀頭挂，客至開筒勸客嘗。

18.夫攜弓矢婦鋤穫，無褐無衣不解愁；
　番屬一圍聊蔽體，雨來還有鹿皮兜。

12. 麻達矯捷輕盈的動作好比猿類，先編織竹子做成束腰的東西，束綁在腰部；等到用鼻蕭尋找到伴侶後，才把束腰割斷，從此伴著可愛的妻子。

13. 男孩子還未等到成婚期已經離開母親了，當孩子長大時，母親就任由他遠離；番人都是不重視生男孩而重視生女孩的，原來他們的家產是不給男孩子繼承的。

14. 女孩到了十六歲，母親就趕快搭一個居住的房子，讓她單獨住在那裡；只要有男子的鼻蕭聲能感動她，她就可以自己選擇這位心愛的人當伴侶。

15. 只需要女兒歡心，就能並結連理了；不過，先必須彼此喜歡才手拉手，更不用說是結婚後鑿下兩顆門齒的這件事了。

16. 番女的頭髮雜亂，卻不盤起來，常用兩隻手扒疏；因為一生都不洗頭不抹油，所以頭髮雜亂，可是仍然很會料理家務。

17. 大家都說番人女子很懂釀酒，她先把生米嚼成米漿，成為麴；放入煮好的飯攪拌後，再裝入竹筒掛在床頭，客人來了，就打開竹筒請客人喝酒。

18. 丈夫帶著弓箭，妻子帶著鋤頭耕具，雖然沒有衣服穿也無憂無慮；只用一塊番布聊為遮蔽身子，下雨的時候也許還有鹿皮兜可以遮一遮。

19. 竹弓箬矢赴鹿場，射得鹿來交社商；
　　家家婦子門前盼，飽惟餘瀝是頭腸。

20. 莽葛元來是小舠，刳將獨木似浮瓢；
　　月明海滋歌如沸，知是番兒夜弄潮。

21. 種秫秋來剪入場，舉家為計一年糧；
　　餘皆釀酒呼群輩，共罄平原十日觴。

22. 梨園敝服已蒙茸，男女無分只尚紅；
　　或曳朱襦或半臂，土官氣象已從容。

23. 土番舌上掉都盧，對酒歡呼打剌酥。
　　聞說金亡避元難，颶風吹到始謀居。

24. 深山負險聚遊魂，一種名為傀儡番；
　　博得頭顱當戶列，髑髏多處是豪門。

19. 帶著竹做的弓、竹子做的箭到鹿場去，射到鹿就拿來交給社商；每家的婦人小孩都在門口盼望吃到鹿肉，卻只能留下頭、腸飽餐一頓。

20. 蟒甲原來就是一只小舟，將一段木頭挖空成瓢的形狀做成的；當明月當空的時候，海邊歌聲歡騰，就知道是番人晚上駕著蟒甲舟在玩水。

21. 種下秫米，等到秋天收割後曬乾，先算好全家一年的糧食數目；剩下的就拿去釀酒，然後叫大家來喝酒，在原野喝了十天，直到把酒都喝完為止。

22. 戲班子用的戲服已經破了、蒙上一層茸毛，不分男穿或女穿的戲服，只要紅色的就可以穿上；土官儘管穿的是紅色小衣服或者只剩下半個袖子，都已經算是很有氣派了。

23. 土番的語言很難懂，常發出都盧的聲音，喝酒時則發出打刺酥等語音。據說他們是金人為了逃避元朝帶來的災難而進入海裡，後被颱風颳到這裡定居的。

24. 深山險要形勢的地方，聚集了遊動的番民，有一種番人就叫做傀儡番；他們如果獵了人的頭顱，就會陳列在屋前，髑髏多的人家就是豪門。

臺灣近詠上黃巡使（藍鼎元[31] 著）

番黎素無知，渾噩近太古。祇爲巧僞引，訟爭亦肆侮。

睢眦動殺機，其心將莫禦。所幸弗聯屬，社社自愚魯。

太上用夏變，衣冠與居處。使彼忘爲番，齊民消黨羽。

其次俾畏威，罔敢生乖迕。無虐無令傲，服勞安作苦。

恩勝即亂階，煦嘘鼠爲虎。所以王道平，不爲矯枉補。

內山有生番，可以漸而熟。王化棄不收，獷悍若野鹿；

穿箐截人首，飾金誇其族；自古以爲常，近者乃更酷。

我民則何辜，晨樵夕弗復。不庭宜有征，振威宥百谷；

土闢聽民趨，番馴賦亦足。如何計退避，畫疆俾肆毒。

附界總爲戎，將避及牀褥。

31. 藍鼎元（1680-1733），字玉霖，別字任庵，號鹿洲，福建漳浦人。清康熙60年（1721）隨族人南澳總兵藍廷珍渡臺平朱一貴事件，擔任幕僚，廷珍一切機宜都由他擬定。在臺期間，主張積極開發臺灣，反對閩浙總督覺羅滿保消極設限的對臺政策。藍鼎元關於臺灣政務的規劃，當時雖未獲採納，日後卻成爲清廷治臺的重要參考依據。離臺後，曾參與《大清一統志》纂修，官至廣東知府。著有《藍鹿洲集》、《平臺紀略》、《東征集》等。參見：廖振富，全臺詩，http://140.133.9.113/poet_info.html?820。

臺灣近詠上黃巡使（藍鼎元著）

　　番民向來沒有知識，渾渾噩噩過著太古的生活。有時投機取巧，互相控告，彼此相互侮辱。看不順眼就動了殺機，他們的心真是難以提防。還好，他們彼此之間是沒有聯繫的，每個社都獨自過著愚魯的日子。皇上應該用華夏的禮儀，給予衣冠和房屋，使他們忘記自己是番民；應該治理他們，並剷除他們成群作亂的習慣。再來是用威嚇的手段，使他們不敢違逆，既不虐待他們，也不叫他們高傲大膽，只叫他們服勞役而不覺得辛苦。假若過度恩待，就會亂了秩序；太過於溫和，就會叫他們坐大。我們用王道平服他們，將來就用不著矯正他們了。內山還有生番，本來是可以慢慢由生番變熟番。可惜，自古以來內山的番民就被天朝教化所放棄，以致粗獷一如野鹿。他們鑽過草叢割取人頭，再用金銀裝飾骷髏頭誇耀他們的族人，自古皆是如此，現在就更殘酷了。我民何辜，往往早上到山裡拾柴，晚上就不再回來了。朝廷應該討伐他們，讓聲威震懾百千山谷，讓我民的墾殖者能自由開墾；同時收服那些番民，叫他們繳稅，讓我們的稅收更充足。為什麼還有人在籌劃如何避開這些番民的政策呢？所謂的劃界，也只是放任他們肆虐殘害罷了！所謂在邊界設立防務，最後還是難免刀兵之災，我們怎能避開這種近身的危險呢？

題同年黃玉圃番社圖（呂謙恒[32] 著）

> 九重渙汗使臣知，萬里蠻荒跋踵時；
> 耳目全開天海外，土風盡入竹枝詞。

題黃侍御番社圖（陸榮秬[33] 著）

1. 日麗中天萬國環，八埏風俗版圖間；
   誰言黑齒雕題遠，只在麟洲小水灣。

2. 清時絕島似仙鄉，密箐深林化日長；
   捉罷野牛還捕鹿，閒來飽啖夜春糧。

番社雜詠・二十四首（黃叔璥著）[34]

1. 絕島中華古未通，生來惟鬪此身雄；
   獨餘一面猙獰外，人鳥樓臺刺自工。（文身）

---

32. 此詩，係呂謙恒觀覽黃叔璥持有的「番社采風圖」所作。呂謙恒（1653-1728），
字天益，號澗樵，河南新安人。清康熙48年（1709）進士，官光祿寺卿。參見：
廖振富，全臺詩，http://140.133.9.113/poet_info.html?820。
33. 和呂謙恒一樣，此詩亦為觀覽「番社采風圖」所作。陸榮秬，生卒不詳，江南華
亭人。清康熙年間太學生。參見：廖振富，全臺詩，http://140.133.9.113/poet_info.html?820。

題同年黃玉圃番社圖（呂謙恒著）

揮汗如雨穿越重重高山，走遍萬里蠻荒，這種滋味只有出使的臣子才知道；耳目聽到、看到的盡是天外海外的東西，把土著的風俗民情都記入竹枝詞中。

題黃侍御番社圖（陸榮柜著）

1. 美麗的太陽高升天空，數不盡的邦國環繞，八方的風俗都在版圖裡；誰說這些黑齒刺青的番人就一定距離我們遙遠，他們就生活在鹿洲的小水灣一帶。

2. 天氣清明的時候，這個島嶼好像仙鄉一樣，茂密的竹林與深深的樹林一天一天生長變化；番人捉完野牛後再去捕鹿，有空的時候飽餐一頓，晚上再去舂米。

番社雜詠・二十四首（黃叔璥著）

1. 這個島自古以來就與中華隔絕不往來，番民天生以身體稱雄；除了臉部所刺的猙獰圖形外，包括人形、鳥形、樓臺都刺得很精細。（文身）

---

34. 「番社雜詠」，由24首七言絕句詩題組成；每首詩的題旨均為兩字，以指稱原住民的文化、生業樣態。研究者認為：由「番社雜詠」的寫成，與呂謙恒、陸榮柜的題詩，可見黃叔璥持有一套包含24種主題的「番社圖」。惟該圖來龍去脈，目前無法知悉。

2. 剖竹爲椽扇縛筊，空擎梁上始編茅；
   落成合社欣相賀，席地壺漿笑語高。（作室）

3. 荒地欲鬆園更腴，誅茅覆草令秋枯；
   種時禾秸驚風雨，雜植還教薏苡扶。（種園）

4. 小樓貯粟號禾間，剖竹編茅蓋自閒。
   應識名禾知本計，可專飲血事捽山。（禾間）

5. 蠻孃織作亦殊勤，圓木中空槽口分；
   尺布可堪持北去，但令知有達戈紋。（晝織）

6. 霜鐘雲磬韻雙清，何處邨莊旋旋鳴；
   北客初來聽不厭，那知此是夜舂聲。（夜舂）

7. 未負耕犁未服鞦，誰教馴狃入欄收；
   番兒自慣無鞍馬，大武山頭捉野牛。（捉牛）

2. 砍下竹子做爲承受屋瓦的椽，也用竹子編綁牆壁和門扇，先把它們高舉到房屋的樑木上，才開始用茅草編織屋頂；落成的時候，大家相互慶賀，坐在地上喝酒，高聲談天說笑。（作室）

3. 荒地土質鬆軟肥沃，秋天把枯草砍倒在地上，任由它腐爛。到春天時，種了稻，就怕風雨壓倒禾桿，因此必須兼種薏苡仁來彌補稻米的不足。（種園）

4. 有小房子可以貯藏稻米，就是穀倉，是砍取竹子搭建再用茅草編織屋頂做成的。應該知道種稻米才是維持生計的根本，然後才可以用心去山裡打獵。（禾間）

5. 番人婦女特別勤於織布，織布機乃是用一塊木頭中間挖空做成的，就像一個木槽；雖然只是尺布，卻很值得拿回北地去，好叫大家知道世上有達戈紋這種美麗的布料。（畫織）

6. 既像鐘聲又像磬聲，聲音清脆，總是在村莊裡迴轉鳴響；北方來的客人剛到這裡都百聽不厭，後來才知道原來是番人晚上舂米的聲音。（夜舂）

7. 野牛從不曾耕田也不曾拉車，卻有人能夠將牠馴伏後關在欄柵裡；番人習慣騎著沒有鞍的馬，在大武山上抓野牛。（捉牛）

8. 仰沫巨魚纔躍波，矢無虛發巧如何！
   於今苦學漢人法，篙筏施罛事轉多。（射魚）

9. 地闢年來少鹿場，焚林設阱兩堪傷；
   擒生翦耳如黃犢，相逐平原互鬪強。（捕鹿）

10. 盛植檳榔覆四簷，濃陰夏月失曦炎；
    猱升取子飛騰過，不用如鉤長柄鐮。（猱採）

11. 出草秋深盡夏初，刖蹄剖腹外無餘；
    當官已報社商革，五穀雞豚一一書。（社餉）

12. 獸皮時出內山深，互市傳來直至今；
    莫道漢人曾未到，熟番有路敢探尋。（互市）

13. 不爲穴處不巢巓，布毯牢將兩樹纏；
    此味睡鄉人不識，不須仙蝶自翩翩。（樹宿）

8. 看到大魚仰天吐著泡沫躍到水面上，番人箭無虛發，立即射中牠，技巧真好！現在卻學習漢人的方法，用竹筏或魚網捕魚，事情反而更麻煩。（射魚）

9. 近年土地漸漸都開闢了，鹿場也就減少，加上焚燒樹林、挖設陷阱，就更加破壞鹿場了；為了能敏捷抓住獵物，就必須把狗的耳朵剪掉，外形活像一隻小牛，牠們在平野上奔跑追逐獵物，相互比強。（捕鹿）

10. 番人在房子四周大量種植檳榔樹，幾乎要壓覆到屋簷，夏天時，濃蔭遮蔽了炎熱的陽光；收穫的時候像猴類一樣飛身爬昇到樹梢把檳榔的菓實採下來，既不用鉤子也用不著長柄的鐮刀。（猱採）

11. 從夏初到深秋，是捕鹿的季節，除了鹿蹄、內臟歸番人所有，其餘都要繳給社商代為納餉；官方就忙著接收社商帶來的鹿皮，又把繳來的五穀、雞、豬等物品一一登記在冊子裡。（社餉）

12. 獸皮常常都是從內山出產的，也是經過交易換來的，以前到現在都是如此；漢人當然無法到內山交易，不過熟番有路徑可以去到那裡。（互市）

13. 既不必睡在洞穴也不必睡在山巔窠巢上，只要用一塊布綁繫在兩棵樹上，就成為一個床了；這種睡覺的滋味沒有多少人嚐過，即使人不是蝴蝶，也會翩翩飛翔呢。（樹宿）

14. 社中各自置樓高，貓踏更番未覺勞；
　　擊柝宵嚴鏢箭利，盡教鼠竊遠潛逃。（哨望）

15. 未經牽手尚腰圍，習慣身輕走若飛；
　　涼夜月明齊展足，羨他貓女願同歸。（鬥捷）

16. 製琴四寸截琅玕，薄片青銅竅可彈；
　　一種幽音承齒隙，如聞私語到更闌。（嘴琴）

17. 配他弦索亦相宜，小孔橫將按鼻吹；
　　引得鳳來交唱後，何殊秦女欲仙時。（鼻簫）

18. 贅婿爲兒婦是家，還憐鑿齒擦蕉花；
　　何如高架迎歸去，偕老相期禮自嘉。（迎婦）

19. 生兒出浴向河濱，仙氣長留冷逼人；
　　三保當年曾到處，南洋諸國盡稱神。（浴兒）

14. 番社裡都設有高高的瞭望樓，麻達（番人未娶妻者）輪番看顧不覺勞苦；宵禁時，擊打木梆，身帶標槍、刀箭，能教小偷之輩全都遠遠地逃走了。（哨望）

15. 麻達還未結婚前，編竹束腰，身手輕盈走得很快：在涼爽的月夜展足奔走，喜歡他的番女就願意與他結為夫妻了。（鬭捷）

16. 嘴琴是用四寸左右的竹子，鑲上青銅薄片就可以彈奏；有一種幽幽的聲音從齒間吹出來，就好像更深的時候聽到的私下情話。（嘴琴）

17. 鼻簫是竹子配上繩弦做成的，可以橫著靠近鼻孔吹奏；如果能引來女子互相唱和，就可以結為夫妻了。（鼻簫）

18. 女家把女婿招贅進來後，家庭並沒有他的地位，還是由女人當家，可憐在結婚後還必須鑿掉兩顆擦黑的牙齒送給對方；不如用高高的轎子把女子娶進來，相互期待白頭偕老的禮俗比較好。（迎婦）

19. 生了兒子，就抱到河裡沐浴，河水非常寒冷，還聽說水裡有仙氣；這是因為當年三保太監曾到這裡來，留下了仙氣，凡是他所經過的南洋諸國，人人都說他是神。（浴兒）

20. 殊風雖陋尚堪論，恤老收窮古意存；
　　長者途逢皆卻步，朋儕相見亦寒溫。（讓路）

21. 外沿大海內深溪，浮水葫蘆每自攜；
　　惟有土官乘筏過，眾擎如蟻兩行齊。（渡溪）

22. 曆書不識歲時增，月幾迴圓稻一登；
　　鄰社招邀同報賽，竹盃席地俗相仍。（會飲）

23. 男冠毛羽女鬝鬟，衣極鮮華酒極酣；
　　一度齊咻金一扣，不知歌曲但喃喃。（賽戲）

24. 紅毛舊習篆成蝸，漢塾今聞近社皆；
　　譚說飛鴞難可化，泮林已見好音懷。（漢塾）

20. 番人的風俗雖然簡陋，但是卻值得一談：他們能夠體恤老人家，也能收養貧窮的人，充滿了古代人的善心；在半路上遇到老人都停步讓路，朋友見面也彼此寒暄。（讓路）

21. 不論是在外面的大海或內山的深溪涉水，番人每每攜帶自己的葫蘆；只有土官才乘坐竹筏渡溪，番眾就像螞蟻群聚在竹筏邊，扶擁著竹筏過溪。（渡溪）

22. 雖然不知曆法，卻還知道時間又增加一年，也知道幾個月圓之後，稻子就要收成。鄰近的番社邀請一起舉行謝神儀式，他們習慣用竹杯盛酒，坐在地上就暢飲起來。（會飲）

23. 男子頭上插著羽毛，女子頭髮散亂；衣服極為鮮豔、酒味醇甜。金屬器一敲，所有的人都齊聲呼喊，旁觀的人不知道他們唱什麼歌，只聽見語音喃喃。（賽戲）

24. 紅毛人以前曾教導番人寫紅毛字，現在聽說漢人的私塾在各社都設立了；千萬不要說他們好像飛禽難以教化，如今在讀書的地方已能聽見美好的朗誦聲了。（漢塾）

附錄

附錄一

黃叔璥巡臺路線圖

資料來源：參照中研院人社中心 GIS 專題中心黃叔璥「臺海使槎錄」主要路線推測圖重繪。

附錄二

17-18世紀初贌社餉額三階段對照表

諸羅番

1655年 贌社單位	稅額 （里爾）	東寧王朝 贌社單位	社餉 （時銀）	康熙末期 贌社單位	社餉 （紋銀）	附入合徵社
		大傑顛	388.80	大傑顛	190.5120	
Sinckan	105	新港	936.00	新港	458.6400	卓猴
Tavakangh	10	（大目降）	—	（大目降）	—	
Baccloangh	230	目加溜灣	231.12	目加溜灣	113.2488	新社仔
Soulangh	410	蕭壠	923.04	蕭壠	452.2896	
Mattau	450	麻豆	352.80	麻豆	172.8720	
Tevorangh	210	大武壠	1866.96	大武壠	914.8104	噍吧年、木岡、 茅匏、內優
Dorcko	170	倒囉嘓	640.80	哆囉嘓	313.9920	
Tirosen	2110	諸羅山	133.20	諸羅山	65.2680	
Tackapoulangh	40	大居佛	36.70	大龜佛	17.9828	
Kiringangh	100	崎嶺岸	26.33	奇冷岸	12.9080	
Tarroquan、 Leywangh、 Lissingangh、 Marits	25	（大路關等）	—	（大路關等）	—	
Taurinap	1600	他里霧	103.68	他里霧	50.8032	
Chaumul	300	猴悶	100.80	猴悶	49.3920	
Dovaha	810	打猫	277.92	打猫新社	136.1808	
Arissangh	200	阿里山	316.80	阿里山	155.2320	踏枋、鹿堵、 哖羅婆、盧麻 產、干仔務
北港溪	100	柴里斗六	720.00	柴里斗六	352.8000	
Bazjekan	1470	蘇芝干	504.00	猫兒干	246.9600	
Favorlangh	2900	南社	1645.92	南社	806.5080	

1655年贌社單位	稅額（里爾）	東寧王朝贌社單位	社餉（時銀）	康熙末期贌社單位	社餉（紋銀）	附入合徵社
小 Dovale	610	西螺	417.61	西螺	204.6240	
大 Dovale	1270	東螺	756.00	東螺	370.4400	眉裏二社
Gilim	1000	二林	867.70	二林	425.1240	
Turchara	240	大突	216.00	大突	105.8400	
Taurinap	410	馬芝遴	440.64	馬芝遴	215.9136	
Asock	160	阿束	144.72	阿束	70.9128	
Tavocal	330	大武郡牛相觸二重坡	337.68	大武郡牛相觸二重坡	165.4632	
Tausa Talakey、Tausa Mato	670	南北投	1023.12	南北投	501.3288	
Bobaliangh、Dorida3村	630	半線大肚	676.80	半線大肚	331.6320	
Babausack	40	蔴霧揀	60.48	猫霧揀	29.6352	
Salagh、Gomagh	40	沙轆牛罵	47.52	沙轆牛罵	23.2848	
Pangswa	130	崩山	274.32	崩山	134.4168	大甲東、大甲西、宛裏、房裏、南日、雙寮、猫盂、吞霄
新港仔溪、Pocael	1550	新港仔	201.60	後壠	98.7840	新港仔、猫裏、加志閣、中港仔
		竹塹	900.00	竹塹	378.0000	
南崁溪、Terrissan、Sausauly、Barissouw	475	南崁	201.60	南崁	98.7840	坑仔、龜崙、霄裏
Coullonders（龜崙地區）	200*					
—	—	上淡水	46.08	上淡水	22.5792	內北投、麻少翁、武嘮灣、大浪泵、擺接、雞柔
—	—	雞籠	46.08	雞籠	22.5792	金包裏

鳳山番

1655 年 贌社單位	稅額 （里爾）	東寧王朝 贌社單位	社餉 （時銀）	康熙末期 贌社單位	社餉 （紋銀）	附入合徵社
瑯嶠地方	480	瑯嶠	104.40	瑯嶠	51.1560	
小琉球嶼	200	琉球	20.16	琉球	9.8784	
Karrakan	100	加六堂	100.80	加六堂	49.3920	
Pimaba	—	卑南覓	140.40	卑南覓	68.7960	
Sivokon	40	—	—	—	—	1. 東寧王朝鳳山八社已改徵丁口米，男婦老幼共 4,345 口、徵米 5933.8 石。因缺資料，故未呈現各社細節。 2. 清初季麒光優恤孤貧，議請豁免 753 口，故康熙末期丁口數為 3592、徵米 4645.3 石。 3. 丁口數 / 徵米數（石）
Pangsoya	120	放縤		放縤	619/789.9	
Verrovorongh	150	下淡水 （麻里麻崙）		下淡水 （麻里麻崙）	558/720.9	
Tapouliangh	200	上淡水 （大木連）		上淡水 （大木連）	501/643.6	
Akouw	140	阿猴		阿猴	326/426.1	
Swatelauw	550	搭樓		搭樓	499/643.8	
Tedacjan		大澤機		武洛	153/253.5	
Cattia		茄藤		茄藤	574/740.1	
Nettne	140	力力		力力	332/427.4	

* 由於龜崙地區 1655 年沒有稅額，此處採用 1651 年之數字。

資料來源：中村孝志著、許賢瑤譯，《荷蘭時代臺灣史研究（上卷）》，頁 282-283
康培德，《臺灣原住民史・政策篇・荷西明鄭時期》，頁 118-146、206。
鄭喜夫，〈明鄭晚期臺灣之租稅〉，頁 104-108。
周元文，《重修臺灣府志》，頁 177-178。
周鍾瑄，《諸羅縣志》，頁 97-99。

附錄三

生番歸化表

年代	所屬	歸化生番社名	餉銀
康熙 32 年 1693	諸羅縣	木武郡赤嘴社（39 兩）、水沙連思麻丹社（12 兩）、麻咄目靠社（12 兩）、挽鱗倒咯社（11.5 兩）、狎裏蟬蠻蠻社（12 兩）、干那霧社（12 兩）	合計 98.5 兩
康熙 34 年 1695	諸羅縣	崇爻社、芝舞蘭社、芝密社、貓丹社、芛椰椰社、多難社、水輦社、薄薄社、竹腳宣社	併入阿里山 5 社，共計 14 社，合徵銀 155.232 兩。
康熙 54 年 1715	鳳山縣	山豬毛社、八絲力社、加蚌社、加無郎社、礁嘮其難社、加少山社、北葉安社、山里留社、施汝臘社、錫干社	10 社男女共 1383 口，年納鹿皮 50 張，折銀 12 兩*。
	諸羅縣	岸裏社、掃抹社、烏牛難社、阿里史社、樸仔籠社	共 3368 口，年納鹿皮 50 張，折銀 12 兩。
雍正 1 年 1723	鳳山縣	加走山社、礁網曷氏社、系率臘社、毛系系社、望仔立社、加籠雅社、無朗逸社、山里目社	計 7 百餘口，各社年納鹿皮 5 張。
雍正 2 年 1724	鳳山縣	4 月：加者惹也社、則加則加單、拜律社、柯律社，獻送戶口冊共 520 名 8 月：陳阿難益難社、大文里社、七腳亭社、拜律社、柯律社、八歹社	共 10 社，年納鹿皮 90 張，折銀 21.6 兩。
		12 月： 山前生番：歷歷社、爪覓社、率岡社、大龜文社、謝不一社等 5 社 山後傀儡生番：八里罔社等 65 社	共 74 社，男婦 5799 名口。
	諸羅縣	山前生番：本祿社、六龜呂走社、南仔加瀨社、裡邑見社等 4 社	年納鹿皮 20 張，折銀 4.8 兩。
		蛤仔難 36 社	蛤仔難社併附哆囉滿社，徵銀 30 兩。
雍正 3 年 1725	鳳山縣	猫仔社、紹貓釐社、豬勝束社、合蘭社、上哆囉快社、實力社、蚊率社、猴洞社、龜勝律社、貓籠逸社、貓里毒社、滑思滑社、加錐來社、施那隔社、新蟯牡丹社、下哆囉快社、德社、慄留社	年納鹿皮 95 張，折銀 22.8 兩。

* 歸化餉額為「鹿皮餉」，1 張鹿皮以 0.24 兩計。

附錄四

蛤仔難三十六社對照表

　　蛤仔難，是原住民語Kavalan或Kevalan的音轉譯寫；在歷史上既指蘭陽平原，也藉此稱呼居住其上的原住民族。嘉慶15年（1810），閩浙總督方維甸奏請設噶瑪蘭廳，次年批准，嘉慶17年（1812）正式設官治理後，「噶瑪蘭」一稱自此為世人所知。

　　「蛤仔難」很早就出現在漢文史料中，但因村落眾多，外人未知其詳。黃叔璥《臺海使槎錄》〈番俗六考〉中的「諸羅番十」，是第一次將三十餘個村社名稱盡數披露的漢語文獻，反映康熙末、雍正初官方對臺灣「後山」原住民村落的調查認識。以下，臚列〈番俗六考〉社名與一般認知社名的對照表。

蛤仔難社名與地名對照表

編號	番俗六考社名	今日一般認知社名	現在位置	相關社名
01	礁轆軒社	打馬煙	頭城鎮竹安里	
02	宇馬氏社	咳依污瑪珠 *	頭城鎮新建里	
03	期班女懶社	淇武蘭	礁溪鄉二龍村	
04	八知美簡社	抵美簡	礁溪鄉白雲村	巴抵女簡
05	嘮拔丹社	不詳	不詳	
06	基密丹社	奇立丹	礁溪鄉德陽村	
07	八知買驛社	抵百葉	礁溪鄉德陽村	巴抵馬悅
08	礁仔壠岸社	哆囉岸	礁溪鄉玉光村	礁礁人岸
09	麻里陳轆社	麻芝鎮落	宜蘭市進士里	貓里藤角
10	辛也罕社	辛仔罕	宜蘭市新生里	新仔羅罕
	新仔羅罕	辛仔羅罕	壯圍鄉功勞村	
11	其沓沓社	踏踏	礁溪鄉玉田村	

編號	番俗六考社名	今日一般認知社名	現在位置	相關社名
12	須老員社	不詳	不詳	思老完
13	八陳雷社	不詳	不詳	
14	奇武煖社	武暖	礁溪鄉光武村	
15**	抵密密社 倒麥倒麥社	抵美	壯圍鄉美城村	芝密
16	礁嘮貓社	哆囉美遠	壯圍鄉新社村	
17	巴老鬱社	芭荖鬱	員山鄉惠好村	
18	賓耶知懶社	麻里霧罕	壯圍鄉壯六村	
19	脾釐社	擺離	宜蘭市進士里	
20	奇直扳社	奇立板	壯圍鄉東港村	
21	賓仔貓力尾社	珍仔滿力	宜蘭市進士里	
22	沈美閣社	抵美福	壯圍鄉美福村，宜蘭市南津里、凱旋里	
23	歪阿歪阿社	歪仔歪	羅東鎮	
24	陳雷女簡社	珍珠美簡	冬山鄉珍珠村	
25	削骨削骨社	掃笏	五結鄉福興村	
26	礁嘮密社	打那美	冬山鄉永美村	
27	巴嘮辛仔員社	婆羅辛仔宛	五結鄉季新村	巴老臣那浮
28	毒龜晚社	竹篙滿 ***	五結鄉福興村	搭龜滿
29	奇武流社	奇武荖	冬山鄉三奇村	
30	佳笠苑社	加禮宛	五結鄉季新村	交里苑
31	冬仔爛社	打那岸	羅東鎮新群里	徵也難懶
32	肉生	瑪僯	礁溪鄉玉光村	
33	打鄰	南搭吝	冬山鄉武淵村	
34**	里劉 污泥肴	里腦	冬山鄉補城村、香和村	
35	簡了咾	不詳	不詳	
36	期尾笠	利澤簡	五結鄉季新村	
37	毋罕毋罕	武罕	冬山鄉武淵村	
38	貓嘮府偃	武淵	冬山鄉武淵村	

* 咳依污瑪珠，此社名日後僅出現在日治時代的調查紀錄，參見：臺北州警務部編，《臺北州理蕃誌——舊宜蘭廳上、下編》（臺北：臺北州警務部，1923-24），頁 41。

** 編號 15 的抵密密、倒麥倒麥，與編號 34 的里劉、污泥肴，是同一社的不同轉譯寫法。

*** 「竹篙滿」一稱與當代地點，係田野調查所得。

資料來源：詹素娟，〈族群、歷史與地域——噶瑪蘭人的歷史變遷（從史前到 1900 年）〉，（臺北：國立臺灣師範大學歷史研究所博士論文，1998），頁 45-60、76-85。

番界

立石、土牛或土牛溝，是清代臺灣自南而北、在淺山與平地之間陸續劃定的界線，清廷並藉此發展出區隔人群、界定地權、設隘防邊的族群政治，可以說是反映清代臺灣族群政治的人文地景，歷史研究稱為「番界」政策。

「番界」的緣起、設立、多次清查、異動與影響，不但相關的史料文獻眾多，輿圖如描畫紅藍線的「清乾隆中葉番界圖」、繪有紫線的「臺灣田園分別墾禁圖說」或以番界為繪製焦點的「十八世紀臺灣原漢界址圖」等也接續出現，研究論著因此相當多元豐富。然而，所有討論如要追溯「番界」緣起，必定要引述黃叔璥《臺海使槎錄》中〈番俗雜記〉的相關記載；因為，這段文字正是「番界」設立細節首度出現的歷史文獻。

康熙60年（1721），閩浙總督覺羅滿保平定朱一貴事件後，倡議遷民畫界，並下令南澳鎮總兵兼署福建水師提督藍廷珍毀屋驅民、築牆挖溝，作為沿山邊地的界線。當時，藍廷珍族弟兼幕僚的藍鼎元代為回覆總督，強力主張不可，最後以「立石禁入番地」取代，而在臺灣南北53處「立石」為界。〈番俗雜記〉即將「立石為界」的53處地點，逐一臚列，成為今日考察番界原始樣貌的唯一根據。

學者柯志明參酌臺北故宮典藏、推測為黃叔璥主持繪製的「雍正臺灣輿圖」內相關位置，安倍明義的《臺灣地名研究》，以及施添福對屏東地區界碑位置的考訂，在《番頭家》一書繪出53塊碑的

設立位置（頁46-47）。本文特別商得柯志明教授同意並更新立石
數量爲53塊的最新資訊，在本書引用重畫「康熙61年界碑位置圖」
（《番頭家》，頁46-47），以突顯〈番俗雜記〉作爲史料的重要性。

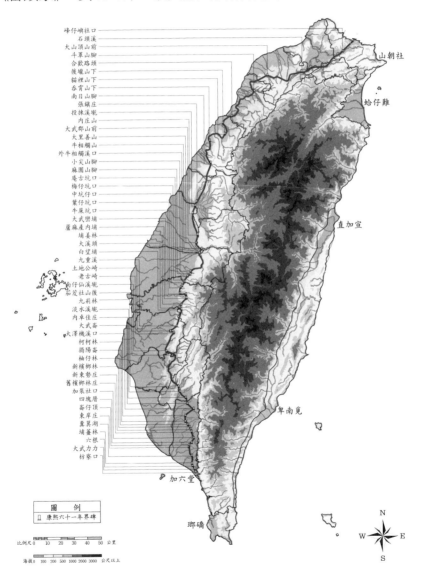

附錄六

南北二路社名、地點對照表

一、北路諸羅番

諸羅番一

社名	地點	餉銀	合徵社	備註
新港社	今臺南市新市區番仔厝、社內一帶	458.6400	卓猴社附入合徵	
目加溜灣社	今臺南市善化區溪美里	113.2488		灣裏
蕭壠社	今臺南市佳里區番仔寮、北頭洋一帶	452.2896		歐王、歐汪
麻豆社	今臺南市麻豆區	172.8720		
卓猴社	今臺南市山上區、左鎮區		附入新港社合徵	

諸羅番二

社名	地點	餉銀	合徵社	備註
諸羅山社	今嘉義市	65.2680		
哆囉嘓社	今臺南市東山區	313.9920		倒咯嘓
打貓社	今嘉義縣民雄鄉	136.1808		歐王、歐汪

諸羅番三

社名	地點	餉銀	合徵社	備註
大武郡社	今彰化縣社頭鄉	165.4632		大武郡牛相觸二重坡社
貓兒干社	今雲林縣崙背鄉豐榮村	246.9600		麻芝干
西螺社	今雲林縣西螺鎮番社	204.6240		

社名	地點	餉銀	合徵社	備註
東螺社	今彰化縣北斗鎮與溪州鄉交界	370.4400	眉裏社附入合徵	
他里霧社	今雲林縣斗南鎮	50.8032		
猴悶社	今雲林縣斗南鎮	49.3920		
斗六社	今雲林縣斗六市	352.8000		柴裏、柴裏斗六
二林社	今彰化縣二林鎮	425.1240		
南社	今雲林縣崙背鄉豐榮村	806.5008		
阿束社	今彰化縣和美鎮還社里	70.9128		
大突社	今彰化縣溪湖鎮	105.8400		
眉裏社	今彰化縣北斗鎮、溪州鄉交界		附入東螺社合徵	
馬芝遴社	今彰化縣福興鄉番社	215.9136		

諸羅番四

社名	地點	餉銀	合徵社	備註
大傑顛社	今高雄市旗山區大山里溪州、新番社等	190.5120		
大武壠社	今臺南市玉井區	914.8104		
噍吧年社	今臺南市玉井區		附入大武壠社合徵	礁吧哖
木岡社	今臺南市新化區		附入大武壠社合徵	大目降、大穆降
茅匏頭社	今臺南市玉井區		附入大武壠社合徵	大年咩、大離蚌
加拔社	今臺南市善化區		附入大武壠社合徵	
霄裏社	今臺南市玉井區東豐里、口霄里		附入大武壠社合徵	消籬、消离
夢明明社	今臺南市玉井區		附入大武壠社合徵	

社名	地點	餉銀	合徵社	備註
「附載」出現的社名				
邦鵑社	今高雄市桃源區			1. 邦尉社 2. 又稱雁爾社，與美壠、排剪、塔蠟裕，合稱頂四社或上四社。
內踏綱社	今高雄市茂林區茂林里			1. 網社、望社、芒仔社。 2. 與墩里礁吧裏社、萬打籠社，合稱下三社，今魯凱族。
敦里礁吧裏社	今高雄市茂林區多納里			墩社
萬打籠社	今高雄市茂林區萬山里			萬斗壠、萬蠻、萬斗蠻
藤橋頭社	今嘉義縣阿里山鄉山美村			籐橋社、籐茄社
內優社	今高雄市甲仙區、六龜區、桃源區		附入大武壠社合徵	
美壠社	今高雄市桃源區			1. 米壠、美籠、美隴、美壠 2. 與雁爾、排剪、塔蠟裕，合稱頂四社或上四社。
八里打難	不詳			

社名	地點	餉銀	合徵社	備註
達里打猿	不詳			

諸羅番五

社名	地點	餉銀	合徵社	備註
內優	今高雄市甲仙區、六龜區、桃源區		附入大武壠社合徵	內幽
壠社	今高雄市茂林區萬山里			萬打籠、萬斗壠、萬蠻、萬斗蠻
屯社	今高雄市茂林區多納里			敦里礁吧裏社、墩社
綱社	今高雄市茂林區茂林里			內踏綱社、網社、望社、芒仔社
美壠社	今高雄市桃源區			米壠、美籠、美隴

諸羅番六

社名	地點	餉銀	合徵社	備註
南投社	今南投縣南投市	501.3288		兩社合併為一社餉單位：南北投社。
北投社	今南投縣草屯鎮			
貓羅社	今彰化縣芬園鄉		附入南北投社合徵	
半線社	今彰化市光南里	331.6320		與大肚社合併為一社餉單位：半線大肚社。
柴仔坑社	今彰化市番社口		附入半線大肚社合徵	
水裏社	今臺中市龍井區		附入半線大肚社合徵	

諸羅番七

社名	地點	餉銀	合徵社	備註
阿里山	今嘉義縣阿里山鄉	155.2320	踏枋、鹿堵、唣羅婆、盧麻產、干仔務五社附入合徵	
踏枋社	今嘉義縣阿里山鄉達邦村		附入阿里山合徵	
鹿堵社	今南投縣信義鄉望美村		附入阿里山合徵	1.鹿楮、鹿株 2.後併入布農族楠仔腳萬社。
唣羅婆社	不詳		附入阿里山合徵	
盧麻產社	舊址在今嘉義縣竹崎鄉鹿滿村，黃叔璥時已移居阿拔泉社（今南投縣竹山鎮福興里泉州寮）。		附入阿里山合徵	鹿麻產、蘆茶產
干仔務社	今高雄市那瑪夏區		附入阿里山合徵	干那霧、簡仔霧、嫻仔霧
奇冷岸社	今南投縣竹山鎮清水溪流域	12.9008		崛嶺岸
大龜佛社	今嘉義縣阿里山鄉新美村、茶山村	17.9828		1.大居佛、大圭佛 2.布農族蘭社群，已融入鄒族。
水沙連思麻丹社	以日月潭為中心的村落群，以烏溪與濁水溪中上游為活動空間。	12.0000		1.水沙連、思麻丹兩社共組社餉單位。 2.2001年正名為邵族。

社名	地點	餉銀	合徵社	備註
木武郡赤嘴社	南投縣信義鄉郡大溪流域、陳蘭溪流域	39.0000		1. 刺嘴箍 2. 布農族郡社群
麻咄目靠社	原居南投縣信義鄉卡社溪流域	12.0000		指布農族卡社群
挽鱗倒咯社	南投縣濁水溪上游流域	11.5000		1. 挽鱗、倒咯兩社共組的社餉單位。 2. 布農族卓社群
狎裏蟬巒巒社	南投縣濁水溪支流巒大溪流域	12.0000		布農族巒社群
干那霧社	今高雄市那瑪夏區	12.0000		1. 干仔務、簡仔霧、嫻仔霧 2. 2014 年正名為卡那卡那富族。
「附載」出現的社名				
崇爻社			附入阿里山社合徵	
蛤仔難	指蘭陽平原，以及分布於當地的番社群。			
猴猴社	原住於立霧溪中游，後北上今宜蘭的蘇澳地區。			
沙米箕社	今嘉義縣阿里山鄉山美村			
阿拔泉社	今南投縣竹山鎮福興里泉州寮			
豬母嘮社	今嘉義縣阿里山鄉達邦村特富野部落			肚武磐、知母勝

社名	地點	餉銀	合徵社	備註
竹腳宣社	舊社在今花蓮縣吉安鄉，經日治初期七腳川事件後，原址作為日本移民村，族人南遷四散。			即加宣、直腳宣、竹仔宣、七腳川
描丹社	今花蓮縣光復鄉			馬太鞍
芝舞蘭社	今花蓮縣豐濱鄉港口村			芝武蘭、芝波蘭、薛波蘭、泗波蘭、繡孤鸞、秀孤鸞、芝母蘭
薄薄社	今吉安鄉仁里村			
多難社	今花蓮吉安鄉南昌村			倒咯滿、斗難、豆蘭、荳蘭
芝密社	今花蓮縣瑞穗鄉奇美村			居密、箕密、奇密、機密
水輦社	今花蓮縣壽豐鄉水璉村			已不存
筠椰椰社	舊社在今花蓮縣花蓮市			根耶耶、根老爺、巾老耶、竹窩宛
礁那女嗎社	今花蓮縣吉安鄉			1. Talleroma 2. 里漏、荳蘭、薄薄三社總稱
打馬郎社	今花蓮縣光復鄉			太巴塱
巴只力社	今花蓮縣壽豐鄉			Patsiral
嗎老因籠社	不詳			
龜窖社社	不詳			
伊碎擺社	不詳			
倒咯嘓社	今南投縣仁愛鄉			賽德克族太魯閣群

社名	地點	餉銀	合徵社	備註
描里眉社	今南投縣埔里鎮			眉社
眉加臘社	今南投縣仁愛鄉新生村			眉描蚋、眉描拉 泰雅族澤敖利
望加臘社	不詳			泰雅族澤敖利
買槽無老社	不詳			買唐於老 泰雅族賽考列克
福骨社	今南投縣仁愛鄉			泰雅族白狗群
斗截社	今南投縣仁愛鄉精英村、春陽村			賽德克族道澤（Toda）群
決里	不詳			可能是布農族舊社
毛碎	不詳			布農族舊社
大基描丹社	今南投縣信義鄉			布農族丹社群
蛤里爛社	今南投縣埔里鎮			埔社
平了萬社	今南投縣仁愛鄉			萬大社 泰雅族萬大群
致務社	今南投縣仁愛鄉			賽德克族霧社群
描里八社	今南投縣仁愛鄉			泰雅族賽考列克群
描里旺社	今南投縣仁愛鄉			泰雅族賽考列克群
巴老完、問仔眉、觸甲描、楮江	今臺中市和平區			泰雅族沙里興系統
悠武乃	不詳			

諸羅番八

社名	地點	餉銀	合徵社	備註
大肚社	今臺中市大肚區	331.6320		1. 分爲南、中、北社。 2. 與「諸羅番六」半線社，合併爲一社餉單位：半線大肚社。
牛罵社	今臺中市清水區	23.2848		1. 與沙轆社共組爲一社餉單位：沙轆牛罵社。 2. 大甲西社事件後，遭官府改名爲感恩社。
沙轆社	今臺中市沙鹿區			1. 與牛罵社共組爲一社餉單位：沙轆牛罵社。 2. 大甲西社事件後，遭官府改名爲遷善社。
貓霧捒社	今臺中市南屯區	29.6352		
岸裏社	今臺中市后里區、豐原市、神岡區	年納鹿皮 50 張，折徵銀 12.0000	阿里史、樸仔離、掃捒、烏牛難附入合徵	
阿里史社	今臺中市潭子區		附入岸裏社合徵	
樸仔離社	今臺中市豐原市		附入岸裏社合徵	
掃捒社	今臺中市潭子區		附入岸裏社合徵	
烏牛難社	今臺中市豐原市		附入岸裏社合徵	

諸羅番九

社名	地點	餉銀	合徵社	備註
大甲東社	今臺中市外埔區大東里	143.4168	附入崩山社合徵	崩山八社（或蓬山八社）為一社餉單位
大甲西社	今臺中市大甲區義和里		附入崩山社合徵	大甲西社事件後，遭官府改名為德化社
宛里社	今苗栗縣苑裡鎮中正里、客庄里		附入崩山社合徵	
南日社	今臺中市大甲區幸福里		附入崩山社合徵	
貓盂社	今苗栗縣苑裡鎮中正里		附入崩山社合徵	
房裏社	今臺中市苑裡鎮房裡里		附入崩山社合徵	
雙寮社	今臺中市大甲區建興里		附入崩山社合徵	
吞霄社	今苗栗縣通霄鎮平元里		附入崩山社合徵	
後壠社	今苗栗縣後龍鎮	98.7840	新港仔社、貓裏社、加至閣社、中港仔社附入合徵	
新港仔社	今苗栗縣後龍鎮新民里		附入後壠社合徵	
貓裏社	今苗栗縣苗栗市		附入後壠社合徵	
加至閣社	今苗栗縣苗栗市嘉盛里		附入後壠社合徵	
中港仔社	今苗栗縣竹南鎮		附入後壠社合徵	
竹塹礁磱巴社	今新竹市東門里	378.0000		

諸羅番十

社名	地點	餉銀	合徵社	備註
南嵌社	今桃園市蘆竹區南崁、內厝、五福、山鼻，以及龜山區大坑、南上等地。	98.7840	坑仔、龜崙、霄裏三社附入合徵	
坑仔社	今桃園市蘆竹區坑子、外社、山鼻、坑口、山腳等地。		附入南嵌社合徵	
龜崙社	今桃園市龜山區除了大坑、南上等里，幾乎都是龜崙社社域。		附入南嵌社合徵	
霄里社	今桃園市龍潭區		附入南嵌社合徵	
淡水社	行政社	22.5792	北投、麻少翁、武勝灣、大浪泵、擺接、雞柔六社餉銀，附入合徵。	
內北投社	今臺北市北投區		附入淡水社合徵	
麻少翁社	今臺北市士林區		附入淡水社合徵	毛少翁、麻舍翁
武勝灣社	今新北市板橋區港嘴里		附入淡水社合徵	武溜灣、武嘮灣
大浪泵社	今臺北市大同區		附入淡水社合徵	巴琅泵、大龍峒
擺接社	今新北市板橋區、新莊區		附入淡水社合徵	擺折
雞柔社	今新北市淡水區		附入淡水社合徵	林仔、圭柔
大雞籠社	今基隆市和平島與大沙灣一帶	22.5792	山朝、金包裏社附入合徵	
山朝社	今新北市貢寮區		附入大雞籠社合徵	三貂

社名	地點	餉銀	合徵社	備註
金包裏社	今新北市金山區、萬里區		附入大雞籠社合徵	
蛤仔難	蘭陽平原與其上居住的番社群	30.0000	哆囉滿餉銀附入合徵	噶瑪蘭
哆囉滿	今花蓮縣立霧溪下游出口一帶與人群		附入蛤仔難合徵	
八里分社	原在新北市八里區下罟里，後南遷到八里區龍米里、今臺北市北投區關渡一帶（小八里坌社）。			八里坌
外北投社	今新北市淡水區			
大屯社	今新北市淡水區			大洞山、奇獨龜崙
里末社	今新北市板橋區、中和區			
峯仔嶼社	今新北市汐止區			房仔嶼、蜂仔峙
雷裏社	今臺北市萬華區			雷厘、荖釐
八芝連社	今臺北市士林區			八芝蘭
大加臘社	今臺北市萬華區			大加蚋、大佳蚋、大佳蠟
木喜巴壟社	不詳			
奇武卒社	今臺北市中山區			圭母子、奇武子、奎府聚
秀朗社	今新北市中永和地區			繡朗
里族社	今臺北市內湖區			里簇、禮族
答答悠社	今臺北市大直一帶			塔塔悠、搭搭優
麻里即吼社	今臺北市松山區			麻里折口、貓裏錫口、錫口

社名	地點	餉銀	合徵社	備註
奇里岸社	今臺北市北投區石牌一帶			唭哩岸
眩眩社	今新竹縣新竹市			
小雞籠社	今新北市三芝、石門一帶			

二、南路鳳山番

鳳山番一

社名	地點	丁口／米	合徵社	備註
上淡水社	今屏東縣萬丹鄉社皮村	501/643.6		大木連
下淡水社	今屏東縣萬丹鄉香社村	558/720.9		麻里麻崙
阿猴社	今屏東縣屏東市華山里、歸心里一帶	326/426.1		
搭樓社	今屏東縣九如鄉後庄村	499/643.8		
茄藤社	今屏東縣崁頂鄉園寮村社尾、社皮一帶	574/740.1		奢連
放緣社	今屏東縣林邊鄉水利村	619/789.9		阿加
武洛社	今屏東縣高樹鄉南華村舊南勢	153/253.5		大澤機 尖山仔
力力社	今屏東縣崁頂鄉力社村	332/427.4		

鳳山傀儡番二

社名	地點	餉銀	合徵社	備註
小琉球社	今屏東縣小琉球鄉	9.8784		

社名	地點	餉銀	合徵社	備註
北葉安	今屏東縣瑪家鄉北葉部落舊址			
心武里社	今屏東縣瑪家鄉排灣部落舊址			新武里
山豬毛社	今屏東縣三地門鄉三地門部落舊址			
加蚌社	今屏東縣泰武鄉佳平部落舊址			加泵
加務朗社	不詳			
勃朗	不詳			錫干、勃朗錫干
施汝臘	今屏東縣泰武鄉安平部落舊址			系汝臘
山里老社	今屏東縣瑪家鄉佳義部落群舊址			山里留
加少山社	今屏東縣瑪家鄉佳義部落舊址			加查清難
七齒岸社	今屏東縣泰武鄉安平部落舊址			有說為施汝臘，未能確定。
加六堂社	今屏東縣枋山鄉加祿堂	49.392		
礁嘮其難	今屏東縣來義鄉來義村			陳那加勿、礁勝加物
陳阿修社	今屏東縣來義鄉丹林部落舊址			八絲力
加走山社	今屏東縣泰武鄉萬安部落舊址			
礁網曷氏社	今屏東縣泰武鄉萬安部落舊址			
系率臘社	不詳			
毛系系社	今屏東縣泰武鄉瑪仕部落舊址			

社名	地點	餉銀	合徵社	備註
望仔立社	今屏東縣來義鄉望嘉部落舊址			
加籠雅社	不詳			
無朗逸社	不詳			務郎逸
山里目社	不詳			
佳者惹葉社	今屏東縣瑪家鄉瑪家部落舊址			
擺律	上白鷺社指今屏東縣瑪家鄉白露部落舊址 下白鷺社爲今屏東縣來義鄉南和村白鷺部落			上、下白鷺社
柯覓社	今屏東縣春日鄉古華部落舊址			瓜覓、割肉
則加則加單社	今屏東縣春日鄉七佳部落舊址			七腳亭社
「附載」出現的社名				
大武社	今屏東縣霧台鄉大武部落舊址			
力力社	今屏東縣春日鄉力里部落舊址			歷歷社、力里社
武力社	不詳			
率芒社	今屏東縣春日鄉士文部落舊址			萃芒、士文
瓜覓社	今屏東縣春日鄉古華部落舊址			柯律、割肉
歷歷社	今屏東縣春日鄉力里部落舊址			力里社、力力社
七腳亭社	今屏東縣春日鄉七佳部落舊址			
董滴社	不詳			

社名	地點	餉銀	合徵社	備註
龜嘮律社	今屏東縣來義鄉古樓部落舊址			君崙留、崑崙樓
八歹社	今屏東縣瑪家鄉高燕部落舊址			八歹因
加者膀眼社	今屏東縣霧臺鄉舊好茶			古茶柏安
拜完社	上排灣社指今屏東縣三地門鄉德文村境內 下排灣社指今屏東縣瑪家鄉排灣部落舊址			上、下排灣社
力力喇社	不詳			
陳阿難益難社	今屏東縣瑪家鄉佳義部落舊址			
大文里社	今屏東縣泰武鄉德文部落舊址			
卑南覓	區域名	68.796		卑南覓 68 社、72 社等

鳳山瑯嶠十八社三

社名	地點	餉銀	合徵社	備註
瑯嶠社	今屏東縣恆春地區的原住民村落群	51.156		
謝必益社	今屏東縣獅子鄉楓港溪流域			謝不一
豬嘮束社	今屏東縣滿州鄉里德村			豬勝束、地藍松
小麻利社	今屏東縣車城鄉保力村			貓籠逸、貓蘭
施那格社	今屏東縣牡丹鄉四林部落舊址			四林格

社名	地點	餉銀	合徵社	備註
貓裏踏社	今屏東縣滿州鄉長樂部落舊址			萬里得
寶力社	今屏東縣車城鄉保力			
牡丹社	今屏東縣牡丹鄉牡丹村			
蒙率社	今屏東縣滿州鄉滿州村			蚊蟀
拔蟯社	今屏東縣滿州鄉長樂村八瑤部落舊址			八瑤
龍鸞社	今屏東縣恆春鎮龍水里龍鑾潭東方			
貓仔社	今屏東縣恆春鎮仁壽里			貓仔坑
上懷社	今屏東縣獅子鄉竹坑村快子部落舊址			上哆囉快社
下懷社	今屏東縣獅子鄉竹坑村快子部落舊址			下哆囉快社
龜仔律社	今屏東縣恆春鎮墾丁里			龜子用
竹社	今屏東縣車城鄉保力溪上游			德社
猴洞社	今屏東縣恆春鎮城西里			
大龜文社	今屏東縣獅子鄉內文部落舊址			傀儡社
「附載」出現的社名				
是人傑社	不詳			
佳諸來社	今屏東縣牡丹鄉石門村			加芝來
懷裏社	不詳			
咬人土社	今屏東縣牡丹鄉牡丹村			女仍社

社名	地點	餉銀	合徵社	備註
滑事滑社	今屏東縣牡丹鄉高士村			高士或高士佛社
老郎社	今臺東縣卑南鄉泰安村			大巴六九
美基社	不詳			
八里捫社	今臺東縣東河鄉興昌村			八里芒
農仔農社	今臺東縣成功鎮和平里豐田			南仔郎、郎阿郎、叭翁翁社
須嘮宰社	不詳			
獨馬煙社	不詳			
株栗社	今臺東縣成功鎮信義里			都歷
貓武骨社	今臺東縣東河鄉東河村			馬武窟
佳嘮突社	今臺東縣長濱鄉樟原村			姑仔律
貓蠻社	不詳			
白逸民社	不詳			
佳落社	不詳			
甕綵社	不詳			
呂家莽社	舊址在呂家溪左岸山麓，今臺東縣卑南鄉利嘉村。			呂家望
謝馬干社	舊址在呂家溪右岸山麓，今臺東縣臺東市建和里。			射馬干
知本社	今臺東縣臺東市知本里			
朝貓籬社	今臺東縣太麻里鄉大王村			太麻里
咬嚼蘭社	今臺東縣太麻里鄉香蘭村			猴仔蘭社

社名	地點	餉銀	合徵社	備註
甯彎社	不詳			
謝巳甯社	不詳			
幹仔弼社	舊址在今臺東縣大武鄉加津林部落北方約 3 公里處，後移住臺東縣大武鄉大竹村之富山、富南社區，南興村。			甘那壁
幹仔崙社	今臺東縣太麻里鄉金崙村金崙部落			虷仔崙
壳只零社	今臺東縣大武鄉大竹村加津林部落			鴿子籠
打早高社	今臺東縣大武鄉大竹村大竹本部落			大竹高社
大鳥萬社	今臺東縣大武鄉大鳥村大鳥部落			
貓丹	今屏東縣牡丹鄉牡丹村			可能為牡丹之誤。
老佛社	今屏東縣滿州鄉響林村、滿州村之間			
加仔難社	不詳			
武甲社	不詳			
打水安社	不詳			

引用書目

一、史料

中央研究院歷史語言研究所藏，「清乾隆中葉臺灣番界圖」。

王瑛曾，1764（1962），《重修鳳山縣志》，文叢 146。臺北：臺灣銀行經濟研究室。

江日昇，1713（1960），《臺灣外記》，文叢 60。臺北：臺灣銀行經濟研究室。

何喬遠著，張德信、商傳、王熹點校，1640（2010），《名山藏》。福州：福建人民出版社。

余文儀，1774（1962），《續修臺灣府志》，文叢 121。臺北：臺灣銀行經濟研究室。

周元文，1712（1960），《重修臺灣府志》，文叢 66。臺北：臺灣銀行經濟研究室。

周鍾瑄，1717（1962），《諸羅縣志》，文叢 141。臺北：臺灣銀行經濟研究室。

季麒光撰、李祖基點校，1694（2006），《蓉洲詩文稿選輯·東寧政事集》。香港：香港人民出版社。

郁永河，1697（1959），《裨海紀遊》，文叢 44。臺北：臺灣銀行經濟研究室。

范　咸，1745（1961），《重修臺灣府志》，文叢 105。臺北：臺灣銀行經濟研究室。

高拱乾，1695（1960），《臺灣府志》，文叢 65。臺北：臺灣銀行經濟

研究室。

夏　琳，1695（1958），《海紀輯要》，文叢 22。臺北：臺灣銀行經濟研究室。

陳文達，1719（1961），《鳳山縣志》，文叢 124。臺北：臺灣銀行經濟研究室。

孫元衡，1708（1958），《赤嵌集》，文叢 10。臺北：臺灣銀行經濟研究室。

國立故宮博物院，1977，《宮中檔雍正朝奏摺·卷三》。臺北：國立故宮博物院。

臺灣銀行經濟研究室編，1962，《臺灣通志》，文叢 130。臺北：臺灣銀行經濟研究室。

臺灣總督府編，1931-1932，《臺日大辭典》。臺北：臺灣總督府。

劉良璧，1741（1961），《重修福建臺灣府志》，文叢 74。臺北：臺灣銀行經濟研究室。

藍鼎元，1722（1958），《東征集》，文叢 12。臺北：臺灣銀行經濟研究室。

蔣毓英，1685（1985），《臺灣府志》。福建：廈門大學出版社。

二、近人研究

大道兆行，1942，〈飛蕃墓〉，《臺灣文學》2.1：11-13。

大道兆行，1942，〈續飛蕃墓〉，《民俗臺灣》2.7：26-27。

中村孝志著、許賢瑤譯，《荷蘭時代臺灣史研究（上卷）——概說·產業》。臺北：稻鄉出版社。

中華綜合發展研究院應用史學研究所主編，1999，《滿州鄉志》。屏東：

滿州鄉公所。

中華綜合發展研究院應用史學研究所主編，2004，《車城鄉志》。屏東：
　　　車城鄉公所。

尹章義，1982，〈臺灣北部拓墾初期「通事」所扮演之角色及其功能〉，
　　　《臺北文獻》直字 59、60 合刊：97-251。

全臺詩，http://140.133.9.113/poet_info.html?820。

宇　驥，1970，〈從生產形態與聚落景觀看臺灣史上的平埔族〉，《臺
　　　灣文獻》21.1：1-18。

李壬癸編著，2010，《新港文書研究》。臺北：中央研究院語言學研究
　　　所。

李宗信，2011，〈崩山八社租業的形成與終結〉，國立臺灣師範大學歷
　　　史學系博士論文。

李國銘，2004，〈鳳山八社舊址初探〉，收於氏著《族群、歷史與祭儀
　　　——平埔研究論文集》，頁 17-33。臺北：稻鄉出版社。

呂自揚，2014，《打狗‧阿猴‧林道乾：尋找高雄平埔族的身影》。高雄：
　　　河畔出版社。

杜正勝，1999，〈平埔族群風俗圖像資料考〉，《中央研究院歷史語言
　　　研究所集刊》70.2：309-361。

杜曉梅，2017，〈清代臺灣原住民女性人物與形象研究〉，國立臺灣師
　　　範大學臺灣史研究所碩士論文。

吳聰敏，2008，〈荷蘭統治時期之贌社制度〉，《臺灣史研究》15.1：
　　　1-29。

吳聰敏，2009，〈贌社制度之演變及其影響，1644-1737〉，《臺灣史研
　　　究》16.3：1-38。

邵式柏（John R. Shepherd）著、林偉盛等譯，2016，《臺灣邊疆的治
　　　理與政治經濟》。臺北：臺大出版中心。

林文龍，1999，〈八卦山畔平埔社址考辨——以阿束社、柴仔坑社、半
　　　線社糾纏問題爲中心〉，《彰化藝文季刊》2：19-25。

林玉茹、詹素娟、陳志豪主編，2015，《紫線番界——臺灣田園分別墾
　　　禁圖說解讀》。臺北：中央研究院臺灣史研究所。

林修澈、黃季平、郭基鼎，2018，《拉阿魯哇族部落歷史》。南投：國
　　　史館臺灣文獻館；臺北：國史館；新北：原住民族委員會。

拉夫琅斯・卡拉雲漾主編，2014，《瑪家鄉志》。屏東：瑪家鄉公所。

孟祥瀚，2002，〈清代臺東成廣澳的拓墾與發展〉，《興大人文學報》
　　　32：879-918。

施添福，1995，〈清代臺灣岸裡地域的族群轉變〉，收於潘英海、詹素
　　　娟編，《平埔研究論文集》，頁 301-332。臺北：中央研究院
　　　臺灣史研究所籌備處。

施添福，2001，〈國家與地域社會——以清代臺灣屏東平原爲例〉，收
　　　於潘英海、詹素娟編，《平埔族群與臺灣歷史文化論文集》，
　　　頁 33-112。臺北：中央研究院臺灣史研究所籌備處。

洪麗完，1997，《臺灣中部平埔族——沙轆社與岸裡大社之研究》。臺
　　　北：稻鄉出版社。

洪麗完，1999，〈二林地區漢人拓墾過程與平埔族群移居活動之探討〉，
　　　《臺灣史研究》4.1：49-95。

洪麗完，2001，〈從契約文書看中部臺灣平埔村社生活領域之變遷〉，
　　　《彰化文獻》2：5-48。

洪麗完，2011，〈嘉南平原沿山地區之族群關係（1700-1900）——以「阿

里山番租」爲例〉,《臺灣史研究》18.1:41-102。

屏東縣恆春鎮公所全球資訊網 https://www.pthg.gov.tw/townhengchuen/
　　　cp.aspx?n=7E8F2DFEBF8BDC06

翁佳音,1992,〈被遺忘的臺灣原住民史——Quata(大肚番王)初考〉,
　　　《臺灣風物》42.4:188-145。

翁佳音,2006,〈「牽手 khan-chhiú」來看臺灣世界史——從臺灣歷史
　　　慣用語論大福佬文化圈概念〉,《臺灣史研究》13.2:1-31。

翁佳音、曹銘宗,2016,《大灣大員福爾摩沙——從葡萄牙航海日誌、
　　　荷西地圖、清日文獻尋找臺灣地名眞相》。臺北:貓頭鷹出
　　　版社。

席名彥,2019,〈臺灣歷史詞彙的形塑與轉變——以「出草」爲例
　　　(1717-1994)〉,國立臺灣師範大學臺灣史研究所碩士論文。

夏黎明主編,1999,《臺灣地名辭書・卷三・臺東縣》。南投:臺灣省
　　　文獻委員會。

康培德,1999,《殖民接觸嶼帝國邊陲——花蓮地區原住民十七至十九
　　　世紀的歷史變遷》。臺北:稻鄉出版社。

康培德,2005,《臺灣原住民史・政策篇・荷西明鄭時期》。南投:國
　　　史館臺灣文獻館。

康培德,2016,《殖民想像與地方流變——荷蘭東印度公司與臺灣原住
　　　民》。臺北:聯經出版事業公司。

康培德,2020,〈荷蘭文獻中的屏東平原南島語族村社、集稱考訂與人
　　　群區劃〉,《臺灣文獻》71.4:1-34。

曹永和,1995,〈小琉球原住民的消失〉,收於潘英海、詹素娟編,《平
　　　埔研究論文集》,頁 413-444。臺北:中央研究院臺灣史研究

所籌備處。

許雪姬，1978，〈首任巡臺御史黃叔璥研究〉，《臺北文獻》直字44：
　　123-132。

陳一仁，2000，〈鹿港地區平埔族馬芝遴社社域及人口變遷〉，《彰化
　　文獻》1：149-180。

陳文德纂修，2001，《臺東縣史・卑南族篇》。臺東：臺東縣政府。

陳水木、潘英海編著，2002，《道卡斯後壠社群古文書輯》。苗栗：苗
　　栗縣文化局。

陳英杰、周如萍，2016，《卡那卡那富部落史》。南投：國史館臺灣文
　　獻館。

陳哲三，2000，〈古文書在臺灣史研究的重要性──以「竹腳寮」、「阿
　　拔泉」之地望的研究爲例〉，《逢甲人文社會學報》1：135-
　　151。

陳梅卿主編，2000，《牡丹鄉志》。屏東：牡丹鄉公所。

郭素秋，2019，〈從羅妹號事件到南岬之盟──誰的衝突？誰的和
　　解？〉，《原住民族文獻》41：13-18。

黃宣衛、羅素玫纂修，2001，《臺東縣史・阿美族篇》。臺東：臺東縣
　　政府。

張素玢，1998，〈南崁地區的平埔族群〉，收於劉益昌、潘英海主編，
　　《平埔族群的區域研究論文集》（南投：臺灣省文獻委員會，
　　1998），頁61-96。

張素玢，2006，〈平埔社群空間地圖的重構與解釋──以東螺社與眉裡
　　社爲中心〉，《臺灣文獻》57.2：45-87。

湯熙勇，1988，〈清代巡臺御史夏之芳的事蹟（1728-1729）〉，收於《臺

灣史研究論文集》，頁 1-55。南投：中華民國臺灣史蹟研究中心。

詹素娟，1995，〈宜蘭平原噶瑪蘭族之來源、分佈與遷徙──以哆囉美遠社、猴猴社為中心之研究〉，收於潘英海、詹素娟編，《平埔研究論文集》，頁 41-76。臺北：中央研究院臺灣史研究所籌備處。

詹素娟、劉益昌，1999，《大臺北都會區原住民歷史專輯──凱達格蘭調查報告》。臺北：臺北市文獻會。

葉高華編著，2017，《十八世紀末御製臺灣原漢界址圖解讀》。臺南：國立臺灣歷史博物館；臺北：南天書局 。

廖志軒，2019，〈竹塹社的研究〉，國立政治大學民族學系博士論文。

臺灣總督府警務局理蕃課著、中央研究院民族學研究所編譯，2011，《高砂族調查書·蕃社概況》。臺北：中央研究院民族學研究所。

潘英琦編著，2020，《苗栗鯉魚潭巴宰族史》。苗栗：苗栗縣巴宰族群協會。

劉寧顏編，1994，《重修臺灣省通志》。臺北：臺灣省文獻委員會。

鄭喜夫，1975，〈明鄭晚期臺灣之租稅〉，收於《臺灣史管窺初輯》，頁 104-108。臺北：浩瀚出版社。

鄭喜夫編，1980，《臺灣地理及歷史》〈卷九官師志·第一冊文職表〉。臺中：臺灣省文獻委員會。

鄭喜夫編，1980，《臺灣地理及歷史》〈卷九官師志·第二冊武職表〉。臺中：臺灣省文獻委員會。

盧燕雪、劉欣欣、許智瑋、黃景彤，2014，〈《臺澎圖》、《沿海岸

長圖》為黃叔璥所繪考：附故宮現藏北平圖書館新購輿圖比
較一覽表〉，《故宮學術季刊》31.3：155-198。

謝英從，2000，〈大武郡社的社址、社域及地權的喪失〉，《彰化文獻》
1：101-148。

簡史朗、曾品滄主編，2003，《水沙連埔社古文書專輯》。臺北：國
史館。

簡史朗編著，2005，《水沙連眉社古文書研究專輯》。南投：南投縣政
府文化局。

簡史朗，2016，〈猫霧揀社（Babusaga）的研究──猫霧揀社非猫霧揀
族考〉，國立政治大學民族系博士論文。

簡炯仁，2015，〈「加六堂」地名考〉，收於氏著，《屏東平原先人的
開發》，頁 251-259。屏東：屏東縣政府文化局。

簡炯仁，2001，〈《臺海使槎錄》記載「武洛（一名大澤機，一名尖山
仔）」之初探〉，《臺灣史蹟》38：181-211。

龔顯宗編，1998，《沈光文全集及其研究資料彙編》。臺南：臺南縣立
文化中心。

Pioneering in Formosa

歷險 福爾摩沙

台灣經典寶庫5

W. A. Pickering
(必麒麟) 原著

陳逸君 譯述 ｜ 劉還月 導讀

19世紀最著名的「台灣通」
野蠻、危險又生氣勃勃的福爾摩沙

Recollections of Adventures among Mandarins,
Wreckers, & Head-hunting Savages

前衛出版
AVANGUARD

C. E. S. 荷文原著

甘為霖牧師 英譯

林野文 漢譯

許雪姬教授 導讀

2011.12 前衛出版 272頁 定價300元

被遺誤的台灣 *Neglected Formosa*

荷鄭台江決戰始末記

1661-62年，

揆一率領1千餘名荷蘭守軍，

苦守熱蘭遮城9個月，

頑抗2萬5千名國姓爺襲台大軍的激戰實況

荷文原著 C. E. S.《't Verwaerloosde Formosa》(Amsterdam, 1675)
英譯William Campbell "Chinese Conquest of Formosa" in《Formosa Under the Dutch》(London, 1903)

南台灣踏查手記

原著｜ Charles W. LeGendre（李仙得）
英編｜ Robert Eskildsen 教授
漢譯｜ 黃怡
校註｜ 陳秋坤教授

2012.11 前衛出版 272 頁 定價 300 元

從未有人像李仙得那樣，如此深刻直接地介入 1860、70 年代南台灣原住民、閩客移民、清朝官方與外國勢力間的互動過程。

透過這本精彩的踏查手記，您將了解李氏為何被評價為「西方涉台事務史上，最多采多姿、最具爭議性的人物」！

節譯自 *Foreign Adventurers and the Aborigines of Southern Taiwan, 1867-1874*
Edited and with an introduction by Robert Eskildsen

連瑪玉
蘭醫生媽的
老台灣故事

Marjorie Landsborough

鄭慧姃——漢譯
阮宗興——校註

近百年前，英國青少年的台灣讀本
女性宣教師在台灣各地親身見證的庶民生命史

宣教師連瑪玉（「彰化基督教醫院」創辦人蘭大衛之妻），為了讓英國青少年瞭解台灣宣教的實際工作，鼓舞年輕人投身宣教的行列，曾陸續出版三本台灣故事集，生動有趣地介紹台灣的風土民情、習俗文化、常民生活，以及初代信徒改信基督教的心路歷程。本書即為三書的合譯本，活潑、具體、生活化地刻劃了日治中期（1910-30年代）台灣人和台灣社會的樣貌，公認是揉合史料價值與閱讀趣味的經典讀物。

前衛出版
AVANGUARD

［台灣総督府］

台灣總督府

黃昭堂 著

黃英哲 譯

日本帝國在台殖民統治的
最高權力中心與行政支配機關。

本書是台灣總督府的編年史記，黃昭堂教授從日本近代史出發，敘述
日本統治台灣的51年間，它是如何運作「台灣總督府」這部機器以
施展其對日台差別待遇的統治伎倆。以歷任台灣總督及其統治架構為
中心，從正反二面全面檢討日本統治台灣的是非功過，以及在不同階
段台灣人的應對之道。

前衛出版
AVANGUARD

台灣
經典寶庫
Classic Taiwan

2013.08 前衛出版 定價350元

台灣原住民醫療與宣教之父——井上伊之助的台灣山地探查紀行

日治時期台灣原住民之歷史、文化、生活實況珍貴一手紀錄
「愛你的仇敵！」用愛報父仇的敦厚人格者與台灣山林之愛

トミーヌン・ウットフ

台湾山地伝道記

上帝在編織

井上伊之助 著

石井玲子 譯

鄭仰恩、盧啟明 校註

台湾山地伝道記
上帝在編織
トミーヌン・ウットフ
井上伊之助 原著　石井玲子 譯註　鄭仰恩 盧啟明 校註

前衛出版
AVANGUARD

台灣經典寶庫
Classic Taiwan

2016.07 前衛出版　定價480元

國家圖書館出版品預行編目(CIP)資料

番俗六考：十八世紀清帝國的臺灣原住民調查紀錄 / 黃叔璥
原著；宋澤萊白話翻譯；詹素娟導讀註解. -- 初版. -- 臺北市
：前衛出版社, 2021.07
　面；　公分
ISBN 978-957-801-973-7(平裝)

1.臺灣原住民族 2.平埔族群 3.風俗志 4.清領時期

536.3306　　　　　　　　　　　　　　110011592

番俗六考

十八世紀清帝國的臺灣原住民調查紀錄

原　　著　黃叔璥
白話翻譯　宋澤萊
導讀註解　詹素娟
責任編輯　番仔火
美術編輯　Nico
封面設計　Lucace workshop. 盧卡斯工作室
圖片授權　國立臺灣圖書館
出版補助　國│藝│會 NCAF

出 版 者　前衛出版社
　　　　　地　　址│10468　台北市中山區農安街 153 號 4 樓之 3
　　　　　電　　話│02-25865708
　　　　　傳　　眞│02-25863758
　　　　　郵撥帳號│05625551
　　　　　業務信箱│a4791@ms15.hinet.net
　　　　　投稿信箱│avanguardbook@gmail.com
　　　　　官方網站│http://www.avanguard.com.tw
出版總監　林文欽
法律顧問　陽光百合律師事務所
出版日期　2021 年 7 月初版一刷│2021 年 10 月初版二刷
總 經 銷　紅螞蟻圖書有限公司
　　　　　地　　址│11494　台北市內湖區舊宗路二段 121 巷 19 號
　　　　　電　　話│02-27953656
　　　　　傳　　眞│02-27954100
定　　價　新台幣 450 元